基督宗教与
中国近代乡村社会

赵晓阳 著

中国社会科学出版社

图书在版编目（CIP）数据

基督宗教与中国近代乡村社会 / 赵晓阳著. -- 北京：
中国社会科学出版社，2024.6.

ISBN 978 - 7 - 5227 - 3521 - 4

Ⅰ.①基… Ⅱ.①赵… Ⅲ.①基督教—关系—乡村—
社会发展—研究—中国—近代 Ⅳ.①B979.2②C912.82

中国国家版本馆 CIP 数据核字（2024）第 091520 号

出 版 人	赵剑英
责任编辑	吴丽平
责任校对	李 莉
责任印制	李寡寡

出 版	中国社会科学出版社
社 址	北京鼓楼西大街甲 158 号
邮 编	100720
网 址	http：//www.csspw.cn
发 行 部	010 - 84083685
门 市 部	010 - 84029450
经 销	新华书店及其他书店
印 刷	北京明恒达印务有限公司
装 订	廊坊市广阳区广增装订厂
版 次	2024 年 6 月第 1 版
印 次	2024 年 6 月第 1 次印刷
开 本	710×1000 1/16
印 张	15.75
插 页	2
字 数	251 千字
定 价	89.00 元

目　　录

第 一 章

社会福音与美国学生
志愿海外运动

在 19 世纪至 20 世纪的世界基督教史上，美国基督教曾扮演过非常重要的角色。作为美国海外传教运动最重要目标和传教区域，中国是其投入资金和传教人员最多的国家。通过与美国高等教育机构和基督教青年会紧密结合，以奋兴高等教育机构人员的宗教精神和安排他们到国外传教，学生志愿海外传教运动（Student Volunteer Movement for Foreign Mission）改变和扩大了来华传教士的成分、任务和范围，成为世界基督教传教运动的一部分。它将传教范围从美国国内扩大到国外，传教人员从基督教内部扩大到基督教以外。将大批学生志愿人员派到国外，学生志愿海外传教运动不但加强了传教队伍的力量[1]，更重要的是改变了传教队伍的成分，传教成员不仅是受过神学训练的传教士，更多的是受过高等专业技术训练的大学生。从美国对中国的认识和研究来说，它促使了由传教士、外交官为主的美国早期汉学队伍向科学化、专业化的专职人士的转型，为这种转型提供了不但从专业上受过训练，而且对中国有具体生活工作经历的专业人员。它将传教目标从神学调整到关心社会层面上来，使西方的价值观念和社会结构成为改造亚非地区的文明传统的利刃和工具，对正处于近代转型时期的中国社会产生了相当大的影响。

---

① Paul A. Varg, *Missionaries*, *Chinese*, *and Diplomats*, *The American Protestant Missionary Movements in China*, *1890 – 1952*, New Haven: Princeton University Press, 1958, p. 55.

一　美国学生志愿海外传教运动

宗教生活在美国社会具有格外重要的意义，教会并不是一般意义的宗教机构，而是起主导作用的社会和文化机构，美国历史上一直存在宗教无所不在与世俗精神历久不衰的共生现象。18 世纪末到 20 世纪初，美国新教发生过两次大规模的"觉醒"运动，作为基督教发展的一种形式，它打破了宗教和地域的局限，造成各殖民地的空前联合，导致了加尔文派教义的改变，教派林立的局面和向海外传教组织的出现，也直接导致了普林斯顿、布朗、达特茅斯等多所对美国精神有重大贡献的大学的建立。大觉醒运动以特殊的方式促进了美国的诞生，为美国民族意识的形成和美国革命的发生做出了贡献。

1872 年，美国领土扩大到 350 多万平方英里，比 1783 年增加了 4 倍，人口增加到 4000 多万，比 1790 年增长了 10 倍。在北美大地生长并逐渐形成的美国精神相信，美国具有独一无二的机会和能力来实现上帝所命定的社会理想，而且具有神圣的使命来帮助全人类建立一个摆脱邪恶力量的文明社会。19 世纪 40 年代后，"天定命运论"（manifest destiny），即受上帝之差遣向其他民族推广美国所享恩宠的国家使命，已经成为美国教会向海外传教的一大动力。这种"被选民族"的信念与美国在全球推进文明的进程，传播美国的生活方式，推行全球扩张主义是联系在一起的。这个新生的美国宗教还包括美国是特殊族群、美国是救世主上帝特别选择来改变整个世界的救世国家的观念，将使命感融进了他们的宗教观念。佩里·米勒（Perry Miller）称这种新现象为"浪漫民族主义"。

19 世纪末期揭开了新教传教的新概念，其重要元素是基督教神学中的千禧年观念。美国神学家约翰逊·爱德华（Jonathan Edwards）及其大弟子塞缪尔·霍普金斯（Samuel Hopkins）对千禧年的描述被认为激发了海外传教运动的觉醒，对海外传教运动产生了最直接的影响。千禧年论是基督教神学的基本教义之一，相信世界末日到来之前，上帝将在世上实行千年统治。异教国家缺乏福音力量，正在遭受魔鬼撒旦的统治，派遣传教士在耶稣复临之前拯救异教徒是每个教会的职责。两位神学家强调利他主义、普世关怀、渴望完成上帝的旨意而不计个人得失和教会荣辱，这些均打破了加尔文主义预定论的束缚，改变部分加尔文教信徒对人类苦难及传教事业无动于衷的态度，同时也助长了对非基督教民族的居高临下的优越感，对基督教内外所采取的双重标准，成为传教运动的始终顽疾。

在一些基督教领袖热衷于寻求基督教信仰的新表达方式，以对抗现代科学、进化论和圣经考据学提出的种种挑战时，一些福音派领袖如德怀特·L. 穆迪（Dwight L. Moody）①、穆德（John R. Mott）② 等则热心于世界性宗教的复兴运动，如学生志愿海外传教运动及平信徒传教运动。著名的布道家戈登（Adoniram Judson Gordon）、皮尔逊（Arthur T. Pierson）和穆迪在美国大规模的布道演讲，加强了千禧年论在现实宗教活动中的重要性和紧迫性。教会认为，在基督教的压力和影响下，所有非基督教国家都会在世界福音化的进程中被基督化。皮尔逊以极大的热情宣称了只要集中所有教会的力量，在 20 年内就能让世界全部基督化的决心和可能。③

1810 年，以海外传教为唯一宗旨的美国公理会海外传道部（American Board of Commissioners for Foreign Missions）成立，标志着美国新教传教运动进入了新的海外拓展时期。1829 年 10 月 14 日，裨治文（Elijah C. Bridgman）受派来华，拉开了长达一个多世纪的美国对华传教运动的序幕。19 世纪 80 年代，海外传教运动扩展到美国教育界，高等教育机构出现了赴外国传教的团体，1881 年俄亥俄州奥伯林学院的学生传教团向中国派出了第一名学生传教士④。

---

① 穆迪（1837—1899），美国基督教新教布道家。1856 年到芝加哥当鞋店营业员，用积蓄开办了一所"主日学校"，自任负责人。1861 年弃商，成为一名独立城市传教士。后参加基督教青年会，1867 年建造青年会大楼。同时到美英各地主领"奋兴布道会"，鼓吹"教会大复兴"，称为"心灵奋兴"或"灵性复兴"。曾在芝加哥创立"穆迪圣经学院"，并在故乡建立学校两所。

② 穆德（1865—1955），美国人，20 世纪世界基督教史和中国基督教史重要人物。青年世界协会会长、青年会北美协会会长、世界基督教协进会会长，1946 年获诺贝尔和平奖。

③ Arthur T. Pierson, "Can This World Be Evangelized in Twenty Years?" *Missionary Review*, April 1881, pp. 437–441.

④ 史静寰：《狄考文与司徒雷登》，珠海出版社 1999 年版，第 142 页。

1886 年，青年会北美协会在穆迪的主持下，在马萨诸塞州的黑门山举办了"大学生暑期圣经学校"，100 名立志到海外传教的青年联合发表了"普林斯顿宣言"（Princeton Declaration）。1888 年 12 月，以高等教育机构青年学生为主的学生志愿海外传教运动（Student Volunteer Movement for Foreign Mission）正式形成，并成立了"学生志愿海外传教运动执行委员会"，北美协会总干事穆德任主席，学生志愿海外传教运动与基督教青年会更加密切地联系起来①，提出了著名口号——在这一代福音传遍全世界（Evangelization of the World in This Generation）。作为北美协会任期最长的总干事，穆德就是北美协会向外扩张背后的推动力②。在他关于世界传教的著作中，穆德以号召、推行"在这一代实现世界基督教化"而著名。这句为美国学生志愿海外传教运动提出的口号，很快就变成了整个青年会的标语。无论在观念和实践上，基督教青年会都是美国世界传教运动的一部分。③

1894 年，在学生志愿海外传教运动第二次国际会议上，"在这一将福音传遍世界"的发明人皮尔逊将它诠释为让福音传遍世界并不是让每个人都成为基督徒，而是让每个人都能听到福音。④ 要使基督为普世的人们所认识、所寄托、所敬爱，不但在个人的生活中做到这点，而且在人类所有的关系中，包括实业、社会、国家和种族的关系中都要体现基督。强调每个基督徒都有责任通过各种方式使异教徒获得福音的教诲，通过个人福音的行为达到社会福音的效果，用西方的价值观念和社会结构改造亚非地区的文明传统。皮尔逊指出无论布道、治病还是办学，都是传

---

① ［美］马泰士：《穆德传》，张仕章译，青年协会书局 1935 年版，第 74 页。

② 穆德的著作既是他一生中推动传教目的的记录，也是世界范围内传教事业逐渐兴盛的产物。这些书在书名中已有了最明确反映，如《世界征服的战略方针》（*Strategic Points in the World's Conquest*，New York，1879）；《在这一代将福音传遍世界》（*The Evangelization of the World in This Generation*，Calcutta，1902）；《世界基督教协进会亚洲会议，1912—1913 年》（*The Continuation Committee Conference in Asia*，*1912 - 1913*，New York，1913）。

③ Clifton J. Phillips，"The Student Volunteer Movement and Its Role in China Missions，1886 - 1920，" in John Fairbank，ed.，*The Missionary Enterprise in China and American*，Harvard University Press，1974，p. 91.

④ Arthur T. Pierson，*The Evangelization of the World in This Generation*，The Student Missionary Enterprise，Addresses and Discussions of the Second International Convention of the Student Volunteer Movement for Foreign Missions，Boston：1894，pp. 105 - 115.

布福音的中介，无论是通过医疗传教还是教育传教，提高非基督教国家人民的地位都是基督教徒义不容辞的责任。① 美国基督教强烈的现世性和社会使命感，以基督教的伦理精神，而不是信仰本身来论证教条教义的特点在 19 世纪末达到顶峰。

　　19 世纪后期，美国领土扩张狂潮的首要目标是亚洲太平洋地区和拉丁美洲。"统治一个落后文明的唯一方法是影响其青年一代人的思想、实践、品格和关系，造就明天一代合适的领袖"，让这些地区在开始"设立新标准""走入新途径"时，与基督教发生"友谊的关系"②。只有在非基督教地区开始工作才能真正意味着"国际的"（international），而不是仅限于美国和加拿大③。要将传教运动看成是"一场征服的战争"④，1894 年学生志愿海外传教运动第二次国际会议的主题即是"为基督征服世界"，传教运动领袖们以军事胜利和地区征服的话语讨论着海外传教的目标，将世界的基督化和美国或西方文明的扩张综合在一起。利用青年人希望实现个人价值，以勇进、不怕牺牲的冒险精神去开拓"落后""野蛮"的亚非国家的社会心理，把志愿传道者组成所谓基督的"精兵"去"征服"亚非地区。学生志愿海外传教运动迅速成为美国海外扩张的重要部分，并得到历届美国政府的支持⑤。1900 年在纽约召开的美国新教普世传教大会上，美国现任、前任和未来三任总统威廉·麦金莱、本杰明·哈里森、西奥多·罗斯福都上台演讲，哈里森总统还出任大会名誉主席。

　　1910 年 10 月 20 日，在穆德的策划下，北美协会在华盛顿白宫美国总统府举行了"青年会的世界扩张计划会议"，邀请了 200 多位大资本家和社会名流参加。会上美国总统塔夫脱的演讲简明精确地表达了美国的

----

① Robert E. Speer, *The Evangelization of the World in This Generation*, The Student Missionary Enterprise, Addresses and Discussions of the Second International Convention of the Student Volunteer Movement for Foreign Missions, New York：1898，pp. 201 – 216.

② 穆德 1909 年 11 月 17 日写给波士顿的克劳斯特的信，见［美］马泰士《穆德传》，张仕章译，青年协会书局 1935 年版，第 363—364 页。

③ 基督教青年会北美协会，即美国和加拿大基督教青年会，英文名称是 International Committee of Y. M. C. A. in U. S. A. and Canada.

④ John R. Mott, *History of the Student Volunteer Movement for Foreign Missions*, 1892, p. 9.

⑤ 邵玉铭：《宗教与美国对外扩张主义》，《中美关系研究论文集》，台北：传记文学出版社 1980 年版。

征服思想：

> 没有人会设想到，我们到中国去设立基督教青年会是抱着任何侵略领土或干涉国家内政的野心的。但是有些基督教青年会的会员能够在他们本国的政府中取得重要地位，我已经看到在中国以外的其他国家中，凡受过外国教育或其他因素影响的人，很容易获得重要地位。通过这些人，我们就能使这些落后国家最后接受我们的文明和道德标准。①

1886—1936 年的学生志愿海外传教运动活动中，有 5 万名大学生参加，其中 1.3 万人到国外传教，占美国全部海外传教士数目的一半。② 学生立志传教运动的 60 年中，一共影响了超过 10 万名学生签下誓言立志到海外传教，其中最少有 2.05 万名真正踏上了传教之路。美国已经取代英国占据新教教会世界性传教运动的首要地位，参与海外传教已经成为"主流教会的标志"。

19 世纪先期入华的外国传教士充满宗教性的鼓励对海外传教也起到了巨大的宣传作用。学生志愿海外传教运动第二届国际会议上，戴德生（James Hudson Taylor）向即将到海外传教的学生说："你们必须在极短的时间内将福音传给中国人，因为他们正在死去……每个月都有 100 万人在不信仰上帝的状况下死去！"这些都使美国受过高等教育的学生们认为，让中国成百万学生基督化是他们对中国学生所负有的特殊责任，就像英国对印度负有特殊责任一样。③ 艾迪（Sherwood Eddy）回忆道："在那些日子里，中国就是目标，就是指路星辰，就是吸引我们所有人的巨大磁铁。"④ 中美关系史上最有名的司徒雷登（John Leighton Stuart）、赖德烈

---

① 《穆德文集》第 3 卷，第 267—268 页，转引自江文汉《基督教青年会在中国》，《文史资料选辑》第 19 辑，中华书局 1961 年版，第 58 页。

② Vergilius Ferm, ed., *An Encyclopedia of Religion*, New York：1945, p. 741.

③ Robert R. Gailey, *The Students of China*, *Report of the Fifth International Convention of the Student Volunteer Movement for Foreign Missions*, 1906, pp. 192 – 194.

④ Paul A. Varg, *Missionaries*, *Chinese*, *and Diplomats*, *The American Protestant Missionary Movements in China*, *1890 – 1952*, New Haven：Princeton University Press, 1958, p. 3.

（Kenneth Latourette）、卜凯（John Lossing Buck）、宓亨利（Harley Farnsworth MacNair）、赛珍珠（Pearl S. Buck）、葛学溥（Daniel Harrision Kulp）等都是加入学生志愿海外传教运动的队伍来到中国的。

19 世纪末和 20 世纪初，中国不仅吸引了最多数量的学生志愿海外传教人员，同时因新教外国传教士的数量和使用的资金量最多而成为世界的主导传教地区。直到 1916 年，到中国传教的人有 5750 人，到印度则有 5465 人①；到 1920 年，到中国的资金是 19075741 美元，印度是 17917394 美元②。

二　社会福音概论

社会福音是近代工业化和城市化的直接产物，作为一种基督教神学思想，产生于 19 世纪下半叶的美国基督教会。随着工业革命和城市化的迅速发展，随着大城市和工业大都会的形成，犯罪、贫穷、普遍酗酒、赌博、社会不稳定形成了新的社会罪恶，劳工不稳定局面的扩大从下至上威胁着整个社会。资本主义产生了传统社会没有的新问题，使教会逐渐将神学的基础放在社会关心层面上来，开始强调对社会问题的关注，并尝试运用基督教的原则来解决这些问题。他们试图"把新型的资本主义法人制度置于他们所认为的上帝的审判语言之下，在居于主流地位的美国新教徒中，这种努力则意味着一种'社会福音'"。③ 社会福音从传统神学所关心的渎神、酗酒、淫乱等个人伦理问题，转而研究社会伦理，从神学的角度来探讨失业、童工、福利、城市贫民等社会问题，探讨基督教福音的社会意义，"认为法人或商业制度必须而且也能够'基督教化'"④。20 世纪之交，"社会福音"逐渐代替并被广泛地接受，再次对个

---

① Harlan P. Beach, Burton St. John, ed., *World Statistics of Christian Mission*, New York：FMCNA, 1916, pp. 63 –65.

② *Interchurch World Movement of North American*, *World Survey*, New York：Interchurch Press, 1920, pp. 158 – 159.

③ ［英］约翰·麦克曼勒斯主编：《牛津基督教史》，张景龙等译，贵州人民出版社 1995 年版，第 340 页。

④ ［英］约翰·麦克曼勒斯主编：《牛津基督教史》，张景龙等译，贵州人民出版社 1995 年版，第 340 页。

人的社会角色进行了基本定义。当19世纪中产阶级新教强调个人救赎的个人主义概念时，社会福音宣称在地上建立上帝之国的集体性概念，新教徒对社会巨变的忧虑给他们提供了改革社会而不仅是个人改革的强大动力。

社会福音运动吸收了英国和欧洲大陆基督教社会主义的主张以及美国进步的社会思想。19世纪早期的新教徒主要从个人方面对社会问题表示关心，强调慈善事业和道德改良，社会福音派却把注意力集中于现代生活的社会方面，集中于社会正义的实现。一些教会建立了向城市群众提供社会服务的机构，在传教事业方面，也可强烈感到对社会工作的注重，农业传教、医疗传教和教育传教都有所发展。[①]

社会福音在美国盛行于1870—1920年，出现了一些提倡社会福音的著名神学家，按照麦奎利（J. Macquarrie）的研究，美国的社会福音有三个派别，分别以格拉登（Washington Gladden）、饶申布什（Walter Raus-chenbusch）和马休斯（S. Mathews）为代表。他们的神学观念各有特点，但其中最核心的一点就是在地上实现"上帝之国"（Kingdom of God），提倡"社会秩序基督化"（Christianizing the social order），把上帝的启示应用实现到社会、政治、经济的各个方面，改造人们生活和工作的社会环境。他们通过出版物、大型系列连续的布道集会，影响了男女青年会、圣公会、美以美会、公理会等差会。[②] 社会福音神学认为，只讲个人得救的福音是不够的，还需要传播改造社会的福音，把《圣经》所启示的"爱"和"公义"运用贯彻于社会生活中，赞成社会改良，提倡教育、社会服务和社会政治改革，其目标是使社会秩序"基督化"，将基督的启示运用到社会经济等各个方面，改革民众生活和工作的社会环境。应该重建"基督世界失去的社会理想"，把上帝之国作为"基督教信仰的第一和最根本的教条"。在社会福音者看来，上帝之国观念可以等同于地上之

---

① ［美］威利斯顿·沃尔克：《基督教会史》，孙善玲等译，中国社会科学出版社1991年版，第650页。

② "社会福音以在地上建立上帝之国为目的，在长老会、浸礼会、美以美会以及公理会、圣公会教徒的生活及事业中表现特别突出。"［美］威利斯顿·沃尔克：《基督教会史》，孙善玲等译，中国社会科学出版社1991年版，第650页。

国，等同于一种社会秩序①，"使罪和救赎的教义从传统个人主义观念的束缚中释放出来"②。所谓社会福音，不仅包括宗教生活，亦包括经济生活、社会生活及政治生活。他们关心的"很少是属于个人得救的问题，而是关心整个社会或整个民族的得救问题"。③在他们看来，个人福音工作的确使许多人得救，但对社会环境的忽视致使它仍然如故，许多得救的人因受不良环境和制度的影响，重新堕落，再次跌倒。因此，离开了社会，个人得救是没有多大意义的。

对中国基督教社会产生重要影响的是饶申布什，他强调以"爱"作为社会经济生活的法则，甚至认为上帝之国的教义本身即社会福音。根据他的解释，所谓上帝之国，不仅包括宗教生活，亦包括经济、社会及政治生活。上帝之国的实现，乃是一切人类问题在基督精神统治下的合理解决，换言之，就是整个社会秩序的基督化。④他毫不留情地攻击传统神学观念偏重来生教义、低估今世生活的观念，认为把今世当作泪之谷，当作上天堂或入地狱的一个入口，这都是社会福音所坚决反对的。饶氏神学体系是以上帝之国观念为中心的社会福音神学，在这一体系之下，一体性的社会观念代替了个人主义的宗教观，而"通过一体性的社会感的媒介所获得的宗教经验"被认为是品质极高的经验。宗教与伦理必须统一，使宗教成为指导社会道德生活的真实力量；救赎的范围必须扩大，社会性邪恶所引起的一切问题必须郑重地加以处理。所以离开了社会，个人得救是没有多大意义的，因为这种得救纵使可能，却不完全，亦难持久。他的目的显然力图使罪和救赎的教义从传统个人主义观念的束缚中释放出来。他不以抽象的言语来讨论圣洁，而是以人们生活中当前的具体情况为讨论对象。

19世纪始于东部大专院校的第二次大觉醒是一场相对温和的宗教革

---

① ［英］麦奎利：《20世纪宗教思潮：1900—1980年的哲学与神学之边缘》，何光沪、高师宁译，台北：桂冠图书公司1992年版，第212—215页。

② ［美］饶申布什：《饶申布什社会福音集》，赵真颂译，香港：基督教文艺出版社1956年版，第17页。

③ ［美］饶申布什：《饶申布什社会福音集》，赵真颂译，香港：基督教文艺出版社1956年版，第14页。

④ 许牧世：《饶氏社会福音集导论》，见［美］饶申布什《饶申布什社会福音集》，赵真颂译，香港：基督教文艺出版社1956年版，第12页。

新运动，形成的美国宗教最重要结果是加尔文教派（Calvinism）的终结和福音派（Evangelicalism）的增长。加尔文教派强调人的堕落和不值得信任的陈旧观念，"是不能和正在上升的美国荣耀和工业革命带来的自我价值感相适应的"①。为了让更多的人接受基督成为他们的救世主，像查尔斯·G. 芬尼（Charles G. Finney）和德怀特·L. 穆迪这样的宗教复兴主义布道家们，赞同情感否定教条，削弱了加尔文教派的严格教义，如宿命论、原罪、有限赎罪等。查尔斯·G. 芬尼认为，人类不是上帝已定计划的被动物体，而是能够在罪恶中选择善良道德的自由人，因此，罪恶能够从世界上被根除。复兴主义的年轻布道家德怀特·L. 穆迪同样提出了乐观、热爱上帝、人类自由意志和选择的观点。

1855 年青年会世界协会在巴黎国际会议上确定的巴黎本旨中，有关青年会会员政策的条例最能反映出青年会的神学基础。在这次会议上，青年会正式规定，只有那些"根据圣经认为耶稣基督是他们的上帝和救主的年轻人，愿意将圣经作为他们的原则和信条，努力在青年中扩充基督王国"的人，才能成为青年会成员。从一开始，美国青年会就想除去所有神学和教条的限制，创建一个新的福音基础。

社会福音是对 20 世纪中国基督教会影响最大的神学思想，"教会到中国来的时候，欧美教会的神学，是个人福音的立场。……然而来了之后，每日所接触的，每日所相遇的，都是需要社会福音的工作"②。在三派社会福音神学家中，只有饶申布什的思想在中国一度风行并有相当的影响。1923 年广学会出版了青年会文字干事张仕章翻译的饶申布什的《耶稣底社会原理》，是目前唯一见到的关于社会福音理论最早也是当时最为完整的中文译著。社会福音强调国家救赎、社会救赎、群体救赎与中国传统文化中集体利益优于个人利益具有一致性。只有帮助中国才能见证基督教的人道主义，只有通过社会服务的表达方式，中国人才能最

---

① William G. McLoughlin, *Revivals, Awakenings, and Reform: An Essay on Religion and Social Change in America, 1607 – 1977*, p. 101, 转引自 Jun Xing, *Baptized in the Fire of Revolution, The American Social Gospel and the YMCA in China: 1919 – 1937*, Bethlehem: Lehigh University Press, p. 27。

② 刘廷芳：《青年会对于中国教会的贡献》（上），《同工》第 147 期，1935 年，第 11 页。

好地理解基督教的精神。① 如果中国基督徒只是简单地接受西方基督教思想，他们实际上就成了帝国主义和文化侵略无意识的工具，"在要求解放的民众眼里"，"不过是鸦片而已"②。社会福音在一定程度上缓解了一些基督徒如何将爱国与爱教统一起来的思想压力，成为基督徒完善道德的手段和培养"改造社会的责任"的"性灵"之源③，成为"凡是有志于改造社会的人都不能否认"④ 的应付时局的需要，给基督徒提供了忠于国家和宗教的理论基础和有效办法。

基督教青年会、教会大学、教会医院等基督教会的附属机构，是中国基督教提倡社会福音的中坚机构。它们强调不应将宗教活动限定在教堂里和礼拜上，"而忽视了社会生活的各个方面"⑤。作为特别突出地接受和提倡社会福音的机构，作为提倡教会合一的机构，其目光和活动从来没有以会界划地自限。

海外传教运动最著名口号"在这一代将福音传遍世界"的提出者皮尔逊（Arthur T. Pierson）这样解释道：使福音传遍全世界并不是使世界完全基督教化，而是使所有人都听到福音。要使基督为普世的人们所认识、所寄托、所敬爱，不但在个人生活中，而且在人类所有关系中都要体现基督。它增加了传教方式，扩大了传教范围，把目标对准了整个社会。海外传教运动不但加强了传教队伍的力量，更重要的是改变了传教队伍的成分，他们不仅是受过神学训练的传教士，更多的是受过技术专业训练的大学生，使教会将神学的基础放在社会关心层面上来成为可能。他们把美国基督教在 19 世纪末达到顶峰的强烈现世性和社会使命感，那种以基督教的伦理精神，而不是信仰本身来论证教义的特点表现得异常

---

① A. R. Kepler, *Christianity as a Social Gospel*, 原名 The Need for a Changed Approach to the People in Our Missionary Enterprise, *The Chinese Recorder*, Jan. 1920, 转引自 Jessie G. Lutz, ed., *Christian Missions in China*, *Evangelists of What*? D. C. Health and Company, 1965, p. 16。

② 鲍勃·怀特：《未结束的冲突：中国与基督教》，转引自［法］沙百里《中国基督徒史》，耿昇、郑德弟译，中国社会科学出版社 1998 年版，第 306 页。

③ 王治心：《中国基督教史纲》，青年协会书局 1940 年初版、文海出版社 1970 年再版，第 361 页。

④ 吴雷川：《基督教与中国文化》，青年协会书局 1936 年初版、1948 年再版，第 147 页。

⑤ Jun Xing, *Baptized in the Fire of Revolution*, *The American Social Gospel and the YMCA in China*, *1919 – 1937*, p. 33.

充分。北美协会派至中国青年会十多年的副总干事、青年会实权人物鲍乃德（Eugene E. Barnett）就力主中国社会的全方位基督化。[1] 9 次代表北美协会来华布道的艾迪（Sherwood Eddy）也认为"拯救少数奴隶的灵魂，同时却有千百万人被奴隶制的社会邪恶所压抑"是一种不负责任的传教模式。[2] 与北美协会在神学观念和行动一致是青年会实现以世俗化和社会化为特征的本土化转型的重要原因。

面对日益高涨的民族主义，提倡中国教会本土化无疑是佳径，也是捷径，反映出本土化提出者的神学倾向和接近中国现实的渴望与实际操作的可能性。20 世纪初期是基督教在中国历史上的"黄金时期"。辛亥革命后，《临时约法》规定公民信教自由，为基督教在中国的发展提供了法律保证。1900 年全国教徒 80000 人，1906 年增加到 170000 人，1914 年达 250000 人，1920 年达 360000 人，增加了 4.5 倍。[3] 1922 年青年会已有城市青年会 40 处，学校青年会 200 处，会员 77947 人；由城市青年和学生组成的青年会，受到北洋政府和孙中山革命势力重视利用和发展支持。[4] 这时的中国基督徒在世俗地位与神学修养上，均远远超过 19 世纪的基督徒，他们一面自我检查，一面披挂应战，这在晚清以及后来的基督徒身上都是绝少看到的，这使中国基督教界有了本土化要求和实现本土化的基本力量。

基督教信仰必须表达出来，但必须在一定的文化环境之中，它并不能也不应该脱离文化而独立。[5] 本土化就是"如何使基督教在东方适合东

---

① Jessie G. Lutz：《宣教士对本土化的态度》，见林治平主编《基督教与中国本土化》，台北：宇宙光出版社 1990 年版，第 366—369 页。1936 年鲍乃德回美后任北美协会总干事，也足以说明北美协会对他工作的肯定。

② Sherwood Eddy, "The Social Gospel in China", *The Chinese Recorder*, Feb. 1923, p. 81.

③ ［美］费正清编：《剑桥中华民国史 1912—1949 年上卷》，杨品泉等译，中国社会科学出版社 1994 年版，第 179—181 页。

④ 《孙中山欢迎第九届基督教青年会全国大会代表演讲》；C. H. Hopkins, *John R. Mott*, William B. Eerdmans Publishing Company, 1979, p. 394；转引自顾长声《从马礼逊到司徒雷登：来华新教传教士评传》，上海人民出版社 1985 年版，第 436 页。

⑤ 刘廷芳：《为本色教会研究中华民族宗教经验的一个草案》，《真理与生命》第 1 卷第 7 期，1926 年，第 187 页。

方人之需要?""融洽东方之习俗环境历史思想"①,这种新诠释的基督教思想可以被总结为"由神学而趋于伦理,由武断而入实证,由来世而注重今生,由个人私利而注重社会服务"②。1922 年《全国基督教大会宣言》,第一次明确提出"自养、自治、自传",要用基督教的教义使"社会重生"③。

基督福音只有通过把上帝的爱,化为具体的社会服务和改造才可以显示它在中国现实的价值和可能,不但向同胞证明基督徒对国家的认同和忠心,也坚持了他们的宗教信念。基督福音应该是个人与社会并重的,青年会的工作就是要"弥补"中国教会素来偏重个人福音的"这种缺陷",如果没有青年会"从旁推广社会的福音",基督教会决不能造成入世的"天国模范"④。对社会福音的提倡和实践,是对 19 世纪以来重视个人福音的中国教会的极大修正,也是青年会对中国教会的重要贡献。青年会将神学基础和工作重点放在社会关心层面上,"连社会服务这个名词也是青年会制造出来的"⑤。基督教与社会服务交汇不仅是实现民族新生的实用方法,而且"只有社会服务才能生长出基督教精神"⑥,宗教性灵与社会实践才能在"社会福音"的层面上达成高度统一。"作为美国奇迹的社会福音",对中国青年会产生的影响,也被美国学者认为是"源于不同文明中的两个国度之间跨文化碰撞历史中的独一无二的画卷,20 世纪美中文化交流碰撞中最精彩的篇章"⑦。

---

① 诚静怡:《本色教会之商榷》,《中华基督教文社月刊》第 1 卷第 1 期,1925 年,第 9—10 页。

② 谢扶雅:《基督教新思潮与中国民族根本思想》,《青年进步》第 83 期,1925 年。

③ 《1922 年全国基督教大会报告书》,转引自邵玉铭编《二十世纪中国基督教问题》,台北:正中书局 1980 年版,第 564—565 页。

④ 张仕章:《青年会对于教会之贡献》,见中华基督教青年会全国协会编《中华基督教青年会五十周年纪念册》,青年协会书局 1935 年版,第 56 页。

⑤ 鲍乃德:《中国青年会之史的演进》,见中华基督教青年会全国协会编《中华基督教青年会五十周年纪念册》,青年协会书局 1935 年版,第 112 页。

⑥ Herbert Cressy, "The Practical Value of Social Service as Part of a Missionary Program", *The Chinese Recorder*, March 1916, pp. 207 – 208.

⑦ Jun Xing, *Baptized in the Fire of Revolution*, *The American Social Gospel and the YMCA in China*, *1919 – 1937*, Lehigh University Press, 1996, p. 14.

虽然青年会缺乏精深的思想，但却避免了派别的偏见，并且表示了它是有活力的、现代化的，能应付现实的。它并不注重引导青年获得空虚的信仰，却竭力训练他们养成几种态度与习惯。它总是将"培养个人基督化的人格"与"尽己所能，服务群众"连成一片。①

社会福音强调国家救赎、社会救赎与中国传统文化中集体利益优于个人利益具有一致性，在一定程度上缓解了一些基督徒如何将爱国与爱教统一起来的思想压力，整个青年会力图将福音运用于社会服务和社会改造的一系列神学探索和实践使中国基督教青年会更加独立，终成为独树一帜的"青年会派"。

三 美国对中国认识的学科化

美国对中国的认识虽然起步较晚，但发展速度很快。如果从源流上考察，美国现代中国学可以说是在反欧洲传统"汉学"的境况下诞生的。② 所谓欧洲传统"汉学"对中国的认识主要源于来华传教士的各种报告、著述、书简中描述出来的一幅中国的历史图景，他们对中国历史进行了带有迷幻赞美色彩的"想象式建构"③。

欧洲汉学产生于16、17世纪欧洲对中国大量文献的发现。美国研究中国要晚得多，最早只能追溯到19世纪中叶，因为美国商业资本和海外传教活动向中国扩张比欧洲晚得多。商业资本和传教活动形影不离，这是老式资本主义扩张的规律。1829年美国传教士随着美国首批来华商船在广州登陆，美国最初的中国学家就是从这些来华传教士中培养出来的，如裨治文、卫三畏（Samuel Wells Williams，1812—1884）、丁韪良（Wil-

① 鲍乃德：《中国青年会之史的演进》，见中华基督教青年会全国协会编《中华基督教青年会五十周年纪念册》，青年协会书局1935年版，第113页。

② 周勤：《本土经验的全球意义——为〈世界汉学〉创刊访杜维明教授》，《世界汉学》创刊号，第9页。

③ Benedict Anderson，*Imagined Communities*：*Reflections on the Origin and Spread of Nationalism*，New York，1983，pp. 1 – 9.

liam Alexander Parsons Martin，1827—1916）等。裨治文 1830 年到广州，1832 年创办《中国丛报》（*The Chinese Repository*），报道中国的历史、风俗、时事和传教士活动，是美国最老的中国学杂志，他实为美国研究中国问题的第一人。

1842 年美国传教士和外交官正式成立了美国东方学会，比美国历史学会成立的日期还早。1851 年陆续出版了《美国东方学杂志》《美国东方丛刊》和《美国东方学翻译丛刊》。美国东方学会创建的目的是健全组织体系，加强研究队伍，有系统地进行东方学的研究，与欧洲国家争夺东方思想文化阵地。最早的会员就是裨治文、顾盛（Caleb Cushing，1800—1879）等来华传教士和外交官，但"美国东方学会从一开始就有一种与众不同的使命感"①，即为美国政府政治、经济扩张服务。1848 年出版的卫三畏的《中国总论》（*The Middle Kingdom*）标志着美国汉学研究的开始。《中国总论》分上、下两卷，1848 年出版，30 年后再版时补充了大量内容。全书共分 26 章，正如此书副标题所示，是一部关于中国地理、政府体制、文学、社会生活、艺术和历史的综述。

19 世纪 70 年代起，美国的大学开始设立关于东方或中国的教学研究机构。美国大学第一个汉语教研室和东方学图书馆于 1876 年在卫三畏主持下设立于耶鲁大学。这个时期的美国对中国研究的主要兴趣仍然遵循欧洲汉学研究的传统，主要研究中国的历史文化。"这种古典的中国学十分注意原始资料，所采取的方法是：熟悉语言—翻译史料—进行史料学分析—进行历史编纂学的分析—概括—总结：自发地摸索现象之间的联系，把事情串连在编年的杆轴上。"②

美国早期的汉学研究主要由非职业化的传教士、外交官和商人承担，其著作一般偏重于对中华历史文化的研究，这些研究有助于西方世界了解中国的传统文明。研究出于中美双边关系以及研究者本人的职业和兴趣的需要，在对中国历史进行总体研究的同时，更加突出对中国政治史、法制史和外交史的研究。他们是没有受过训练的职业研究人员，研究是

---

① ［美］费正清：《70 年代的任务：研究美国与东亚的关系》，《费正清集》，天津人民出版社 1992 年版。

② 王景伦：《走进东方的梦：美国的中国观》，时事出版社 1994 年版，第 2 页。

为了更加了解中国，而达到其外交和传教的目的。

第一次世界大战以后，欧洲在华势力下降，美国大力扩张在中国的势力。由于政治、经济、文化发展的需要，美国汉学从欧洲古典模式走向现代，把研究的关注点对准了中国的近现代问题，汉学研究变成了美国全球化总体战略支配下"区域研究"的一个组成部分，带有相当强烈的对策性和政治意识形态色彩。

出于国际形势和美国对策的需要，美国政府和美国企业集团都日益重视对中国的研究，并给了研究中国问题的机构以支持和赞助。如1911年建立的纽约卡内基基金会，1913年建立的洛克菲勒基金会，1936年建立的福特基金会，都曾大力资助过中国研究。如1925年成立的美国太平洋学会、1928年成立的哈佛燕京学社、1927年建立的美国国会图书馆中国部，都标志着美国汉学研究的专业化和科学化。尤为重要的是逐步形成了一支科学的、专业化的研究队伍，他们所从事的微观汉学研究在学术上取得了重要的成果，而学生海外传教运动则为美国早期汉学研究的转型、从传统走向现代奠定了人员基础。

先期入华的传教士在对中国有了一定程度了解后，由此所进行的有针对性的宣传，对于学生海外传教运动，尤其鼓励受过专业训练的学生来中国传教起到了巨大推动作用。长期在华北传教的清恒理（Henry Kingman）请求愿意参加"学生志海外传教"的学生应该更多地装备高等教育和知识技能来满足中国文化的需要，才能将这个国家基督化。[1] 这些使美国学生认为让中国成百万学生基督化是他们对中国学生所负有的特殊责任，就像英国对印度负有特殊责任一样。[2] 几千年来由知识精英主宰政治、社会和文化的中国毫无疑问地对即使在本国也只占极少数的受过高等教育的学生产生了特殊的传教吸引力。19世纪末20世纪初，美国白人男子上大学的比例还不到成年男子总数的1%，但传教士中绝大多数人

---

① Henry Kingman, *The Need of Men and Women of Literary Taste in China*, *Report of the Second International Convention of the Student Volunteer Movement for Foreign Missions*, Boston, 1894, pp. 242 – 243.

② Robert R. Gailey, *The Students of China*, *Report of the Fifth International Convention of the Student Volunteer Movement for Foreign Missions*, *1906*, pp. 192 – 194.

来自这一受过高等教育的阶层。① 他们所受的教育是让他们进入社会的专业和政治领导角色，中国给这些寻找发展的年轻人和正在发展的传教事业提供了一个有竞争力的地区。

---

① Valentin H. Rabe, *The Home Base of American China Missions*, *1880—1920*, Cambridge：Harvard University Press，1978，p. 85.

第 二 章

基督教会与中国第一个
全国性社会调查

　　1922 年，中国基督教会同时出版了中英文版的一本书，中文名称为《中华归主》，英文名称为 *The Christian Occupation of China*，可直译为"基督教占领中国"。从任何角度来看，这样的书名是不恰当的，因为基督教未曾"占领"中国，中华也未曾"归主"。这大概只能反映当时主持进行调查研究和出版的中华续行委办会的一种主观的幻想和努力目标。但这本书的副标题却更明确地标识出该书的内容和产生的方法与手段，副标题是：A General Survey of the Numerical Strength and Geographical Distribution of the Christian Forces in China Made by the Special Committee on Survey and Occupation China Continuation Committee 1918—1921，可译为"由中华续行委办会调查特别委员会 1918—1921 年编制的中国基督教力量地理分布和数目强弱的调查"。由此可知，这是一个全国性调查的成果报告。这从该书中文 2007 年修订版将其名称改为"中国基督教调查资料"可以看出。

　　从科学方法的社会学调查角度来审视这次调查，我们可以将其定性为：中国第一个全国性社会调查。但长久以来，其相关过程和数据信息一直不为基督教会以外的学者和人们所关注和知晓，在众多的社会学史或社会调查史的研究中，均未对此调查进行介绍和研究。[①]

---

　　① 杨雅彬：《近代中国社会学》，中国社会科学出版社 2001 年版；阎明：《中国社会学史：一门学科与一个时代》，清华大学出版社 2010 年版；郑杭生、李迎春：《中国社会学史新编》，高等教育出版社 2000 年版。

　　20 世纪上半叶，随着科学方法的社会调查兴起，社会各界都进行过数量众多的各行业各学科的调查，当时有"中国社会调查运动"之称。据中国社会学史专家的研究，中国社会学史上诸多的"之最"均与基督教会有密切的关系。如最早在高校中讲授社会的是在教会大学中由传教士讲授，1905 年在圣约翰大学由美国传教士孟嘉德（Arthur S. Mann）开设了社会学课程。最早的社会学系由美国传教士葛学溥（Daniel Harrison Kulp）于 1913 年创建于沪江大学。最早的系统社会调查是 1914—1915 年，由美国传教士步济时（John S. Burgess）指导，对北京地区的 302 名人力车夫进行调查。[①] 这与这些传教士均毕业于美国耶鲁大学、布朗大学、普林斯顿大学的社会学系，获得了社会学的学士和硕士有密切关系。

　　1918—1922 年基督教会进行的调查，对我国 20 世纪初期各省的行政区域、面积、边界、城市人口、地势、山川、民族、语言、气候、物产资源、经济状况、交通（铁路、公路）、邮电、教育、医疗设施等，以及基督教传教史和宗教活动情况等，都进行了极其周密的调查研究，其广度和深度远远超出了传教的范围。

　　辛亥革命后的十年间，基督教在中国的发展进入黄金时期，基督教徒的人数大增，教会的各方面事业都迅速发展。

一　中国最早讲授社会学的人物和时间

　　哪位学者何时在中国的高等教育机构首次开设社会学的课程，在众多社会学史的研究著述中，一直有两个说法，未有定论。虽然说法不一，却被社会学界广泛引用。一个是根据许仕廉先生的《中国社会学运动的目标经过和范围》所言，1905 年美国人门阿瑟先生在圣约翰大学讲授社会学课程；另一个是 1908 年，美国人孟教授（Arthur Monn）在圣约翰大学开设了社会学课程，采用的是白芝浩（Walter Bagehot）的《物理与政

---

　　① Yung - chen Chiang, *Social Engineering and the Social Sciences in China*, Cambridge University Press 2001, pp. 26 - 31. 杨雅彬：《近代中国社会学》上册，中国社会科学出版社 2001 年版，第 68 页；阎明：《中国社会学史：一门学科与一个时代》，清华大学出版社 2010 年版，第 14 页；郑杭生、李迎春：《中国社会学史新编》，高等教育出版社 2000 年版，第 76 页。

治》（*Physics and Politics*，1872）为课本。① 这样形成了两个时间和两个人物，并且未提及门阿瑟先生的英文名字。

笔者核查许仕廉先生和 20 年代其他社会学学者的研究资料原文，他们都叙述为：1905 年，圣约翰大学有位门阿瑟先生（Mr. Arthur Mann）担任社会学一科，其教科书为白芝浩的《物理与政治》。国内大学设社会学课之可考者，以圣约翰大学为最早。② 20 年代的原始文献都写有门阿瑟先生的英文名字 Arthur Mann，这样一来，门阿瑟先生和孟教授实际上是一个人，只是中文译名不同而已。但问题仍未完全解决，怎么会同一人在不同时间首次开设社会学课程？

再核查圣约翰大学校史和基督教传教史等史料，可知更多细节。孟教授，又名孟嘉德，美国纽约州罗切斯特人，1904 年毕业于耶鲁大学，参加了美国历史上著名的"学生志愿海外传教运动"（Student Volunteer Movement for Foreign Mission），于 1904 年来华，在教会大学圣约翰大学任教。除了讲授社会学外，还讲授过哲学等课程，给学生们介绍了许多新式体育锻炼方式。③ 1907 年 7 月 29 日，在庐山牯岭抢救在长沙传教的耶鲁校友席比义（Warren Bartlett Seabury）而溺水身亡。④

1907 年孟嘉德已经去世，可以确定，首次开设社会学课程的应该是 1905 年，绝不可能是 1908 年了。1908 年一说如何开始，笔者查了多部资料，尚未找到起源。

最后需要确定的是孟嘉德的英文名字，中文社会学史著述中都沿用了许仕廉和徐祖甲文章中的 Arthur Monn。但多种英文资料都显示是 Arthur S. Mann，故 Mann 更准确。

---

① 杨雅彬：《中国社会学史》，山东人民出版社 1987 年版，第 30 页；章人英主编：《普通社会学》，上海教育出版社 1990 年版，第 34 页；郑杭生、李迎生：《中国社会学史新编》，高等教育出版社 2000 年版，第 66 页；杨雅彬：《近代中国社会学》，中国社会科学出版社 2001 年版，第 66 页；陈新华：《留美生与中国社会学》，南开大学出版社 2009 年版，第 98 页。

② 徐祖甲：《中国社会学史》，《励进》（北平）第 1 卷第 5 期，1937 年，第 17 页；许仕廉：《中国社会学运动的目标经过和范围》，《社会学刊》第 2 卷第 2 期，1931 年，第 6 页。

③ Andrew Y. Y. Tsu, *Friend of Fisherman*, Ambler：Trinity Press 1955，p. 13. 本书作者就是朱友渔。

④ Mary Lamberton, *St. John's University, Shanghai, 1879 – 1951*, New York：United Board for Christian Colleges in China, 1955, pp. 50, 67, 71.

孟嘉德去世后，为了纪念儿子，他的父亲设立了奖学金，每年资助一名中国大学生到美国留学。1907 年圣约翰大学毕业的四位学生之一朱友渔，就是该奖学金的第一位获得者。他是一位出生于上海的牧师的儿子，于 1912 年获得哥伦比亚大学社会学博士，撰写了论文《中国慈善事业的精神》（*The Spirit of Chinese Philosophy*），成为第一位获得社会学博士的中国人。[①] 朱友渔博士毕业后回国，先后在圣约翰大学和燕京大学的社会学系任教。后转入基督教会工作，曾任中国基督教圣公会云贵教区主教，去世于美国。[②]

1908 年 9 月 19 日，圣约翰大学筹集了 22000 美元，奠基修建一座新的学生宿舍，并于 1909 年 9 月建成。为了纪念孟嘉德，学校将宿舍楼命名为"思孟堂"（Mann Hall），一直沿用至 50 年代。[③] 50 年代高校院系调整后，华东政法大学曾将楼名改为学生宿舍 4 号楼、2 号楼等。1998 年恢复了"思孟堂"旧名，现在依然保留在华东政法大学校内。今天在建筑物的一角，还有"思孟堂"的说明铭牌。在美国孟嘉德的家乡纽约州罗切斯特，还有一个以他名字命名的教堂——Arthur S. Mann's Chapel。

孟嘉德的故事还成了美国小说的重要素材，写入了约翰·赫西（John Hersey）的长篇历史小说《召唤：一个在华美国传教士》（*The Call*：*An American Missionary in China*，1985）中。作者约翰·赫西是美国作家联盟主席、耶鲁大学教授、美国普利策新闻奖获得者。他是来华传教士的孩子，出生于天津，他的父亲韩慕儒（Roscoe M. Hersey，Sr.）是天津基督教青年会总干事，和孟嘉德一样，也是参加学生志愿海外传教运动的来华传教士。

最后谈一下中国社会学的早期创建与美国基督教会的关系。中国社会学的早期创建与美国学生志愿海外传教运动有着密切的关系，它是美国历史上最大向海外派遣传教士的运动，也是最大派遣受过高等教育专业传教士的运动，曾派遣 2524 名传教士到中国，占该运动派往外国传教

---

① 徐以骅主编：《上海圣约翰大学（1879—1952）》，上海人民出版社 2009 年版，第 26 页。

② Andrew Y. Y. Tsu，*Friend of Fisherman*，Ambler：Trinity Press 1955，p. 13.

③ 徐以骅主编：《上海圣约翰大学（1879—1952）》，上海人民出版社 2009 年版，第 27 页。

士的三分之一，耶鲁大学、普林斯顿大学都是该传教运动的重要发源地。① 与以往派遣的传教士有很大差异的是，它所派遣的传教士并非仅仅只是受过神学训练的神职人员，更多的是受过高等教育和专业技术训练的专业人员。就中国社会学的创建而言，中国最早开设的社会学课程、创建最早的社会学系、最早的社会调查、最早的社会学期刊、最早的春田调查法用于中国等，均是由这个运动派遣来华的美国传教士所进行的。如 1913 年 11 月，创建中国第一个社会调查机构"北京社会实进会"的步济时（John S. Burgess，1883—1949）（1905 年毕业于普林斯顿大学社会学系，1909 年获得哥伦比亚大学社会学硕士学位）。1914—1915 年，步济时还指导青年人对北京地区的 302 名人力车夫进行了人力车夫调查，这是近代中国第一个系统的社会调查。1919 年 11 月，"北京社会实进会"还创建了中国第一份社会学研究的期刊《新社会》，步济时还创建了燕京大学社会学系。1914 年最早在上海沪江大学创建社会学系的葛学溥（Daniel Harrison Kulp，1888—1980），最早在北京运用春田调查法进行社会调查的甘博（Sidney David Gamble，1890—1968）（1908 年普林斯顿大学社会学学士，1917 年加州伯克利社会经济学硕士），进行民国时期最大农业经济调查的卜凯（John Lossing Buck，1890—1975）（1914 年、1925 年、1933 年康乃尔大学农业经济系学士、硕士、博士）等。

二　社会调查相关信息

（一）调查源起和目的

对基督教进行社会调查研究工作是 1910 年在英国爱丁堡召开了第一届世界基督教普世宣教会议（The World Missionary Conference）上提出的。大会认为，虽然各国各差会单独的传教工作取得了很好的成绩，但单独活动能够完成传教使命的时代已经过去了。会议标志着欧美基督教传教活动进入了新时期，要求世界基督教应该联合起来进行更多的工作。

---

① Clifton J. Philips，"The Student Volunteer Movement and Its Role in China Mission，1886 - 1920"，in John Fairbank edited，*The Missionary Enterprise in China and American*，Cambridge：Harvard University Press，1974，p. 105.

这是世界基督教 20 世纪上半叶倡导的基督教合一运动的宗旨。

在这种精神倡导下，美国人穆德（John R. Mott）于 1913 年来到中国，他当时任世界基督教学生同盟总干事和基督教青年会国际委员会总干事。在中国召开全国各大教会领导人大会，在会上号召大家为促进基督教在华事业的发展，各差会各宗派应该联合起来，对中国基督教的现状和有关国情进行周密的调查研究。大会决定在上海成立中国基督教第一个全国性组织——中华续行委办会（The China Continuation Committee，中华基督教协进会的前身），负责统一领导基督教在华事业，其中包括负责进行基督教调查研究和编纂调查研究报告。

编纂报告的主要目的是要综合分析中国社会和基督教会各方面的情况，更快更有效地使中国基督教化。调查目的有四个。一是收集情况并摘要发表，以使各差会能够具体了解各差会之间的工作关系，从而更好地支配本差会的人力物力，帮助他们取得更有成效、更加协调与平衡的发展。二是找出传教活动的薄弱地区，以及那些虽然已经被划定为责任地，但仍然没有开展传教活动的地区。三是根据人口和单位面积论述全国传教活动的现状，根据各地具体需要提出各种不同的传教形式。四是激发中国基督徒对传教的更大热情和更深厚的责任感，指出外国传教士人力不足，无法满足更大范围内的宗教需要，来激发中国教会的传教热情等。[①]

经过多年筹备，1918 年在中华续行委办会下设了"特别调查委员会"，负责全国性调查和统计。调查正式开始于 1918 年，这也是第一次对所有宣教区进行的全面调查研究工作，历时三年多，于 1922 年终于成书。这是外国基督教会来华传教百余年（第一个传教士于 1807 年来华）的一件大事。

（二）组织机构和人员

中国调查是在世界传教中的一部分。1914 年爱丁堡会议出版的统计报告为中国调查奠定了基础，该统计报告中有一份选好的统计项目表，

---

① 中华续行委办会调查特委会编：《1901—1920 年中国基督教调查资料》，蔡詠春、文庸、段琦、杨周怀译，中国社会科学出版社 2007 年版，"导言"第 2 页。

用来收集世界各地宣教会的统计数据并给各统计项目下了定义。① 调查年限是 1900—1920 年，内容上以基督教各个教派为主，但也包括了东正教和天主教。

该书的编辑主任是美国归正会传教士司德敷（Milton Theobald Stuffer），特别调查委员会主任是美国北长老会传教士罗炳生（EC. Lobenstine，1872—1958），特别调查委员会共 34 人，其中外国传教士 24 人，中国人 10 人，即商务印书馆总经理鲍咸昌、中华续行委办会干事诚静怡牧师、中华归主运动文字干事全绍武、监理会牧师江长川、基督教青年会干事李耀邦博士、上海《兴华报》主编罗运炎博士、中华圣公会会长郑和甫牧师、沪江大学代理校长董景安牧师、圣约翰大学教授朱友渔牧师、基督教青年会全国协会总干事余日章。参加编辑整理的全部工作人员 31 人，其中中国人 11 人，以及几位不懂英语的华人绘图员。

（三）调查方法和资料来源

调查基本分为两大类型，一类是普通调查，呈现在第 3 章至第 8 章中，另一类是专项调查，呈现在第 9 章至第 14 章中。全部调查资料是通过调查委员会提问题，采用通信方式，由分布全国各地基督教会的 150 余名通讯员提供，调查资料很原始可靠。

第 3 章至第 8 章调查研究的主要来源途径有以下几种。（1）调查委员会向全国各宣教区发出了调查地图与统计表格，在填写地图和表格前，与各地通讯员进行了大量的通信联系。（2）以前历年基督教会出版的中国基督教差会指南类书籍。（3）各差会干事寄给中华续行委办会的常年统计报告。（4）基督教差会本部的报告及教会出版品。（5）政府的正式出版品。（6）各类学者专家编订编纂的有关中国情况的书籍和杂志，政府关于行政区划、政府教育、国内税收、工业商业、邮政事业等方面的官方出版物。

第 9 章至第 14 章是面向特别阶层、中国教会、教会重点发展的社会服务事业以及罗马天主教和俄罗斯东正教的调查。这些资料是通过调查

---

① 中华续行委办会调查特委会编：《1901—1920 年中国基督教调查资料》，蔡詠春、文庸、段琦、杨周怀译，中国社会科学出版社 2007 年版，"导言"第 2 页。

委员会，或那些愿意协助调查委员会的机构或人员发出调查表的特别询问表而获得，如农业专家、传教士卜凯就提供了有关农业传教方面的资料。特别阶层包括穆斯林、海外华侨、盲人、基督教男女青年会、邮电职工等，教会特别的社会服务事业包括教育事业、医药事业、文字事业。

（四）地图和表格的制成

全书有地图 320 幅，这是一个非常不容易的成绩。当时的中国各省中，很难找出一省有两幅在地理位置上完全相同的地图，工作人员只好从大量的分省地图中找出比较准确的地图来拼凑成一幅完整的全国地图，再由一位外国绘图专家根据草图精确仔细地绘成正式地图。

全书地图可分为 11 种类型。第 1 种类型为省志地图，调查主要以各省为范围进行，每省有简短省志介绍，故每个省都有一张地图，这些地图均以商务印书馆 1917 年出版的《中华新地域图》为根据，划定县界，并由当地传教士校正，而后形成。第 2 种类型为人口密度地图，以现有的人口统计及中华续行委办会于 1919 年由政府方面得来的各县最近人口统计与 1920 年《邮局指南》中所载最新数目为标准，城市人口统计得之于现有印刷品，如海关报告及教会出版物等，综合各方资料形成数据而后形成地图。第 3 种类型为传教地图，将各宗派的宗教势力地区分别用符号标记出。第 4 种类型为传教初创时期的情况，记录教会在各省进行传教与建立教堂的历史。第 5 种类型为总堂与布道区的地图，记录各宗派传教士在各省传教情况，附每个差会总堂内传教区数目。第 6 种类型为职员分配的地图，记录中西传教士的比例，并附每百万里受薪中国职员数目，各项中国职员与外国职员比较。第 7 种类型为受餐信徒状况。第 8 种类型为各县每万人受餐信徒比较状况。第 9 种类型为教会学校的分布图。第 10 种类型为非教会学校的分布图。第 11 种类型为医院和药局分配。每省的图表全部一致。

全书还有 125 幅表格，均为非常完备规范的统计数据，可举例说明之。以各省人口统计表为例，分别按照各省面积、各省人口统计、每平方英里人口密度三栏进行列示，其中各省人口统计栏下包括 1885 年清政府税收统计、1910 年民政部人口统计、1918—1919 年中华续行委办会调查数据、1920 年邮局统计 4 种数据对比，每平方英里人口密度栏下再以民政部、中华续行委办会和邮局的人口数再分别计算得出。表格下附多项说明，如表格不包括的地区、无法获得数据的栏目、无法获得数据而是当地传教士估计的数据，或某些地区数据偏差的可能性，均做出了说明。在书中还说明了中国从来没有进行过像西方那样的人口普查，这些数据都有某种的不准确性。如在中国铁路概况表中，对当时有铁路的省份进行了统计，分别以铁路长度、省面积、省人口数、每公里铁路平均负担面积、每公里铁路平均负担人口数五栏列出，最后进行总计。如高等师范学校统计表，含设立年代、正式学生、特别学生、预科学生、学生总数5栏。由此可知，这些都是比较规范的统计学工作。

（五）中英文书籍出版情况

1922 年出版的英文版全书乃 8 开本，正文 468 页。有导言，序言，正文 14 编（章），附录 9 篇，索引 1 篇。序言 14 页，附录 112 页。

1922 年出版的中文版《中华归主》翻译主任为全绍武，翻译为陆士寅。中译本只翻译了全书的六章，即第二编至第七编，和附录三编，约占全部的一半。中文译稿当在 200 万字以上。中译本仍然是 8 开本，全书共 380 页。至于为什么没有翻译八编以后部分，译者没有说明。译文对原文有许多删节和改动，而且还是用较文言语句表述。

20 世纪 50 年代，著名历史学家荣孟源认为《中华归主》是一部"研究中国近代史的重要资料"①，委托燕京大学宗教学院的蔡泳春先生翻译其中未翻译的部分，蔡先生翻译其中的三章，未能全部翻译完。80 年代，中国社会科学院世界宗教所为了学术研究需要，组织文庸、段琦、杨周怀重新翻译英文版全书。1987 年由中国社会科学出版社正式出版，版权页写"内部发行"。全书分上中下三卷，16 开本，总计 1760 千字，书名题写《中华归主：中国基督教事业统计 1901—1920》。

2007 年，该书由中国社会科学出版社再版，除将部分翻译错误进行修订外，还将书名修改为《1901—1920 年中国基督教调查资料》，分上下两卷，共 1280 页，16 开本，2183 千字。

---

① 荣孟源：《汉译本新版序言》，见中华续行委办会调查特委会编《1901—1920 年中国基督教调查资料》，蔡泳春、文庸、段琦、杨周怀译，中国社会科学出版社 2007 年版。

三　调查内容

整个调查是站在外国人的角度考虑撰写和叙述的。为了让外国读者对中国情况更为方便和更为易懂的了解，在每省介绍地理面积的同时，都将每省面积和人口数目与外国某国的地理面积和人口数目进行比较。如描述浙江是全国各省中面积最小的一省，相当于比利时的两倍，人口密度超过美国的任何一州。描述福建面积与美国宾夕法尼亚州面积差不多，人口密度每平方英里平均 388 人，较宾夕法尼亚州多一倍有余。整个调查是由各基督教差会共同协作完成的，但在具体工作中是由各差会各自上报调查成果，所以各差会的意识很强，表格中的医院和学校、信徒数量等均反映由各自差会办理。

（一）分章介绍

第一章为调查的基本背景介绍，包括中国的地理与政治区域、语言区域、人口、铁路公路邮路的交通、经济变化、工厂制度、基督教以外的其他宗教，是中国国情的基本概述。如当时中国人口为 440925836 人（邮局调查为 427679214 人）；如将中国语言按现代语言学进行了分类，虽然极为简单；还描述了罗马拼音字母、国音字母等新文字形式。

第二章突出叙述了近 20 年中国基督教运动的变化，包括教会周围环境、教会地位、范围、人才情况、重点事业。基本每个题目由当时传教士中的"大专家"特别撰写，材料是经过团体与个人调查而得。

第三章则是调查的重点。详细调查了安徽、浙江、直隶（河北）、福建、河南、湖南、湖北、甘肃、江西、江苏、广西、广东、贵州、山西、山东、陕西、四川、云南、东三省 19 个省[①]。19 个省均包括省志（行政区、地势、语言、铁路、经济状况、交通）、人口密度（人口统计、城市）、宣教地（概况、各宣教地的比较、睦谊协约）、工作历史（创业时期、发展时期、先进区之比较）、布道范围（概况、基督教事业薄弱之原因）、基督教职员（外国职员、中国职员、受薪职员）、受餐信徒（概况、

---

① 依该书所列。

受餐信徒分布、各宗派信徒比较、教堂、信徒文化程度)、每万人中之受餐信徒(概况、未开辟区、教徒总数,受餐信徒分为新教徒和天主教徒)、教会学校(国民教育、中学、高等教育)、国立学校(初级教育、国立中学、师范学校、高等教育)、医药事业(医药设施现状、医院之分布)11 个类别,仅甘肃、贵州、云南三省缺少每万人中之受餐信徒这一类别。

第四章记录了内蒙古、新疆、川边、青海、西藏、甘肃、西南三省、广西等基本无基督教工作的省份情况。

第五章记录各省基督教情况比较。其中有些内容要特别注意。1860年以前,全国有传教地域共 14 处,计广东 5 处,福建 3 处,江苏、浙江各 2 处,山东、河北各 1 处。1861—1880 年增加 65 处,1881—1900 年增加 277 处,1901—1920 年增加了 377 处。1880 年只有湖南、河南、贵州、云南四省无基督教差会。到 1900 年全国各省都有基督教会进行传教,只是各省的基督教势力强弱不同而已。

第六章为大宣教会及其事业比较。有宣教地、差会总堂历史、外国职员、中国职员、基督教教育、与学校医院的协作、宣教公务所等。

第七章为大宗派宣教地及其事业比较。系统整理了各国各大宗派(如圣公宗、浸礼宗、公理宗、长老宗等)在华的传教地点的历史、范围和概述。

第八章为外国教会在中国各地宣教工作的比较。外国在华差会共 123 个,其中美国教会 63 个、英国 29 个、瑞典 8 个、加拿大 4 个、法国 7 个、挪威 6 个、芬兰 2 个、新西兰 1 个、澳大利亚 1 个、丹麦 1 个、瑞士 1 个。还将各教会分为美、英、欧洲各国三大类进行分析比较,每一个项目美国的数目都占第一位。如 326 所医院中,美国占 152 所,英国占 143 所;5637 所初等小学中,美国占 3049 所,英国占 1954 所;美国传教士也从 1889 年的 513 人,到 1919 年已经发展到 3305 人;英国传教士从 1889 年的 872 人,到 1919 年则减少为 2218 人。这些都可说明美国对中国的影响可谓最大。

第九章是对基督教在特殊阶层的调查。分为三类,一是少数民族(如傣族、回族、藏族);二是海外华侨(如朝鲜、马来西亚、日本、美国、加拿大、澳大利亚、新西兰);三是特殊人群(如儿童、人力车夫、男女基督教青年会等）。

第十章为对中国教会的调查。包含中国自建教堂、中国传教士、各大城市的基督教势力、传教活动、宗教教育等内容。

第十一章是教育事业。基本可分三类叙述，一是国民基本教育，如国立专门学校和师范学校；二是教会学校，如教会小学、中学、大学、医学教育、农业教育；三是在华外国人教育，如传教士华语学校、各省外国儿童学校。

第十二章是医学事业。分四类叙述，一是教会医院的科学效率，如医生护士培养、医院费用、医院建筑、膳食、厕所洗澡洗衣、手术室和专科、病案记录和研究、各省比较等；二是卫生教育和医学机构；三是特别病症，如结核病、麻风病、吸毒；四是外国人在中国的基督教家庭的健康问题。

第十三章基督教文字事业。先是基本叙述基督教在中国的文字事业的基本情况，对 1847 年、1866 年、1877 年、1918 年基督教出版物的目录作概括性的介绍和分析，再将 1918 年基督教书目 2400 余种进行分析。重点介绍了圣经的翻译出版。

第十四章是天主教和俄国东正教。

（二）附录提要

本调查有附录九个，绝大部分是统计表格。附录一为各省各县的基督教事业统计表，共 133 页，包括安徽、直隶（河北）、河南、福建、江苏等 17 省的人口概算、教会全体总数、教会开始年代、初级小学学生数、国立初级小学学生数、中国教育职员总数、每万人国立小学生平均数等 19 项。附录二为邮政地图和统计表，包括 19 省的邮政地图以及各省邮政机构及邮路表。附录三为天主教会中外神甫驻在地表格和地图。附录四为每万人口国立小学生平均数，分人口、初级小学、高级小学、初级小学学生数、高级小学学生数、初高级小学学生总数、初级小学中男女生比例、每万人口中小学生平均数、教会小学生在全部小学生中的百分比等 10 栏。附录五为传教士建立传教站年表、教会中学分布表、教会医院分布表。附录六为睦谊协约宣言，此协约是指基督教团体在传教区划分布道范围而相互商定的协约。附录七为中国城市人口估计表，分人口在 100 万、50 万—100 万、25 万—50 万、15 万—25 万、10 万—15 万、5 万—10 万、2.5 万—5 万的城市表 7 张。附录八为中国基督教会 1920 年统计资料，有外国职员、中国职员、中国教会、教会教育事业统计、教会医药事业统计，全部统计共 62 页，其中教育和医药占 49 页。附录九为基督教在印度的情况介绍。由上介绍可知，附录大多内容是教会的社会服务事业，如人口统计、教育医药、城市人口统计等。

（三）内容比例分析

全部调查中文翻译正文 1280 页，可分为导言、直接传教内容和教会社会服务内容三部分。导言有 35 页，占全部正文内容的 2.7%。直接传教内容分别是第 1、2、4、5、6、7、8、9、10、14 章共 10 章，所占篇幅分别为 83、25、50、83、66、34、7、98、65、22 页，总计 533 页，占全部正文内容的 41.6%。另一部分为教会社会服务事业，即第 3、11、12、13 章共 4 章，所占篇幅分别为 512、104、42、54 页，总计 712 页，占全部正文内容的 55.6%。

附录共 302 页，也可分为直接传教内容和教会社会服务事业两部分，直接传教内容分别在附录 3、5、6、8、9 等，所占篇幅分别为 16、34、12、62、9 页，总计 133 页，占附录的 44%；教会社会服务事业分别为附录 1、2、4、7 等，所占篇幅分别为 134、16、14、6 页，总计 170 页，占附录的 56%。

由此我们可知，与整个社会有关的社会服务部分的调查占 56%，直接传教部分的调查占 41.6%—44%。当然在基督教会看来，无论教育、医药文字，还是人口、省情、铁路，均与基督教传教有关，尤其是教育、医疗、文字，还是基督教传教的三大手段。

在研究中国的社会调查，研究中国学术研究的社会科学时，著名社会调查家李景汉的回忆和感叹是广为人知、发人深省的。他多次回忆到，在他留学美国时，老师询问学生们各自国家有关人口数量、男女比例等基本国情时，他永远回答不出来的难堪和痛苦，以及这个痛苦成为他终身进行社会调查的动力。这的确是传统中国社会的重要缺陷，即没有进行过真正科学意义上的社会调查。而这个中国最早的全国性社会调查却回答了李景汉的人口数量问题，男女比例却只有小学入校学生的性别比例。

　　在社会学界、经济学界，人们更熟知的是早已成为经典的李景汉主持的定县社会调查、卜凯和陈翰笙主持的农村经济调查。定县调查历时七年，涉及定县的方方面面，确实更深入细致，但毕竟是局限在华北地区的一个县，时间在 1923 年开始启动。卜凯于 1921—1925 年、1929—1934 年分别主持在 7 省和 22 省调查农家经济和土地利用；陈翰笙在 1929年、1930 年等多次主持的调查也都侧重于农村经济。

　　从时间上来讲，他们的调查均比中国基督教会的调查晚；从调查内容来讲，他们的调查更侧重农村经济或农村土地利用，目的是为农村经济的发展来服务，而不像基督教调查那样是涉及社会的教育、医疗、人口、男女比例等更多范围；从范围来讲，这些调查都在某个县或更大的地域范围内，但远低于基督教的调查全国范围。从基督教会的角度来讲，调查范围和幅度也从过去每年都有差会指南类的调查统计，扩大到了中国社会的更多方面。

　　因此，该书不仅是研究中国基督教史非常难得的资料，更是研究中国近代社会史、教育史、医疗史、文字出版史、人口史、交通史等的第一手资料。作为全面了解当时中国国情的资料，它具有绝无仅有的文献资料价值。

第三章

调查与分析:基督宗教的
近代乡村分布

从 19 世纪中叶到 20 世纪初期,西方国家通过签订一系列不平等条约,完全打开了基督宗教进入中国的大门。各国天主教、基督教和东正教机构开始以不同的路径进入中国,在不同的地区建立传教点和传教机构,面向不同的人群开始传教活动。作为一个传统的农业国家,中国主要人口都生活在广大农村地区,农村、农民成为传教士传教的重点地区和重点对象。截至 20 世纪 20 年代,华东、华北、东北、华南、中南和西北的广大农村地区,都有基督宗教传教机构建立,并发展了数量不等的信徒。

基督宗教在近代中国传播的数据来源多种多样,天主教、基督教和东正教都进行并出版发行了针对本派系的调查研究性资料,对基督宗教在中国不同时期的状况进行了描写与分析。在诸多研究与调查中,由美国基督教活动家穆德(John Raleigh Mott,1865—1935)发起成立的"中国续行委办会"(The China Continuation Committee)下设"特别调查委员会",于 1918 年至 1921 年间进行的中国基督教及天主教、东正教状况及中国国情调查,是基督宗教同类调查中规模最大、数据最翔实的调查,对 1908 年至 1920 年间中国基督宗教的发展变化和中国政治经济社会状况,提供了今天唯一可用的统计学数据。这次调查的资料于 1922 年分别出版中文版和英文版,定名为《中华归主:中国基督教事业统计 1901—1920》(*The Christian Occupation of China*),表明基督宗教在华传教活动的终极目的。

对于近代以来在华基督宗教的情况，这次调查最为全面，比较真实地反映了近代以来基督宗教在中国发展最为稳定时期之一的现实。20 年代以后，随着"非基督教运动"和中国面临着民族救亡运动，特别是抗日战争的爆发，民族主义和爱国主义思潮风起云涌。而以枪炮开道，全面进入中国的基督宗教，尽管已经开始中国本土化的进程，但在中国政治社会变迁剧烈的大环境中，对于中国社会的影响越来越弱。本章内容除特别说明外，基础数据都来自该项调查。

一　绝大多数省：基督教分布广

根据中华续行委办会调查特委会编的《1901—1920 年中国基督教调查资料》所提供的数据，截至 1920 年前后，基督教各差会在中国建立的各类传教区包括安徽、浙江、直隶（河北）、福建、河南、湖南、湖北、甘肃、江西、江苏、山西、陕西、广西、广东、贵州、山东、四川、云南、奉天（辽宁）、吉林、黑龙江等 20 多个省。[1] 传道工作涉及区域有云南、贵州、广西等边远与少数民族地区、内外蒙古地区、新疆、青海、西藏和川边地区。[2] 加上处于殖民地状态的我国台湾、香港和澳门地区，基督宗教建立了 10000 个左右总堂和布道区，各派系差会和修会的传教活动已经基本涉及中国全境。[3]

（一）七大宗派传教主力，差会堂数占全国 2/3 强

基督宗教在 20 世纪前期中国的传教特点之一是大宗派影响较大，传教规模占据全国差会数量的 1/3，尤其是七大宗派，即内地会系、信义宗、长老宗、监理宗、圣公宗、浸礼宗和公理宗，它们的势力远超其他宗派体系。

从表 3－1 数据可以看出，在全国 1037 个差会堂中，内地会系教总堂

---

①　中华续行委办会调查特委会编：《1901—1920 年中国基督教调查资料》，蔡詠春、文庸、段琦、杨周怀译，中国社会科学出版社 2007 年版，第 144—646 页。

②　中华续行委办会调查特委会编：《1901—1920 年中国基督教调查资料》，第 647—697 页。

③　中华续行委办会调查特委会编：《1901—1920 年中国基督教调查资料》，第 874 页。

数量最多，占全部教堂数量的 23.72%，将近 1/4。其下依次为信义宗
（11.19%）、长老宗（9.26%）、监理宗（8.00%）、圣公会（7.62%）、
浸礼宗（6.56%）和公理宗（3.28%），七大宗派占全国总堂数的
69.63%，而其他各宗派仅占 30.38%。

　　从建立正式教堂数看，监理宗最多，占全部教堂数量的 25.71%，仅
此一宗，就占全国正式教堂数量的 1/4 多。其次为内地会系（18.42%）
和浸礼宗（14.33%），正式教堂隶属更为集中，七大宗派所建立正式教
堂数占全国总数的 92.68%，其他各派合计为 7.32%。

表 3-1　　中国境内各宗派基督教及信徒基本情况——按差会数统计

名称	差会总堂数（座）	各差会总堂占全国比重（%）	正式教堂数（座）	各差会正式教堂占全国比重（%）	布道区数（个）	各差会布道区占全国比重（%）
圣公会	79	7.62	571	8.93	706	7.95
浸礼宗	68	6.56	916	14.33	1159	13.04
公理宗	34	3.28	443	6.93	527	5.93
信义宗	116	11.19	552	8.64	728	8.19
监理宗	83	8.00	1643	25.71	1928	21.70
长老宗	96	9.26	621	9.72	1375	15.47
内地会系	246	23.72	1177	18.42	1589	17.88
其他各会	315	30.38	468	7.32	874	9.84
全国合计	1037	100.00	6391	100.00	8886	100.00

　　资料来源：中华续行委办会调查特委会编：《1901—1920 年中国基督教调查资料》，蔡詠春、
文庸、段琦、杨周怀译，中国社会科学出版社 2007 年版，第 874 页。表格数据按照原书抄录，下同。

　　从全国布道区分布看，大宗派也占有绝对优势，占全国总布道区数
量的 90.16%，其中最多的为监理宗（21.70%），其次为内地会系
（17.88%）和长老宗（15.47%）。七大宗派所开拓布道区数量，与建立
教堂数量比较，相对均衡。

（二）信徒宗派集中度高

　　从表 3-2 数据可以看出，我国 20 世纪早期基督教徒数量分布呈现出

集中分布趋势,七大宗派教徒人数占据全国教徒人数的94.04%。分宗派看,受餐信徒人数以长老宗最多,占全部教徒人数的22.90%,其次为监理宗,占21.40%,再次为内地会系占14.61%,这三个宗派教徒数占全国总数的58.91%。

表3-2　　中国境内各宗派基督教及教徒基本情况——按信徒数统计

名称	男性受餐信徒数量(人)	各差会男性教徒占全国比重(%)	女性受餐信徒数量(人)	各差会女性教徒占全国比重(%)	各差会女性教徒比例	各差会性别比(男性=100)	受餐信徒总数(人)	各差会受餐信徒占全国比重(%)	教会全体总数(人)	各差会教会全体占全国比重(%)	受餐教徒数占教会全体比重(%)
全国合计	217151	100	128702	100	37.21	59.27	345853	100	618611	100	55.91
圣公会	11769	5.42	7345	5.71	38.43	62.41	19114	5.53	49744	8.04	38.42
浸礼宗	28643	13.19	15724	12.22	35.44	54.90	44367	12.83	52894	8.55	83.88
公理宗	16742	7.71	9074	7.05	35.15	54.20	25816	7.46	40763	6.59	63.33
信义宗	21312	9.81	10897	8.47	33.83	51.13	32209	9.31	43058	6.96	74.80
监理宗	44759	20.61	29245	22.72	39.52	61.34	74004	21.40	159795	25.83	46.31
长老宗	51023	23.50	28176	21.89	35.58	55.22	79199	22.90	113495	18.35	69.78
内地会系	31198	14.37	19343	15.03	38.27	62.00	50541	14.61	96580	15.61	52.33
其他各会	11705	5.39	8898	6.91	43.19	76.02	20603	5.96	62282	10.07	33.08

资料来源:中华续行委办会调查特委会编:《1901—1920年中国基督教调查资料》,蔡詠春、文庸、段琦、杨周怀译,中国社会科学出版社2007年版,第874页。

表3-3　　　　中国境内各宗派基督教男女信徒比例

名称	受餐信徒总数(人)	男性受餐信徒数量(人)	男性受餐信徒占全部受餐信徒比重(%)	女性受餐信徒数量(人)	女性受餐信徒占全部受餐信徒比重(%)
圣公会	19114	11769	61.57	7345	38.43
浸礼宗	44367	28643	64.56	15724	35.44
公理宗	25816	16742	64.85	9074	35.15
信义宗	32209	21312	66.17	10897	33.83
监理宗	74004	44759	60.48	29245	39.52

续表

名称	受餐信徒总数（人）	男性受餐信徒数量（人）	男性受餐信徒占全部受餐信徒比重（%）	女性受餐信徒数量（人）	女性受餐信徒占全部受餐信徒比重（%）
长老宗	79199	51023	64.42	28176	35.58
内地会系	50541	31198	61.73	19343	38.83
其他各会	20603	11705	56.81	8898	43.19
各宗派合计	345853	217151	62.79	128702	37.21

资料来源：中华续行委办会调查特委会编：《1901—1920 年中国基督教调查资料》，蔡詠春、文庸、段琦、杨周怀译，中国社会科学出版社 2007 年版，第 874 页。

　　20 世纪早期，中国基督教徒性别分布男性多于女性，总性别比为 59.27%（见表 3-2）。女性教徒比例低于全国平均水平的有信义宗（51.13%）、公理宗（54.20%）、浸礼宗（54.90%）和长老宗（55.22%），其他宗派合计女性教徒比例最高达到 76.02%。分宗派看，监理宗女性受餐信徒比例为 39.52%，其次为内地会系为 38.83%（见表 3-3）。这种性别分布特点与当代宗教徒中女性教徒比例较大的基本特征有所差别。

　　男性受餐信徒人数最多的差会为长老宗，占全部信徒人数的 23.50%，其次为监理宗（20.61%）和内地会系（14.37%），这三家差会男性信徒数量占全国男教徒的一半以上，七家大差会男性教徒人数占全部男教徒人数的比例为 94.61%。

　　女性信徒人数最多的为监理宗，占全部女信徒人数的 22.72%，其次为长老宗 21.89% 和内地会系 15.03%。其他宗派女性信徒占全体女教徒比例（6.91%），要高于男性其他宗派信徒在全部男信徒中的比例（5.39%）。

（三）美国为最大差会派遣国

　　美国一直是近代中国对华传教热情最高、行动最积极的国家。从表 3-4 数据可以看出，美国是近代中国基督教差会的最大派遣国，占全部派遣总数的近 1/5（41.38%）。国际联合派遣成为建立差会的重要形式,占全部差会总数的 17.82% 。

从传教来源地区和国别观察,来华传教的国家主要集中在北美、西欧和北欧地区,美国 (41.38%)、英国 (12.07%)、德国 (5.75%)、瑞典 (4.62%) 和挪威 (4.02%) 是主要来华传教国家,占全部传教士派遣国总数的 67.84%,达到总规模的 2/3 多。美国所在的北美地区派遣出的差会有 81 个,占全部差会总数的将近一半 (46.55%)。这种分布特征与派遣国经济发展水平和差会传教特点有密切关系。美国和德国是当时世界经济最发达的地区之一,有足够的经济力量来支持传教活动的开展。

在 20 世纪早期以前,基督教为大多数北欧国家和地区的国教,国民宗教意识与热情相对较高,对于向中国传教,受到其所在国家政府和民众的支持,如果将北欧地区作为一个整体观察,其向中国派遣的差会数量达到 22 个,占全部差会总数的 12.64%,超过了英国和德国。这些差会的传教人员来自北欧的各个地区,目前除尚未见到冰岛籍传教人员的资料外,包括法罗群岛都有传教士来到中国。

一些小国家或基督宗教不占主流的国家也开始向中国派遣传教士,建立传教机构,如大洋洲新西兰在中国建立了一个差会,亚洲地区的日本在 1920 年代以前也在中国建立了独立的差会传教组织。1910 年代至 1920 年代,中国对全世界基督徒具有强烈的吸引力。另外,由于中国所处的半殖民地状态,也无力抵御外国列强在中国抢占势力范围,包括宗教在内的各种势力在中国境内产生着不同的影响力。

表 3 – 4　　　　**各差会派遣国和地区统计（按差会数量排序）**

派遣国家或地区	差会数量（个）	占全部差会数量（%）
美国	72	41.38
国际	31	17.82
英国	21	12.07
德国	10	5.75
瑞典	9	4.62
挪威	7	4.02

续表

派遣国家或地区	差会数量（个）	占全部差会数量（%）
加拿大	4	2.30
苏格兰	4	2.30
芬兰	2	1.15
瑞典、美国	2	1.15
未标明	1	0.57
爱尔兰	1	0.57
北美	1	0.57
丹麦	1	0.57
美国、荷兰	1	0.57
挪威、美国	1	0.57
日本	1	0.57
瑞典、挪威	1	0.57
瑞士	1	0.57
新西兰	1	0.57
中国	1	0.57
中美	1	0.57
合计	174	99.95

资料来源：中华续行委办会调查特委会编：《1901—1920年中国基督教调查资料》，蔡詠春、文庸、段琦、杨周怀译，中国社会科学出版社2007年版，第25—35页。

表3-5　　　　　　　　在华基督教差会机构统计

英文简称	中文译名	派遣国地区	所属宗派	释要①
AAM	来复会	美国	浸礼宗	注重耶稣复临之说
ABCFM	公理会	美国	公理宗	美国东部数州公理宗教堂在国外布道事业。亦称"美部会"（American Board），主要传教地点在直隶（河北）、福建
ABF	美浸礼会	美国	浸礼宗	浸礼会教堂差会
ABS	圣经会	美国	联合	由美国派来中国经营《圣经》出版事业的团体

英文简称	中文译名	派遣国地区	所属宗派	释要
AEPM	同善会	德国	正宗派	德国非国教牧师组成的国外布道事业
AFM	使徒信心会	国际	五旬节派	注重信仰与灵感，不注重组织，根据灵感岁时聚会
AFO	贵格会	美国	公谊宗	—
AG	上帝教会	美国	无宗派	成立于 1914 年 11 月，注重圣经、救恩、灵洗、基督复临等
AMT	教会司库协会（上海）	国际	联合	南北长老会、伦敦会、南北浸礼会和美以美会联合组织的财政经理机构
B	巴色会	瑞士	信义宗	巴色今译为巴塞尔，为瑞士一城市名
BB&TD	圣书公会（香港）	英国	联合	出版《圣经》、基督教书籍及小册子的教会出版机构
BFBS	大英圣书公会	英国	无宗派	专门从事翻译《圣经》及出版发行等事业
BFM	巴陵女书院	德国	联合	德国柏林女子布道会在香港开办的完全小学
BIOLA	湖南圣经学校逐家布道团	美国	近长老派	在湖南从事逐家散发《圣经》工作
BMS	英浸礼会	英国	浸礼宗	英国浸礼宗教堂差会
Bn	德信义会	德国	信义宗	在中国传教的路德宗，已经加入豫鄂信义会者均改称"信义会"，强调"因信称义"之意
BTP	广发印书坊	美国	五旬节派	湖南信心会印刷所
CBP	美华浸会书局	美国	浸礼宗	美国浸礼宗各会在广州设立的出版机构
CCACZ	基督公同使徒在郇会	美国	无宗派	该会在上海宝山路有一所会堂。郇即指犹太郇山，亦称锡安山
CCAu	澳洲基督会	英国	联合	澳洲各地教堂之国外传教联合委员会在华事业

英文简称	中文译名	派遣国地区	所属宗派	释要
CCC	中华续行委办会	国际	联合	继续执行 1991 年爱丁堡基督教世界大会事业程序的委员会在华事业
CCColl	岭南大学	美国		设在广州的基督教大学
CCEA	中国基督教教育会	国际	联合	教会教育事业合作机构，会所在上海
CE	中国基督教勉励合会	国际	联合	勉励会总务部，设在上海。"勉励"意为"基督徒应主动为教会效力"
CEZMS	中华圣公会（女部）	英国	圣公宗	1880 年英国圣公会部分信徒在印度吉那那（Zenana）组织的布道会，因特别注重妇女工作，故名
CFCM	中华归主运动	国际	联合	非教堂性质，只从事全国皈依圣主基督的活动
CFM	辅道福音会	美国	五旬节派	在广州设有辅道女校
CGM	神的教会	美国	复临派	相信耶稣复临，在上海有传教地点
CHM	圣洁会	加拿大	圣洁派	加拿大圣洁会运动的海外传教机构
CHMS	中华国内布道会	中国	联合	云南省基督徒自动组织的国内传教机构
ChMMS	孟那福音会	美国	浸礼宗	孟那派（即门诺派）国外传教机构，1905 年传入中国。守洗足礼，反对严格的宗教仪式
CI	烟台工艺会	英国	独立	英国人创办的工艺团体
CIM	内地会	国际	内地会系	注重中国内地的传教机构
CLS	中华广学会	国际	联合	基督教文字事业机构，盛行于 20 世纪初
CM	基督徒公会	英国	五旬节派	在宁波
CMA	宣道会	美国	独立	不与其他差会同在一地工作，以开辟新地区为己任，主要文字事业有《通问报》
CMB	罗氏医社	美国	—	美国洛克菲勒财团资助在北京成立的医学机构
CMMA	中华基督教博医会	国际	联合	基督教医药事业的全国性机构

续表

英文简称	中文译名	派遣国地区	所属宗派	释要
CMML	弟兄会	英国	弟兄派	19 世纪初在爱尔兰、英格兰两地对英国国教不满的人，在普利茅斯联合组成"弟兄会"
CMMS（CMMU）	广州博济医院	国际	联合	广东传教士医药合作机关与几个地方教会合办的医药及慈善事业
CMS	中华圣公会	英国	圣公宗	——
CNTM	新约教会	美国	浸礼宗	美国洛杉矶一所浸礼会教堂在广西北海建立的国外传教机构
CR	教务杂志	国际	联合	各差会在中国唯一的一份英文刊物
CRC	归正基督教会	美国、荷兰	归正宗	荷兰归正教会中注重并遵守原国教教制的教堂在华的布道事业
CSCR	拯恤堂（上海）	国际	联合	救济童仆事业的组织机构
CSFM	苏格兰福音会	苏格兰	长老宗	苏格兰国教会的国外传教机构
CSSU	中国主日学合会	国际	联合	按学校制度举办的星期日宗教教育事业，总部设在上海
CTS	中国圣教书会	国际	联合	基督教文字事业的合作机构
CumPM（CPM）	金巴会长老会	美国	长老宗	金巴仑（Cumberland，今译为坎伯兰）为美国地名，因该地奋兴会中发生意见分歧，与普通长老会分裂，而以地区名区别之
DFMB（CIM）	女公会（内系）	德国	内地会系	德国女子国外传教机构
DHM	济良所（上海）	国际	无宗派	发起济良所事业的老人会所
DMS	丹麦路德会	丹麦	信义宗	信仰马丁路德"因信称义"主张
EA	北美福音会	美国	监理宗	北美正宗教会联合会之国外传教机构
EbM	救恩会	美国	近监理宗	——
ELAug	北美信义会	北美	信义宗	——

续表

英文简称	中文译名	派遣国地区	所属宗派	释要
ELMo	中美信义会	中美	信义宗	
EMM	传道会	苏格兰	联合	苏格兰格拉斯哥城基督徒在广西南宁开办的医药慈善机构
EPM	英国长老会	英国	长老宗	—
FaM	信公会	瑞典	信义宗	—
FCMS	基督会	美国	使徒派	不注重信经及教堂制度，尊崇《新约》，以教会初期的使徒为行动典范。俗称使徒会
FCU	福建协和大学	—	—	各差会在福州成立的联合教育事业
FDM（CIM）	女执事会（内系）	德国	内地会系	数名德国女传教士在贵州大定创立的一所教堂
FFC（CIM）	自由会（内系）	芬兰	内地会系	芬兰维新教派之国外布道事业
FFMA	公谊会	英国	公谊宗	即英国贵格会
FMA	循理会	美国	监理宗	成立于19世纪，因反对严格的监督制而宣告脱离监理会旧制，自称自由理事会
FMS	芬兰信义会	芬兰	信义宗	—
GBB	友爱会	美国	浸礼宗	英文原意为"弟兄教会之国外布道会总部"
GC	金陵女子大学	美国	联合	美国欧非司女子协和学院之国外事业
GCAM	德华盟会（内系）	德国	内地会系	德国各教堂在华传教机构
GEM	恩典会	美国	独立	浙江塘栖的独立传教机构
GMC	恩典会	美国	独立	河南鸡公山的独立差会，第一总堂建于1918年
HCColl	之江大学	美国	长老宗	在浙江杭州的基督教会大学，南长老会教育机构
Heb	希伯仑会	美国	独立派	成立于美国希（锡）伯仑
HF（CIM）	瑞典圣洁会（内系）	瑞典	内地会系	瑞典圣洁会的国外传教机构
HVBC	喜迪堪会	德国	独立	德国独立女传教士事业。在香港设立有"以便以谢女子学校"，在九龙设立有"心光女子书院"

英文简称	中文译名	派遣国地区	所属宗派	释要
IBC	盲童学校	美国	—	用美国捐款在上海建立的公立学校
ILM	自立信义会	美国	信义宗	美国独立信义宗传教机构
Ind	独立传教士	国际	无宗派	—
IPTCA	万国邮电基督会	英国	无宗派	只有一名来自英国伦敦的传教士在邮电机关传教
IRB	万国改良会	国际	无宗派	有一名来自美国的传教士在北京从事社会改良工作
IJCM	神爱馆（上海）	日本	—	日本国外布道会
KCM	长老教会	德国	信义宗	基尔（Kieler）德国城市，该会不属于长老会，在广东有两处传教地点
KHI	惠爱医院（广州）	美国	近北长老宗	广州著名医药机构
KS	牯岭美学校	美国	联合	美国人在庐山牯岭为传教士子女设立的学校
L（CIM）	立本责信义会（内系）	德国	内地会系	立本责为德国地名，传教地点在湖南
LB	遵道会	美国	信义宗	北美路德派弟兄会的国外传教机构
LBM	信义公理会	美国	信义宗	—
LMS	伦敦会	英国	公理宗	英国独立派教会的国外传教机构
LUM	豫鄂信义会	挪威、美国	信义宗	信义宗各会的联合机构
MBCo	协和书局	国际	联合	在上海的基督教书局发售处
MBM	孟那浸信会	美国	浸信宗	在福建有传教地点
MCC	美道会	加拿大	监理宗	加拿大美以美会国外布道会
MEFB	美以美会	美国	监理宗	美以美为 Methodist Episcopal Mission 三词的首字母译音，北美卫斯理宗教会。1939 年与监理公会、美普会合并为卫理公会
MES	监理会	美国	监理宗	美国南部各监理宗教堂之差会
MGC	清洁会	美国	弟兄派	在直隶（河北）有两处传教地点

英文简称	中文译名	派遣国地区	所属宗派	释要
MP（ABCFM）	美普会	美国	公理宗	遵守美以美会会例而无监督制度，在直隶（河北）北部与内蒙古有传教地点
MPH	华美书局（上海）	美国	监理宗	监理宗教会印书局
MPM	中华普益教会	美国	长老宗	在福建有一处传教地点
MSCC	中华圣公会	加拿大	圣公宗	—
NBSS	苏格兰圣经会	苏格兰	近长老宗	苏格兰圣经会在中国的圣经印发机构
NCAS	华北美学校	美国	公理宗	在通县设立的美国传教士儿童学校
NCM	北直隶教会	挪威	独立派	挪威传教士在直隶（河北）北部三个城市建立的传教机构
NCULS	华北协和华语学校	国际	—	—
NFEM	挪威福音会	挪威	正宗派	挪威独立正宗教会的国外布道会
NFS	金陵美学校	美国	联合	南京美国传教士儿童学校
NHM	通圣会	美国	近监理宗	19世纪末美国西南部诸省中成立的游行布道团
NKM	西北江西教会	英国	独立派	在江西成立的独立传教机构
NLF	信义长老会	挪威	信义宗	—
NLK	挪威路德会	挪威	信义宗	—
NLS	金陵大学华语科	国际	联合	附设于金陵大学内的外国传教士学习汉语学校
NMC（CIM）	挪威会（内系）	挪威	内地会系	挪威国外传教机构
NMF（CIM）	挪华盟会（内系）	挪威	内地会系	挪威对华传教机构，在陕西龙驹寨有一处传教地点
NMS	挪威信义会	挪威	信义宗	—
NTSC	中华普益书会	美国	联合	《日用指南》发行机构
PAW	神召会	美国	联合	美国印第安纳波利斯城青年发起的国外布道事业。据说该会传教士不受薪俸，专门依靠圣灵帮助

英文简称	中文译名	派遣国地区	所属宗派	释要
PBIM	皮斯堡圣经学校差会	美国	联合	美国皮斯堡(匹兹堡)城之圣经学校所组织的国外传教机构
PCC	加拿大长老会	加拿大	长老宗	—
PCI	爱尔兰长老会	爱尔兰	长老宗	—
PCN	宣圣会	美国	五旬节派	—
PCNZ	新西兰长老会	新西兰	长老宗	—
PE	中华圣公会(美国圣公会)	美国	圣公宗	—
PMP	美华书馆(上海)	美国	长老宗	长老宗各会在上海的印刷机构
PMU	五旬会	英国	五旬节派	相信五旬节使徒说方言的能力仍存于今日,在云南有传教地点
PN	北美长老会	美国	长老宗	—
PS	南美长老会	美国	长老宗	—
PU	燕京大学	国际	联合	各差会合作在北京合办的教育机构
RCA	归正教会	美国	长老宗	北美荷兰侨民组成的教会,称为"归回正宗教会"
RCUS	复初会	美国	长老宗	美国的德国侨民组成的教会,主张恢复更正教最初的教会组织制度
RM	礼贤会	德国	信义宗	1828年在德国巴门城成立的向国外传教的机构。礼贤会为德文广东话译音
RPC	约老会	美国	长老宗	17世纪苏格兰长老会内反对国教礼仪,坚守加尔文宗原则的教徒组织,当时被称为"守圣经约章的人"或"誓约派"
RTS	伦敦圣教书会	英国	联合	—
SA	救世军	国际	联合	英国人布斯将军1865年创立于伦敦,仿照军队编制,注重在下层群众中举办慈善机构,吸收教徒

英文简称	中文译名	派遣国地区	所属宗派	释要
SAM (CIM)	北美瑞挪会（内系）	瑞典、挪威	内地会系	侨居北美的瑞典人、挪威人组织的传教机构
SAMM	协同会	美国	公理宗	侨居北美的瑞典人、挪威人合组的国外传教机构，以内蒙古为传教地点
SAS	沪美学校	美国	—	美国儿童学校
SBC	浸信会	美国	浸礼宗	—
SBColl	沪江大学	美国	浸礼宗	浸礼宗各会在上海创立的教会大学
SBM	瑞典浸信会	瑞典	浸信宗	
SCAP	宣道书局（广西梧州）	美国	独立	宣道会在华南的文字宣传机构
SCBM	船上传道会	美国	独立	以广州为中心，专门从事船上居民的布道工作
SCCBC	华南基督教图书馆	国际	联合	广州基督教书籍发售处
SCHM	华南圣洁会	美国	圣洁派	美国圣洁会在华南的传教机构
SCM	南直隶福音会	美国	信义宗	以直隶（河北）南部三个城市为传教机构
SCU	济南齐鲁大学	国际	联合	山东及邻省各差会合办的教会大学
SDA	基督复临安息日会	美国	复临派	守星期六为安息日，注重基督复临
SDB	安息日浸礼会	美国	浸礼宗	以《圣经》记载上帝创造世界的第七天（即今星期六）为安息日，崇信浸礼
SEFC	瑞美会	瑞典、美国	正宗派	侨居美国的瑞典人组织的国外传教机构
SEMC	瑞美行道会	瑞典、美国	信义宗	侨居美国的瑞典人组织的国外传教机构
SIBM	喜信会	瑞典	浸礼宗	瑞典浸礼会的国外传教机构
SKM	瑞典信义会	瑞典	信义宗	—
SM	瑞蒙宣道会	瑞典	信义宗	瑞典人在内蒙古的传教机构

续表

英文简称	中文译名	派遣国地区	所属宗派	释要
SMC（CIM）	瑞华会（内系）	瑞典	内地会系	瑞典教会在中国的传教机构
SMF	瑞典行道会	瑞典	信义宗	——
SPG	中华圣公会（华北）	英国	圣公宗	曾名"安立甘会"
SRM	上海力夫福音会	国际	无宗派	个人发起的专门为人力车夫服务的教会机构
SvAM（CIM）	瑞华盟会（内系）	瑞典	内地会系	——
SVMM	中华学生立志传道团	国际	联合	青年会内征求学生承担传教工作的机构
SYM	南云南会	英国	独立	几名英国传教士独立经营的传教机构，1915 年创立第一所总堂
TSM	神召会	英国	独立	英国一名传教士在泽州独创的传教事业
UB	基督同寅会	美国	长老宗	1800 年成立于美国马里兰州，注重基督徒聚会，以感情为前提，互称弟兄会名为基督之内皆兄弟之意
UE	美国遵道会	美国	监理宗	——
UFS	苏格兰长老会	苏格兰	长老宗	——
UMC	圣道公会	英国	监理宗	英国监理宗教会联合外国传教机构
UofN	金陵大学	美国	北长老会	——
UnMed Coll	北京协和医学院	国际	——	由美国洛克菲勒基金会创办
WCTS	华西圣教书会	国际	联合	——
WCUU	华西协和大学	国际	联合	华西各传教会联合创办
WFMS（MEFB）	美以美会（女部）	美国	监理宗	美国妇女国外传教机构
WMMS	循道会	英国	监理宗	按照卫斯理会立会原则而无监督制之教会
WU	女公会	美国	联合	美国最早的女子国外传教机构
YM	雅礼大学（长沙）	美国	——	美国雅礼大学（耶鲁大学）在中国创办的教会学校

续表

英文简称	中文译名	派遣国地区	所属宗派	释要
YMCA	中华基督教青年会	国际	联合	按照基督教精神服务青年及社会的基督教机构
YWCA	中华基督教女青年会	国际	联合	按照基督教精神服务女青年及妇女界的基督教机构

资料来源：中华续行委办会调查特委会编：《1901—1920 年中国基督教调查资料》，蔡詠春、文庸、段琦、杨周怀译，中国社会科学出版社 2007 年版，第 25—35 页。

说明：释要内容均来自《中华归主》一书。

二 集中几省：天主教分布不均

截至 1920 年，天主教会在直隶（河北）、奉天（辽宁）、吉林、黑龙江、蒙古①、河南、新疆、甘肃、山西、陕西、山东、江苏、安徽、湖北、湖南、江西、浙江、贵州、四川、云南、西藏、福建、广东、广西、澳门和香港（未包括台湾）建立了 54 个宗座代牧区和 1 个监牧区，中外神父修女人数达到 3000 多人。② 东正教传教活动也先后涉及浙江、直隶（河北）、河南、湖北、江苏、广东、奉天（辽宁）、吉林、黑龙江、内蒙古和新疆 11 个省区，建立了近 30 所教堂、神学院等机构。③ 天主教神父驻在地约为 1500 个。④ 北京、上海、天津包含在直隶、江苏区域内。

表 3 - 6 中国天主教徒统计（1920 年）

区域	人数（人）	占全国教徒总数比重（%）	备注
一、华北地区小计	1003322	50.90	
1. 东三省	57560	2.92	

---

① 此处蒙古照原书录入。下同。
② 中华续行委办会调查特委会编：《1901—1920 年中国基督教调查资料》，第 1265 页。
③ 中华续行委办会调查特委会编：《1901—1920 年中国基督教调查资料》，第 1278—1280 页。
④ 中华续行委办会调查特委会编：《1901—1920 年中国基督教调查资料》，第 1267 页。

区域	人数 （人）	占全国教徒总数 比重（%）	备注
2. 直隶（河北）	634549	32.19	包括内蒙古的一部分
3. 山东	159739	8.10	
4. 山西	94122	4.77	含鄂尔多斯行政区 19237 人；内蒙古中部 9845 人
5. 陕西	57352	2.91	含鄂尔多斯行政区 5932 人
二、华东地区小计	379245	19.24	
1. 江苏	181185	9.19	
2. 浙江	58345	2.96	
3. 安徽	58318	2.96	
4. 江西	81397	4.13	
三、华中地区小计	185941	9.43	
1. 河南	51592	2.62	
2. 湖北	103744	5.26	
3. 湖南	30605	1.55	
四、华南地区小计	191226	9.70	
1. 福建	62299	3.16	
2. 广东	124124	6.30	
3. 广西	4803	0.24	
五、华西地区小计	210366	10.67	
1. 甘肃	10811	0.55	包括鄂尔多斯行政区 4562 人
2. 四川	146947	7.45	包括西藏 1221 人
3. 贵州	34034	1.73	
4. 云南	18574	0.99	包括西藏 1544 人
六、特别行政区	1116	0.06	
1. 内蒙古	——	——	数据见以上各栏备注

续表

区域	人数 （人）	占全国教徒总数 比重（％）	备注
2. 新疆	340	0.02	
3. 西藏	776	0.04	
七、全国合计	1971216	100	

资料来源：中华续行委办会调查特委会编：《1901—1920 年中国基督教调查资料》，蔡詠春、文庸、段琦、杨周怀译，中国社会科学出版社 2007 年版，第 1268—1269 页。

从表 3 – 6 数据可以看出，20 世纪 20 年代初期，天主教分布在中国 22 个省区（东三省按照一个省计算，内蒙古数据分别计算在几个省内），全国信徒总数为 1971216 人，其中，华北地区是天主教徒最为集中的区域，占全国教徒总数的一半以上（50.90％）。教徒最多的省份为直隶（河北），占全国天主教徒总数的 32.19％，换句话说，直隶（河北）一省天主教徒占了全国近 1/3。直隶（32.19％）、江苏（9.19％）、山东（8.10％）、四川（7.45％）、广东（6.30％）和湖北（5.26％）省占全部 22 个省区数的 27.27％，但信徒总数达到 68.49％，将近 2/3。

中国作为一个农业国家，农村人口占大多数，由于中华归主调查中没有明确区分城市和乡村，城市数据被包含在省份数据中。如直隶包括了北京、天津两大城市，江苏包括了上海、南京等城市，广东包括了广州、香港和澳门，此外，武汉、杭州、长沙、福州、厦门和成都等城市数据也包含在省份数据中。从现有数据中可以看出，天主教徒最多的几个省份恰恰也是大城市集中的省份、人口大省、经济较为发达和天主教进入中国较早的地方。

统计表中，没有把蒙古地区单列出来，蒙古地区被认为是天主教事业较为强大的地区，如果把表中蒙古地区数据汇总起来，信徒人数也达到 39576 人（没有包括直隶地区蒙古教徒人数），占全国信徒总数的 2.01％，是边疆和少数民族人口较多的省份中数量最多的。表 3 – 6 中所包括的西藏天主教徒人数为 3541 人，包括了川滇藏区信徒在内。这些地区以少数民族人口为主，以民族衡量，教徒中应包括了藏族、纳西族、怒族等少数民族信徒在内。

表 3 - 7 　　　　　　　　　中国天主教修会信徒分布比例

修会名称	教区数目（座）	占全部修会比例（%）	中国神父数量（人）	占全部中国神父比例（%）	每教区中国神父平均数（人）	信徒人数（人）	占全部信徒比例（%）	教区平均信徒人数（人）
遣使会	11	20.75	290	30.79	26.23	606425	32.07	5513
耶稣会	2	3.77	106	11.25	53.00	358301	18.95	179150
巴黎外方教会	12	22.64	254	26.96	21.17	237208	12.54	19767
圣母圣心会	6	11.32	45	4.78	7.50	113259	5.99	18877
方济各会	10	18.87	148	15.71	14.80	279644	14.79	27964
圣言会	1	1.89	18	1.91	18.00	93698	4.95	93698
多明我会	2	3.77	29	3.08	14.50	62299	3.29	31150
米兰外方传教会	4	7.55	24	2.55	6.00	61524	3.25	15381
罗马外方传教会	1	1.89	6	0.64	6.00	15800	0.84	15800
奥斯定会	1	1.89	2	0.21	2.00	11406	0.60	11406
巴尔马外方教会	1	1.89	—	—	—	9168	0.48	9168
撒勒爵会（慈幼会）	1	1.89	—	—	—	2314	0.12	2314
在俗神父（澳门）	1[1]	1.89	20	2.12	20.00	40000（?）[2]	2.12	40000
合计	53	100	942	100	17.78	1891046	100	35680

资料来源：中华续行委办会调查特委会编：《1901—1920 年中国基督教调查资料》，蔡咏春、文庸、段琦、杨周怀译，中国社会科学出版社 2007 年版，第 1270 页。

说明：①主管教区。②原文如此。

从进入中国、有差传事务的 13 个修会角度观察（见表 3 - 7），巴黎外方教会所属教区数量最多，占全部教区总数的 22.64%，其次为遣使会占 20.75%，第三位为方济各会，占 18.87%，这三个修会所属教区总数占全国教堂数量的 62.26%。而早期活跃的耶稣会所属教区数量很少，只有 2 座。每个教区所属信徒数量，耶稣会最多，达到 179150 人，巴黎外方教会每个教区所辖信徒为 19767 人，在全部修会中属于中等偏上状态，遣使会为 5513 人，属于人数较少差会。辖区人数最少的为撒勒爵会（慈幼会），只有 2314 人。遣使会所属信徒人数最多，占全部信徒总数的 32.07%，将近 1/3。耶稣会虽然教区较少，但是信徒数量位居所有差会第二位，占全部信徒数量的 18.95%。方济各会信徒人数占 14.79%，上述三个修会信徒占全国信徒数量的 65.81%。显示出在中国各修会规模非常集中，信徒主要集中在几个大修会中。上海、广州、北京是天主教人数最集中的城市。①

从教牧本土化角度看，遣使会、巴黎外方教会和方济各会的中国神父数量最多、比例最高，分别占全国中国神父数量的 30.79%、26.96% 和 15.71%，这三个修会中国神父数量已经占全部修会中国神父数量的 73.46%。这一个数据只是根据神父总数进行分析的，如果更准确探讨每个修会教牧人员的本土化程度，还需要分析每个修会中中国神父比例，包括教区甚至教堂中国神父数量特征，只有这样才能更准确反映出神父构成的实际状况。从每个教区中国神父平均数量看，耶稣会、遣使会和巴黎外方教会人数量最高，分别达到约 53 人、26 人和 21 人。当时在中国的外国天主教神父有 2000 多人，修女 500 多人。②

三　仅少数省：东正教数量少

中国的东正教是清朝雅克萨之战后随着俄国俘虏进入中国的。1685 年第一批俄国俘虏被押送到北京，这其中有一名神父，俄罗斯东正教会的第一名传教士以这种方式进入中国，并开始为这一小部分信徒提供宗教服务，这批人的后代后来也被称为阿尔巴津人。直到 1716 年，第一个俄罗斯正教传教机构在北京成立。③

---

① 中华续行委办会调查特委会编：《1901—1920 年中国基督教调查资料》，第 1267 页。
② 中华续行委办会调查特委会编：《1901—1920 年中国基督教调查资料》，第 1267 页。
③ 张绥：《东正教和东正教在中国》，学林出版社 1986 年版。

表3-8　　　　　　　　　中国东正教基本情况

省份及传教点	受餐信徒人数（人）	信徒数量占全国数量比重（％）	所属机构
一 浙江	496	7.94	—
1. 杭州	115	1.84	—
2. 宁波	119	1.90	—
3. 石浦	—	—	—
4. 台州	262	4.19	—
二 直隶（河北）	3104	49.67	—
1. 赵州	35	0.56	—
2. Joheling（热河）	35	0.56	—
3. 张家口	—	—	—
4. Montowtsung（门头村）	100	1.60	1 所教堂
5. 北京	2067	33.08	5 所教堂，4 所学校，1 所神学院
6. 天津	100	1.60	1 所诵经堂
7. 通州	—	—	1 所教堂
8. Tungtingang	167	2.03	1 所学校
9. 西山	—	—	1 所教堂，1 所隐修院
10. 永平府	600	9.60	1 所教堂
三 河南	503	7.99	—
1. 彰德	58	0.93	—
2. 淇县	80	1.28	—
3. 开封	144	2.30	—
4. 宁陵县	28	0.45	—
5. 道口	39	0.62	—
6. 卫辉	154	2.46	1 所教堂，1 所学校
四 湖北	1081	17.30	—
1. 丰口	1081	17.30	—
2. 汉口	—	—	1 所教堂
3. 泸陵	—	—	—
4. 夏家口	—	—	—
5. Siantaocheng（仙桃城）	—	—	—

续表

省份及传教点	受餐信徒人数（人）	信徒数量占全国数量比重（%）	所属机构
6. 圆梓口	—	—	—
五 江苏	1065	17.04	—
1. 海门	208	3.33	—
2. 上海	857	13.71	1所教堂
六 广东	—	—	—
广州	—	—	—
七 东三省			
1. 大连	—	—	1所诵经堂
2. 哈尔滨	—	—	—
3. 满洲里	—	—	—
4. 沈阳	—	—	—
八 蒙古			
1. 八大汉沟	—	—	—
2. 科布多	—	—	—
3. 库伦	—	—	—
九 新疆	—	—	—
迪化府（乌鲁木齐）	—	—	—
十 全国合计	6249	100.00	—

资料来源：中华续行委办会调查特委会编：《1901—1920年中国基督教调查资料》，蔡詠春、文庸、段琦、杨周怀译，中国社会科学出版社2007年版，第1278—1280页。

    截至20世纪20年代，俄罗斯东正教在中国的传教过程大致被分为三个阶段。[①] 第一阶段是1712年至1860年，可称为"准备阶段"，俄罗斯传教团的主要工作是承担俄罗斯与中国之间的外交、政治事务，其中也包括对中国文化的学习、翻译和研究工作，传教工作反而被放置在次要地位。据记载1712年至1860年的一百多年间，俄罗斯驻北京传教团共派驻传教士155名，而信教人数在1860年还不足200人，主要集中在北京，

---

    ① 中华续行委办会调查特委会编：《1901—1920年中国基督教调查资料》，第1275—1278页。

其中还包括那些阿尔巴津人。1858 年《天津条约》的签订，标志着中国俄罗斯正教历史上第一个阶段的结束，随着中国政府给予所有外国传教士以传教权与居留权，1861 年至 1902 年成为中国俄罗斯正教历史发展的第二阶段，主要工作是翻译东正教《圣经》，与罗马天主教会相似，俄罗斯正教会在前两个阶段的主要工作是"文化和科学多于传教"。[1]

1900 年义和团运动中，东正教会也受到影响，一些教堂被烧毁，信徒人数只剩下 500 人。1902 年至 1922 年间，宗教意义上的传教活动得到广泛开展，英诺森主教主持开展的一些改革措施开始初见成效，包括建立修道院，制定传教士社交规则、汉语主日课、兴办实业，向各地派遣传教士等。[2] 隐修院、教堂、学校和一些教会兴办企业，建立文字出版机构出版图书和杂志，到 1916 年，东正教受餐信徒总数达到 5587 人。

1917 年"十月革命"后，东正教会的经费来源受到严重影响，需要依靠兴办实业来维系教会事业发展。

据 1920 年代不完全统计，在中国的东正教信徒人数为 6249 人，这一数字基本为东正教在华传教的顶峰值。与天主教、基督教各派别相比，东正教在中国的传教影响与效果微乎其微。从表 3 - 8 数据可以看出，中国东正教徒或东正教事业分布在全国 9 个省区（东三省算作一个省），是中国基督宗教三大派系中分布区域最狭小的。主要分布在直隶地区，将近占全国信徒总数的一半（49.67%），而其中北京地区又是东正教传教规模、事业发展最为广泛的地区，信徒人数达到 2067 人，占全部信徒人数的近 1/3（33.08%），也是教会事业发展最为全面、实力最强的地区，建有包括隐修院、教堂、学校、印刷出版机构和多个企业，足以维持本地教会事业的发展。湖北（17.30%）、江苏（17.04%）也是东正教徒较多的地区，其中上海是除北京以外，大城市中东正教徒最多的地区，也是中国东正教几个中心区域之一（北京、上海、武汉及周边、哈尔滨及黑龙江部分地区，乌鲁木齐及新疆部分地区等）。

上述东正教徒数据，基本上是指华人教徒数量，而作为在中国境内东正教实际参与人数最多的，长期居留在中国的外国侨民信徒人数并没

---

[1] 中华续行委办会调查特委会编：《1901—1920 年中国基督教调查资料》，第 1276 页。
[2] 中华续行委办会调查特委会编：《1901—1920 年中国基督教调查资料》，第 1277 页。

有包含进去，如长期生活在中国东北、新疆和上海地区的俄罗斯侨民、华俄混血人群、俄罗斯族（归化人）等族群信徒人数是一个相对规模较大的东正教全体。在一定意义上说，东正教在中国一定程度上是一个"侨民宗教"，包括了东正教中的多个派别，如果加上这部分信众，近代中国历史上的东正教无论从信众人数和影响力方面看，还是有相当规模和力度的。

四　农村人口对于基督宗教在华传教

中国在古代甚至近代早期，没有开展过现代科学意义上的系列人口普查。人口数据主要由各行政机构根据纳税人等多种数据来源进行估算，数据误差大小无法准确确定，但是这些数据仍然是进行学术分析的基本数据来源。1885 年官方公布的全国人口数据为 438425000 人（包括 18 个行省和东北三省）；1911 年内政部人口普查数据，全国人口为 331188000人；1919 年海关估算全国人口为 439405000 人（未包括西藏和新疆）。中国近代全国人口应该在 3 亿人至 4 亿人之间。[1]

表 3－9　　　　　　　　中国城市人口数量及农村人口比重

区域及省份	城市数目				1 万人及乡村人口占全省人口比重（％）
	2 万人以上城市合计（个）	10 万人以上城市（个）	5 万至 9.9万人城市（个）	2 万至 4.9万人城市（个）	
一　东北	20	2	10	8	93
1. 奉天	11	1	6	4	—
2. 吉林	5	1	2	2	—
3. 黑龙江	4	—	2	2	—
二　华北	73	10	21	42	
1. 直隶	13	3	3	7	86
2. 山东	37	5	11	21	90

---

①　中华续行委办会调查特委会编：《1901—1920 年中国基督教调查资料》，第 62 页。

续表

区域及省份	城市数目				1 万人及乡村人口占全省人口比重（%）
	2 万人以上城市合计（个）	10 万人以上城市（个）	5 万至 9.9 万人城市（个）	2 万至 4.9 万人城市（个）	
3. 山西	9	—	3	6	94
4. 陕西	14	2	4	8	88
三　华东	87	24	26	37	—
1. 江苏	34	12	11	11	83
2. 浙江	19	6	5	8	87
3. 安徽	16	2	5	9	93
4. 江西	18	4	5	9	90
四　华中	58	11	13	34	—
1. 河南	25	3	4	18	91
2. 湖北	15	4	5	6	92
3. 湖南	18	4	4	10	93
五　华南	59	13	17	29	—
1. 福建	14	3	3	8	83
2. 广东	38	10	8	20	70
3. 广西	7	—	6	1	94
六　华西	44	8	15	21	—
1. 甘肃	8	1	4	3	98
2. 四川	22	6	8	8	89
3. 贵州	8	—	2	6	96
4. 云南	6	1	1	4	96
七　其他地区	17	1	5	11	—
1. 蒙古	9	1	2	6	95
2. 新疆	8	—	3	5	71
3. 西藏	—				98
八　全国总计	358	69	107	182	89

资料来源：中华续行委办会调查特委会编：《1901—1920 年中国基督教调查资料》，蔡詠春、文庸、段琦、杨周怀译，中国社会科学出版社 2007 年版，第 68 页。"—"表示原书没有数据。

中国作为一个农业国家，农村人口占全国人口总数的绝大部分，从表 3-9 可以看出，全国乡镇农村人口占全国总人口的比重是 89%。农村

人口比例最低的省份是广东，占70%，最高的是甘肃和西藏，农村人口
比例均为98%。从全国范围看，农村人口占总人口的比例在70%—79%
的省份有2个，广东（70%）和新疆（71%）；80%—89%的省份有6
个，包括江苏（83%）、福建（83%）、直隶（86%）、浙江（87%）、陕
西（88%）和四川（89%）；人口比重在90%—99%的省份有13个，分
别是山东（90%）、江西（90%）、河南（91%）、湖北（92%）、湖南
（93%）、安徽（93%）、山西（94%）、广西（94%）、蒙古（95%）、贵
州（96%）、云南（96%）、甘肃（98%）和西藏（98%）。

　　以上数据虽然都存在误差，如新疆数据直觉上就与实际数据不符合，
具体统计学上的原因我们在此不做具体性分析。但是从整体趋势上看，
作为一个全国农村人口占89%，13个省份农村人口在90%以上的国家，
基督宗教传教人士一定会认识到开展农村传教工作的意义与重要性。如
果从增加信徒数量角度考虑，发展农村信徒，具有更加实际与重要的意
义。除在城市开展传教工作外，传教士在中国农村地区开展的传教工作
也更为艰巨，更有特点。

表3－10　　　　　　　部分省份乡村人口及乡村基督徒比例

省份	5 万人以下小城市及乡村人口比例（%）	5 万人以下小城市及乡村受餐信徒比例（%）
甘肃	98	91
贵州	96	99
云南	96	96
山西	94	96
东北三省	93	83
河南	91	88
山东	90	88
陕西	88	85
浙江	87	84
福建	83	80

　　资料来源：中华续行委办会调查特委会编：《1901—1920 年中国基督教调查资料》，蔡詠春、
文庸、段琦、杨周怀译，中国社会科学出版社 2007 年版，第 745 页。

　　表 3 - 10 数据可以进一步说明农村传教对于中国各差会的意义。如果我们以 5 万人以下小城市乡村作为统计乡镇人口的标准，乡镇人口占总人口比例最高的省份就会达到 98%，其中西南、西北、华北及东北 6 省（东北三省算作一个省份）都在 90% 以上。近代以来，华东、华南及中南地区成为中国经济发展最快，人民生活水平相对富裕，城市化水平也是中国最高的地区，即便如此，这些地区的乡镇人口比例也没有低于 80% 的，城市化最高的福建省，居住在 5 万人以上城市的人口，也仅仅占全部总人口的 17%。

　　从一定意义上说，20 世纪早期中国的传教活动，虽然在城市中表现得较为活跃，但是如果没有认识到中国实际上是一个农业国家的基本国情，即便努力，对于传教士来说，也很难达到其预期希望的结果。

　　从信徒角度看，10 个省份乡镇信徒占所有信徒比例都在 80% 以上，其中四个省份在 90% 以上，最高达 99%（贵州）。乡镇信徒比例分布特征与乡镇人口占全部人口比例分布特征一致。

　　农村地区作为保持中国传统文化程度最深的地区，在基督宗教传入过程中，文化冲突最为明显。天主教、基督教各教派在向农村地区传教过程中，通过教育、医学等多种传教方式，让中国内地、边疆、汉族和少数民族的民众接受基督宗教信仰。从文化与社会变迁角度看，基督宗教对于农村地区社会生活观念与方式的影响，对于与之对应的中国传统文化而言，带来的冲击和长远影响是更为巨大和深远的。

第 四 章

解决乡村经济:中外学人的
路径差异与思想根源

对中国这样一个传统的农业国家而言,农村问题始终都是最重要的社会问题。在农业人口高达90%的民国年间,农村的经济问题也就是中国的经济问题。近代社会危机的进一步加深,农村和农民更多陷入了衰败和挣扎,越来越引起整个社会的更多关注。为了寻找治疗病症的方法,在近代科学的传入和确立下,各路人马都逐渐采用了更为科学和专业的手段,来探求一种解决农村问题的方法。这其中分别以同为太平洋国际学会①资助的卜凯(John Lossing Buck)和陈翰笙领导的农村调查最为著名,影响力也最大,都可以称为1929年后中国经济学初步繁荣时期的代表人物。② 同为欧美培养出来的专业学者,两位都采用了欧美学界认同的科学社会调查方法,都得到了国际学术界的认同和赞誉。但他们经过农村调查得出的经济思想——"治病诊方"——却差异很大,影响则更显差异。这其中的原因是什么呢? 两人的政治信仰和宗教信仰在其中又起到了什么促进和约束作用? 他们调查的侧重点有什么相同与不同,这与他们的调查结论之间的关系是什么?

---

① 太平洋国际学会成立于1925年,一个非常活跃的非政府国际组织,以亚洲太平洋区域的政治、经济、社会、外交、文化、民族、宗教诸问题为关注对象。在其35年的历史中,共举办了13次广受关注的国际会议,出版了千余种相关书籍,并在14个国家和地区设立了分会。见William L. Holland, "Source Materials on the Institute of Pacific Relations: Bibliographical Note", *Pacific Affairs*, Vol. 58, 1985。

② 林毅夫、胡书东:《中国经济学百年回顾》,《经济学(季刊)》2001年第1期。

一　民国农村经济调查的集大成：卜凯与陈翰笙

　　中国的农村调查大约兴起于20世纪初期，到30年代达到高潮，后因政局过于动荡而渐少。参与调查的人员有外国人、中国人，有外国机构，也有中国机构，但最早的调查，却始于外国来华传教士。在真正意义上的科学和社会调查兴起之前，外国传教士因传教的需要，一般在某地停留多达几十年，并都以自己的亲身见闻对中国农村进行过非常系统的记录和描述。美国传教士明恩溥（Arthur S. Smith）在山东、天津、河北等地传教四十余年，1899年出版了《中国乡村生活》（Village Life in China）一书，该书曾备受鲁迅等关心中国社会的学者推崇。无论在当年从事社会调查的学人，还是今天学术史研究的学者看来，这本书所记载的内容有许多主观的见解和感受，不能称为真正意义上的社会调查，"但调查的发端，实由此开始"①。

　　真正学术意义上的中国社会调查仍始于外国人。采用现代科学研究方法对农村经济和社会问题进行调查，始于20世纪初期。最早的农村调查在1914年，清华学校社会科学系教授狄德莫（C. G. Pittmer）指导学生对清华园附近的195个农户进行调查，1918年以《中国生活标准的一个估计》（"An Estimate of the Standard of Living in China"，The Quarterly Journal of Economics，Vol. 33，November 1918）为题发表。其他还有沪江大学传教士葛学溥（Daniel H. Kulp）的《华南乡村生活：家族主义的社会学》（Country Life in South China, the Sociology of Feminism），这些都是外国学者第一次对中国乡村社会进行的调查，至今仍是中国早期社会调查的代表作。

　　20世纪30年代，中国掀起的农村调查热，不仅有民间发起，还有外国学者，国内学术机构、高等学校、政府机关，甚至各个党派之间，都进行了大量的农村调查，蔚为壮观。1926—1932年，李景汉在河北定县

---

　　①　张锡昌：《为什么要举行农村社会调查》，原载张锡昌编《农村社会调查》，黎明书局1935年版，见陈翰笙、薛暮桥、冯和法合编《解放前的中国农村》第3辑，中国展望出版社1989年版，第11页。

花了 7 年时间进行了调查，完成了长达 83 万言的《定县社会概况调查》，包括历史古迹、财政赋税、人口变迁、教育卫生、风俗信仰、交通运输、农村信贷等多方面情况。1934 年，国立北平大学农学院农业经济系对北京西郊 64 个村进行调查，由杨汝南主持写成《北平西郊 64 村社会概况调查》，对农村如何向城市转移，具有典型意义。1935—1942 年，日本满铁株式会社也在河北北部 16 个县 25 个村进行了调查，包括土地关系、雇佣关系、农作物、税收、借贷以及农民的收入支出、水利、宗族等。毛泽东、费孝通等都对自己家乡进行了调查，写出了《湖南农民运动考察报告》和《江村经济》这样的传世名篇。

近代外国人进行的面积最大和时间最长的农村调查，当数金陵大学农学院教授卜凯主持的两次调查。1921—1925 年，在美国农业部的资助下，卜凯指导金陵大学农学院的老师和学生，通过抽样调查的方法，对 7 省 14 县 17 处 2866 户农家的经济状况进行了调查。调查以农场管理为主要内容，包括了田场布置与土地利用、田场周年经营之状况、大小最适宜的田场企业、人口、耕地所有权与农佃问题、作物家畜和保存地力、农场劳动力、农家家庭与人口、生活程度、食物消费等社会和经济信息。[1] 在太平洋国际学会资助下，调查成果《中国农家经济》（*Chinese Farm Economy*）于 1930 年同时在上海和芝加哥出版英文本，1936 年商务印书馆出版了中译本。

1929—1934 年，太平洋国际学会资助进行了中国土地利用调查。卜凯再次组织金陵大学农学院学生通过抽样调查方式，进行了覆盖面更大的调查。目的是收集中国农业知识，作为改良农业和决定全国农业政策的依据，了解中国土地利用粮食和人口的基本概况。除东三省外，调查地域包括了 22 省 186 个县 168 个地区 16786 个田场 38256 个农户，将其划分为两大农业地带及八个农区，探讨了地势、气候、土壤、耕地面积、土地利用、家畜、土地肥力、农场大小和劳作、物价、赋税、运输、农产品贸易、人口、食物营养、农家生活水平等问题。调查成果《中国土地利用》（*Land Utilization in China*）共三册，分别为论文集、地图集和统计资料，于 1937 年同时在美国和上海出版英文版，1941 年金陵大学农学

---

① ［美］卜凯：《中国农家经济》，张履鸾译，商务印书馆 1936 年版，第 1—3 页。

院出版中译本。① 中央图书杂志审查委员会以该书"内容充实，调查精细"特点，特颁发奖状以资奖励。

1929 年 7 月，国立中央研究院社会科学研究所副所长陈翰笙组织了 45 人进行了长达六个月的无锡农村经济调查，挨户调查了 22 个村，对 22 个村的概况、8 个市镇的工商业和 1204 户村民的经济生活进行了详细的了解。② 调查内容包括农户和生产的基本情况，以及租佃、借贷、典当、捐税负担、商业买卖、生活消费、文化教育等多方面。他们发现，无锡的亩制和田权情况非常复杂，在被调查的 22 个村里，竟然有多达 173 种大小不同的"亩"，田亩的所有权和使用权竟达 12 种之多。③ 无锡的土地比较集中，占农村户口 6% 以下的地主却占有耕地的 47%。田租租额高昂、财税繁重、高利贷的压迫以及商业的极度不安，乃是当时无锡农村经济面临的重大问题。④

1930 年 5 月至 8 月，陈翰笙组织了 68 人在保定清苑对 6 个农村市场、78 个村庄和 11 个村的 1773 个农户进行了抽样调查。他们选择了最普通村庄分作村经济、村户经济、城镇分业及农户四种情况，注重分配、生产、交换和消费等不同环节。调查内容集中于劳动力、雇佣农业劳动、工资、畜养、住房、水井、水浇地、耕地占有与使用、交租形式、复种面积和受灾面积、各种农作物种植面积及收获量、副业收入所占比重、外出人口职业收入，以及全县和几个集镇的概况等方面。调查结果表明，绝大部分土地仍集中在地主和富农手中，不过集中程度略低于无锡。

1933 年 11 月至 1934 年 5 月，在陈翰笙主持下，中央研究院社会科学研究所、中山文化教育馆和岭南大学联合对广东农村进行了调查。在半年时间里，先后对梅县、潮安、惠阳、中山等 16 个县进行了详细调

---

① ［美］卜凯：《序言》，［美］卜凯主编《中国土地利用》，乔启明等译，金陵大学农学院 1941 年版，第 3 页。

② 廖凯声：《无锡农村调查记略》，原载《国立中央研究院院务月报》第 1 卷第 8 期，1930 年，见陈翰笙、薛暮桥、冯和法合编《解放前的中国农村》第 3 辑，中国展望出版社 1989 年版，第 153—154 页。

③ 陈翰笙：《中国农村经济研究之发轫》，见陈翰笙《陈翰笙集》，中国社会科学出版社 2002 年版，第 8 页。

④ 陈翰笙：《现代中国的土地》，见陈翰笙《陈翰笙集》，中国社会科学出版社 2002 年版，第 39 页。

查，对番禺县 10 个代表村 1209 个农户做了挨户调查，同时还对 50 个县335 个村进行了通信调查。调查结果表明，广东土地仍然高度集中在地主和富农的手中，集团地主的势力要大于个体地主。这里地租繁重，捐税苛刻，高利贷、商业资本剥削横行，生产关系与生产力矛盾严重，而产生这一矛盾的根本原因乃是耕地所有与耕地使用之间的背驰。①

1933—1935 年，在太平洋国际学会资助下，陈翰笙还组织了对河南许昌、安徽凤阳、山东潍坊的烟区进行调查，侧重外来资本与中国农村之间的经济关系。选定了英美烟公司这个著名的国际托拉斯为切入口，实地调查了 127 个村庄的概况，对其中 6 个典型村和 429 个农户的调查尤为深入。调查翔实地记述了美种烟草引进中国的具体过程，以及对中国烟农经济的影响，刻画了国际垄断资本与军阀官僚、土豪劣绅、高利贷者互相勾结，共同剥削农民的现实。②

卜凯的农村调查是从农场企业经营的角度出发，从农业投资、管理、产出、收入这些范畴来分析中国的农村经济，认为中国农村问题的关键在于技术进步、改善经营方式和提高农业生产技术水平。尤其在欧美都经历了农业革命和商业革命之后，中国更应该如此。陈翰笙等人着眼于农村革命，调查更多注意的是中国农村内部的生产关系，认为中国农村问题的根本解决之道出路在于土地分配问题。学术界将他们称为民国农村问题研究的代表性人物，分别称为"技术派"和"分配派"（或"制度派"）。③ 他们的经济思想和研究成果对中国经济学、中国农业经济学、中国马克思主义经济学、中国社会性质大论战、美国的中国研究都产生了深远而长期的影响。技术学派的观点曾成为国民党政府制定农业政策的基础，分配学派的观点则成为共产党社会革命的理论基石。

① 陈翰笙：《广东的农村生产关系与生产力》，见陈翰笙《陈翰笙集》，中国社会科学出版社 2002 年版，第 62—84 页。

② 陈翰笙：《帝国主义工业资本与中国农民》，陈绛译，复旦大学出版社 1984 年版。

③ 陈意新：《美国学者对中国近代农业经济的研究》，《中国经济史研究》2001 年第 1 期。Randall Stross, *The Stubborn Earth: American Agriculturalists on Chinese Soil, 1898–1937*, Berkeley: University of California Press, 1986.

二　差异根源的产生：调查背景的比较研究

（一）个人背景和调查宗旨的差异

从学术背景和训练来讲，卜凯和陈翰笙都是真正意义上的欧美学术派。卜凯 1914 年毕业于美国农业经济最负盛名的康乃尔大学农业经济系，并于 1925 年和 1933 年获得该校的硕士和博士学位。与民国年间绝大多数学者在国外获得硕士或博士学位不同，陈翰笙从未在国内读过大学，他是直接在欧美接受了全部高等教育，1920 年毕业于美国波莫纳大学，1921 年获得芝加哥大学硕士学位，1924 年获得柏林大学博士学位，西方学术背景和训练非常完整。

从宗教和政治信仰来讲，他们则差异很大，而他们的宗教信仰和政治取向对他们的学术观点和目的产生了决定性影响。卜凯是虔诚的基督徒，农业经济系毕业后，随即参加美国历史上影响至远的学生志愿海外传教运动（Student Volunteer Movement for Foreign Mission）[1]，1914 年以农业传教士身份来华。陈翰笙曾在教会中学读书，对基督教有些了解，但"坚决不做基督徒"[2]。从政治取向来讲，陈翰笙 1925 年加入国民党，1926 年加入共产国际，1935 年转为中共。卜凯的政治取向并不很明确。

卜凯 1925 年任金陵大学农业经济系主任，1946 年回美国，在中国停留了 32 年。他所有关于中国农村问题的关注和解决之道，基本上是从农场经营、土地利用、技术改革的角度来认识和深入的，可以说始终围绕着"生产力"来开展的，他的这些观念与他是持基督教社会福音神学观念的农业传教士的身份有很大关系。社会福音是 19 世纪末流行于美国的基督教改良思想，它吸收了英国和欧洲的基督教社会主义主张，强调社会工作和服务，强调慈善事业和社会改良，农业传教、医疗传教和教育传教都是其直接影响下的传教和改良手段。他们不仅关注人的灵魂得救，

---

① 美国学生志愿海外传教运动是美国历史上最大的向海外派遣受过高等教育专业传教士的运动，曾派遣 2524 名传教士到中国，占所有派遣传教士的三分之一。见 Clifton J. Philips，"The Student Volunteer Movement and Its Role in China Mission，1886 - 1920"，John Fairbank edited，*The Missionary Enterprise in China and American*，Cambridge：Harvard University Press，1974，p. 105。

② 陈翰笙：《四个时代的我》，中国文史出版社 1988 年版，第 21 页。

更关注人在社会中的整体生活和存在的意义。① 因此，对农业传教士而言，并非如许多人认为的那样，卜凯不热心传教事业，农村问题的改良或改变就是他传教的工作内容。

所谓农业传教士，"一方面从技术上帮助农业提高生活水平，另一方面，在道德和精神方面提供指导"。② 从"技术"角度思考和解决问题，是农业传教士的职业要求和限定。被誉为"美国农业之父"、曾任世界农业协会第一任主席的白德斐（Kenyon L. Butterfield）对卜凯的影响很大。白德斐作为美国著名的农业推广专家，为推动美国农业进步和改良贡献巨大。他认为基督教会不仅是宗教生活的管理者，"也应在乡村建设中起更重要的作用，要求牧师不仅要救赎灵魂，还应当接受农业耕作、农场管理、农业教育等方面的培训，成为当地社区的领袖"。③ 他还很热心中国农业的改良与推广工作，1921—1922 年作为伯顿中国基督教教育调查团成员来华，专门考察农业教育，撰写了《教育与中国农业》（1922）。1930—1931 年再次来华，推广他的理念，即牧师不仅需要医治灵魂，还应当得到农业方面的特别训练，如农业耕作的技术、农场管理、农业教育，以及水果栽培和制奶技术等。④ 正是在白斐德的极力倡导下，才形成了"农业传教士"这一传教运动的特别名称和任务，而卜凯正是最早派到中国的农业传教士之一。白斐德还曾将农业传教士分为四类，其中三类都是从技术上为农业农民提供发展和帮助的人才。⑤ 由此可知，对卜凯来讲，农业技术的改良和提高，则是他作为农业传教士的最根本的任务之一，也是实践基督教会的乡村建设运动的根本途径之一。卜凯曾在一篇论述中国乡村基督教会建设的文章中，为乡村基督教会如何服务乡村开出了长达 14 项的"药方"，包括基督教乡村建设的所有内容，除了开

① ［美］威利斯顿·沃尔克：《基督教会史》，孙善玲等译，中国社会科学出版社 1991 年版，第 650 页。

② Ralph A. Felton, *That Man May Plow in Hope*, New York：Agricultural Missions, Inc., no date, 转引自刘家峰《中国基督教乡村建设运动研究》，天津人民出版社 2008 年版，第 23 页。

③ 刘家峰：《中国基督教乡村建设运动研究》，天津人民出版社 2008 年版，第 26 页。

④ Kenyon L. Butterfield, *The Country Church and the Rural Problem*, Chicago, The University of Chicago Press, 1911, Preface, v – vii, 转引自刘家峰《中国基督教乡村建设运动研究》，天津人民出版社 2008 年版，第 26 页。

⑤ 刘家峰：《中国基督教乡村建设运动研究》，天津人民出版社 2008 年版，第 23 页。

办信用合作社、平民教育、修建道路等外，改进良种、预防作物虫害、牲畜疾病诊治等农业应用知识则被列在了首位。① 这些都决定了他从农业改良、技术改进等方面来观察和了解中国的农村社会的角度和思路，将"技术"作为解决中国农村问题的切入点和解决问题的视角点。而对于历史短暂、土地面积辽阔的美国而言，几乎没有租佃问题和地权问题，突出的仅有农业技术问题。

对于陈翰笙来讲，农村调查是有明确的政治目的。作为最早加入共产国际的中国人，在莫斯科国际农民运动研究所的经历使他深刻认识到，要解决中国社会的性质和革命的出路问题，"一定要对中国的社会作一番全面的调查研究"，要用学术科学来寻找一条革命的道路，"从事有意识有组织的农村经济调查"。② 早在1931年，陈翰笙已经公开提出了自己对农村问题的看法。他认为以往农村调查都是为了"慈善救济"或"改良农业"，都不曾企图去了解社会结构的本身，大多数的调查侧重于生产而忽视了生产关系。而一切生产关系的总和，造成社会的基础结构，这是真正社会学的研究的出发点，而在中国，大部分的生产关系是属于农村的。农村问题的中心在哪里呢？"它们是集中在土地之占有与利用，以及其他的农业生产的手段上：从这些问题，产生了各种不同的农村生产关系，因而产生了各种不同的社会组织和社会意识。"③

（二）调查内容和重点的差异

在各自不同的理念指导下，他们采用了相同的西方社会学方法——抽样调查、挨户调查、通信调查，确定了不同的调查内容和侧重点，得出了差异极大的结论。

卜凯的调查结果一经公布，即被广泛认同，他本人也被誉为世界上中国农业经济学最优秀、最权威的学者。作为太平洋国际学会在中国资助资金最多的项目，同时也是太平洋国际学会资助各国土地利用资助资

① J. Lossing Buck, "The Building of a Rural Church: Organization and Program in China", *The Chinese Recorder*, Vol. 58, July 1927, pp. 408 –409.
② 陈翰笙：《四个时代的我》，中国文史出版社1988年版，第45—49页。
③ 陈翰笙：《中国的农村研究》，见陈翰笙《陈翰笙集》，中国社会科学出版社2002年版，第33页。

金最多的项目，[①] 卜凯主持的中国土地调查成了民国年间覆盖面最大、历时最长的社会调查。其调查的统计深度、广度和系统性也是民国年间唯一的，至今仍被称为西方学者研究中国问题的经典之作。即使当时批评卜凯调查的马克思主义学者也认为，它是民国成立后"历时最久、调查地域最广，调查项目最详，和比较上最富于科学性的农村调查"。[②]

　　卜凯两次调查都侧重于土地利用、食物消费、人口等社会和经济信息，为如何提高和改革生产力而奠定基础。[③] 他从农业投资、管理、经营和土地利用的角度和概念来分析中国农业经济，认为主要问题是技术上的"落后"，此外没有其他特别严重的问题。中国农业一直处于世界上的先进位置，直到 19 世纪后，欧美在农业上都得到改进，经历了农业革命和商业革命，而中国的农业却没有发展进步。因此，解决中国农业问题的办法是，改进农业的经营方式，提高农业生产技术水平。在卜凯看来，造成中国农业生产效率低、农业生活贫困的原因是人口过多，农场面积过小，解决这一问题的方法是移民和发展工商业，以消化部分劳动力。卜凯调查代表了一种着眼于农场经营管理的调查路径，它从微观角度阐述了中国各地不同的农场规模所具有的不同的经营效率，从宏观角度提示了中国各大农业区不同的土地利用形式及其对当地农户经济的影响。为此，他还给国民政府提出了 108 条农业经济的建议，包括建立金融设施、使用良种与化肥、改善交通运输条件等。

　　陈翰笙领导农村调查多次，单个看起来各有特色，但它们之间有很多共通之处。根本目的是通过精确科学的社会调查方法，通过阶级分析

---

　　① 从 20 年代开始，太平洋国际学会在中国赞助了一系列中国农村问题研究。其中以中国土地利用调查历时最久，资金投入也最多，直接赞助在 57500 美元以上。同时期太平洋学会的其他国家土地利用分别为中国土地利用调查/10000 美元/年；日本土地利用调查/3250 美元/年；朝鲜土地利用及农村经济调查/2500 美元/年；新西兰土地利用调查/2000 美元/年。见张静《太平洋国际学会与 1929—1937 年中国农村问题研究：以金陵大学中国土地利用调查为中心》，《民国档案》2007 年第 2 期，第 92 页。

　　② 钱俊瑞：《评卜凯教授所著〈中国农场经济〉》，《中国农村》第 1 卷第 1、2 期，1934 年 10 月 10 日、11 月 1 日，见薛暮桥、冯和法编《〈中国农村〉论文选》下，人民出版社 1983 年版，第 895 页。

　　③ ［美］卜凯：《序言》，见［美］卜凯主编《中国土地利用》，乔启明等译，金陵大学农学院 1941 年版，第 1 页。

方法，对全国的农村危机问题作出诊断和分析，由此对中国社会性质作出科学分析和定位。[①] 他们从不讳言自己"反帝反封"进行社会革命的目的，理论建构的意图非常明显，并一直都依严格的学术规范和理念来进行社会调查和论著的撰写，因此获得了广泛的社会认同和尊敬。他们认为农村经济学的研究对象"应当是农业生产过程中人与人的关系，而不是人与自然界的关系"，即"地主与农民间的关系"，农村经济学要解决的具体问题是地主、资本家是如何剥削农民等，工业资本、城市、国际资本帝国主义是如何剥削、压榨农村并使农村破产的。他紧紧围绕着生产关系作为调查的切入点，侧重租佃借贷关系、雇佣农业劳动、土地分配状况等，得出"土地所有和土地使用之间的矛盾，正是现代中国土地问题的核心"的结论。[②] 他还以英美烟草公司这个著名的国际托拉斯为切入口，侧重外来资本与中国农村经济之间的关系，说明半殖民地半封建国家不可能实现工业化。经过调查，他认为中国社会是一个非常特殊的社会，可以被称为有殖民地性质的"前资本主义的社会"。

　　在开始调查前，陈翰笙还购置了许多马列主义书籍，组织调查员系统学习《资本论》的有关章节，并重点研究了马克思的地租理论，力求用阶级分析的方法来说明农村生产关系和社会性质，以确保马克思的理论和方法能贯彻于调查的始终。通过调查，调查员钱俊瑞、张锡昌、秦柳方等人放弃了原先的改良主张，接受了革命思想。调查员薛暮桥、孙冶方也因此与经济学结下了终身之缘。通过广泛持续数年的农村社会调查和研究，陈翰笙培养了一批马克思主义的经济学理论队伍，形成了声名卓著的"中国农村派"，为新中国经济研究队伍的形成打下了基础。

（三）社会反映和影响差异

　　卜凯成果一经公布后，即获得一片赞誉声，梁方仲在美国发表英文文章，认为卜凯调查是该领域的第一个研究，弥补了1913—1921年农商部逐年发表的统计数字的"结构混乱、缺陷明显"的问题，也弥补了费

---

① 陈翰笙：《四个时代的我》，中国文史出版社1988年版，第45—46页。
② 陈翰笙：《现代中国的土地问题》，见《陈翰笙集》，中国社会科学出版社2002年版，第59页。

孝通的农村调查偏重地方性、眼界相对狭窄的问题。同时也指出卜凯调查地区的选择带有一定随意性、土地利用研究未涉及农具使用问题，因为影响生产效率的，更主要的是机械方面的差异，而不是劳动力的差别。① 同时也有来自陈翰笙学派的批评意见。陈翰笙认为其"所用表格大都不适于当地情形"，"不但对于各种复杂之田权及租佃制度未能详细剖析，甚至对于研究农村经济所绝不容忽视之雇佣制度农业价格，副业收入，借贷制度等等，亦都非常忽略"。② 钱俊瑞承认卜凯的研究在调查的技术和方法上有所贡献，但亦认为卜凯对中国农村社会现实不够了解，研究局限在农场收支问题及与之相关的各种技术问题上，开出的药方未能涉及农村问题的核心问题——生产关系。尤其在租佃制度和雇佣劳动问题上，更是用西方资本主义的经验来套中国的现实问题，其学术未能做出本土化。他还指出，卜凯将农民分为自耕农、半自耕农、佃农的分析方法"用非得当"，应采用地主、富农、中农、贫农、雇农的分类方法。批评卜凯的调查员助手们，因受自身的主观因素影响，调查农户也选择了经济水平较高的家庭，从而导致了反映的农村状况不如实际之惨苦。③ 他们对卜凯调查的批评，体现了双方在理论体系、研究的出发点、分析方法及对于中国农村问题解决之道的多方面的认识的不同。或许正是要面对以陈翰笙为主的"中国农村派"的批评，相比卜凯在第一次调查还用了一章内容来讨论土地所有权和租佃问题，并建议实行减租。卜凯在第二次调查时，特别声明回避中国农村社会关系问题，"本调查对于农民与其他社会阶级间之政治、经济及社会关系，即所谓农民状况，不冀说加评述"。④

陈翰笙或正是看到了卜凯调查的不足，更加坚信了他调查和研究的决心和意义。1933 年 8 月，他以这几次调查的结果，写成《中国当前的

① 梁方仲：《卜凯〈中国土地的利用〉评介》，《社会科学杂志》第 9 卷第 2 期，1947 年，中译见《中国社会经济史论》，中华书局 2008 年版。

② 陈翰笙：《中国农村经济研究之发轫》，见陈翰笙《陈翰笙集》，中国社会科学出版社 2002 年版，第 7 页。

③ 钱俊瑞：《评卜凯教授所著〈中国农场经济〉》，《中国农村》第 1 卷第 1、2 期，1934 年，见薛暮桥、冯和法编《中国农村论文选》下，人民出版社 1983 年版，第 907—909 页。

④ ［美］卜凯主编：《中国土地利用》，金陵大学农学院农业经济系出版，1941 年，第 1 页。

土地问题》（*The Present Agrarian Problem of China*）①，参加了在加拿大召开的太平洋国际学会第五届会议，并就未来的研究计划向学会提出了资助申请。他的学术研究和活动给太平洋国际学会留下了"正面印象"。② 此后，在太平洋国际学会资助下，他还领导了1933—1935年的三省烟农调查、1933年的广东农村调查、1940年的西南边疆土地制度调查，出版了一系列英文研究专著。③ 这些学术研究和活动使他获得了国际学术界的极大认同和声誉，甚至认为，"如果我们不从社会的角度利用这种研究，如果我们不应用它的各项结论，或以同样科学的方法驳倒它们，则我们便将否定社会活动的全部理性基础"。④

　　1936年至1939年间，陈翰笙还赴纽约的太平洋国际学会中央秘书处任《太平洋事务》编辑。1938年，太平洋国际学会资助在上海出版了陈翰笙主编的《中国农村》（*Agrarian China：Selected Source Materials from Chinese Authors*）一书⑤，论文中相当一部分出自陈翰笙、薛暮桥、钱俊瑞、张锡昌等人所发起的"中国农村经济研究会"。陈翰笙还用太平洋国际学会提供的研究拨款赞助了中国农村经济研究会的机关刊物《中国农村》的创刊。

　　正是陈翰笙调查的特别视角，得出解决中国农村问题的不同结论，弥补了卜凯调查之不足，这或许是他得到太平洋国际学会资助的重要原因。农村的土地问题是1920年代美国农业经济学的一个流行的研究主

---

　　① Chen Han – seng, *The Present Agrarian Problem of China*, Shanghai：China Institute of Pacific Relations, 1933.

　　② 麦金农:《陈翰笙与太平洋国际学会》，见王建朗、栾景河主编《近代中国、东亚与世界》下，社会科学文献出版社2008年版，第814页。

　　③ Chen Han – seng, *Landlord and Peasant in China*, Shanghai：Kelly & Walsh, 1936; *Industrial Capital and Chinese Peasant：A Study of the Livelihood of Chinese Tobacco Cultivators*, Shanghai：Kelly & Walsh, Ltd, 1939; *Frontier Land System in Southernmost China：A Comparative Study of Agrarian Problems and Social Organization among the Pai Yi People of Yunnan and the Kamba People of Sikang*, New York：International Secretariat, Institute of Pacific Relations, 1949.

　　④ ［美］弗雷德里克·V. 菲尔德:《前言》，见陈翰笙《解放前的地主与农民：华南农村危机研究》，冯峰译，中国社会科学出版社1984年版，第3页。

　　⑤ Chen Han – seng edited, *Agrarian China：Selected Source Materials from Chinese Authors*, Shanghai：Kelly & Walsh, 1938.

题，① 调查所涉及的土地利用、人口、农产消费、生活水平等问题，也是太平洋国际学会历届会议所关注的问题。

三 意识形态主导下评价系统的差异结果

由于主持了民国年间最大范围和最长时间的农村调查，以及金陵大学农学院在中国农业学和农业经济学上的特殊贡献，卜凯获得了极高的学术地位。《中国农家经济》被国民政府指定为农业大学的教科书，各大学的农业经济教授，绝大多数是卜凯的学生。② 中华人民共和国成立后，学术评价系统逐渐意识形态化，将卜凯列为"资产阶级农业学专家"，批评其"站在维护帝国主义在华利益和保护封建制度的立场上"，抹杀社会生产关系和阶级剥削的实质。③

学术界对陈翰笙领导的"中国农村派"给予了很高的荣誉，他们的认识直接影响了中国马克思主义经济学家对农业经济学和经济学的认识。与卜凯长期稳定执教在金陵大学工作不一样，陈翰笙一直都处于四处奔走的生活状态下，后期学术成果多以英文发表，中文传播力度不够。1980 年代，对"中国农村派"进行学术整理，将陈翰笙的一些英文著述译成了中文。处于意识形态思想下的学者们，翻译时特别有意识地添加上了"解放前"或"帝国主义"这样的意识形态词语，如广东调查的研究成果《中国的地主和农民》（*Landlord and Peasant in China*）被译为《解放前的地主与农民——华南农村危机研究》，三省烟区调查成果《工业资本和中国农民》（*Industrial Capital and Chinese Peasant*）被译为《帝国主义工业资本与中国农民：中国烟农生活研究》。从某种角度讲，这些额外的附加物则客观上削弱了陈翰笙社会调查成果的学术性和国际性。

今天，为了纠正意识形态化的评价，学术评价再次偏差。在今天叙述陈翰笙中国农村派的文章中，过于强调他的马克思主义的政治信仰背

---

① Randall E. Stross, *The Stubborn Earth: American Agriculturalists on Chinese Soil 1898 – 1937*, Berkley: University of California Press, 1986, pp. 179 – 180.
② 薛暮桥：《薛暮桥回忆录》，天津人民出版社 1996 年版，第 78 页。
③ 孙健：《中国经济通史》，中国人民大学出版社 2000 年版，第 194 页。

景，他领导进行的调查都是为政治服务，或明或暗地指责他所进行的农村调查不具有客观的"学术公平性"。而对卜凯研究的评价中，或因对中国基督教传教背景知识的缺乏，忽略了他的传教士的宗教信仰背景，忽略了他的宗教身份对其研究视野和观点的局限性约束，仅将其作为专业的"农业专家"来进行考查，则在有意无意之间抬高了卜凯的学术地位。

他们的调查都是为了改造农村，在不同的理论和观念的指导下，虽然采取完全相同的社会调查方法，却产生了不同的切入点、调查内容和结论。今天看来，从时间和范围来讲，陈翰笙的农村调查没有卜凯调查时间长和范围大，调查成果的数据整理也不如卜凯，这是卜凯被认同为中国农业经济学奠基人之一的重要原因，也是他的调查资料经过详细整理出来，对时至今日仍然还有很大价值的最重要原因。

第 五 章

面向社会：燕京大学的
乡村调查和改造

　　1912 年在英国留学期间，陶孟和与同学梁宇皋想要编纂一部论述中国社会生活的书籍给外国人看。他最初以为，在中国生长的人，每天所经历的日常生活都是中国社会所发生的事情，将其写出来应该不太困难。但在写作的时候他才发现，个人的经验很有限，个人所知的不过是社会生活中很小的一部分，而历史上中国的生活记录却非常少。传统古籍更多记录的是所崇拜的大人物大思想，涉及平常百姓的生活，往往沿用的都是一些"空泛且捉摸不定的套话"，没有记载老百姓的日常生活到底是怎样的。中国的历史没有一部是描写人民的历史，中国人是一个哑国民。

　　他自此发了一个宏愿，要把中国社会的各个方面调查一番。一方面可以了解我国社会的长处，将对人民生活有益之处保存下来；另一方面总结出不良之处，再探讨改进社会的方法。因为"有了真的了解就得到真的解决。……我们也必先求了解中国问题各种的情形，然后才有配提议解决方案的资格，然后才有支配那问题的能力"。①

　　中国社会生活史有系统有意识的记录，与社会学在中国的创建和发展有密切的关系，社会学在中国的创建又与现代意义上的社会调查在中国的兴起是如影随形、紧密相连的。所谓现代意义上的社会调查，是人们为了一定的社会服务或学术研究的目的，针对某种社会事实和现象，或某个区域的社会概况，有意识地运用询问、实地观察或征集问卷等方

---

① 陶孟和：《怎样解决中国的问题》，见《孟和文存》卷一，亚东图书馆 1925 年版，第 49页。

法，从事资料信息的收集和整理工作，以求了解事物实情的一种感性认识活动，或以此为依据做进一步理性分析的认识活动。这种带有极强烈科学含义和实用针对性的社会调查在中国的出现与社会学在中国的兴起是紧密相关的。

所谓现代意义上的社会调查，是人们为了一定的社会服务或学术研究的目的，针对某种社会事实和现象，或某个区域的社会概况，有意识地运用询问、实地观察或征集问卷等方法，从事资料信息的收集和整理工作，以求了解事物实情的一种感性认识活动，或以此为依据做进一步理性分析的认识活动。这种带有极强烈科学含义和实用针对性的社会调查在中国的出现与社会学在中国的兴起是紧密相关的。

社会调查最早出现于 19 世纪的欧洲。据社会学先驱吴文藻先生的研究，"社会调查本源可以溯到法国黎伯勒（Frederic le Play，1806—1882）在当时实地考察工人生活所作的许多家庭账簿研究"。[1] 1837 年法国实证哲学家孔德正式提出了"社会学"的概念。19 世纪末 20 世纪初，社会学作为一门独立学科逐渐建立。几乎在同一时期，随着近代社会的"西学东渐"的社会大浪潮，社会学传入了中国。

晚清维新派在万木草堂和时务学堂的教学大纲中，均设有"群学"（当时将社会学译为"群学"）课程。据孙本文先生考证，最先采用"社会学"一词者"当推谭嗣同的《仁学》"[2]。1902 年，章太炎翻译的日本岸本能武太的《社会学》出版，这是国内最早的译作。1903 年，严复翻译的斯宾塞的《群学肄言》出版，"可算是西洋社会学输入中国的起点"。[3] 严复对社会学的功能和重要性非常推崇，认为"学问之事，以群学为要归，惟群学明而后知治乱盛衰之故，而能有修齐治平之功"。[4] 按冯友兰先生的研究，严复最早向中国人介绍社会调查的科学方法，"为中

① 吴文藻:《西方社区研究的近今趋势》（1935 年撰写），见《吴文藻人类学社会学研究文集》，民族出版社 1990 年版，第 151 页。

② 孙本文:《当代中国社会学》，胜利出版公司 1948 年版，第 5 页。

③ 许仕廉:《中国社会学运动的目标经过和范围》，《社会学刊》第 2 卷第 2 期，1931 年，第 4 页。

④ 严复:《原强》，见中国科学院哲学研究所中国哲学史组编《中国哲学史资料选辑》（近代之部），中华书局 1959 年版，第 359 页。

国社会学从历史社会学走向二三十年代的实证社会学创造了条件，开辟了道路"。①

随着人类学、社会学和民族学的发展，社会调查逐渐普及，并被西方社会接受为一种了解社会、研究社会的有效的科学方法。近代中国社会调查开始于戊戌维新时期，虽然当时已经出现了各种各样的调查，但很难讲这是一种科学意义上的社会调查。② 真正科学意义上的社会调查兴起并盛行于 20 世纪上半叶，调查所涉及的范围极为广泛，政治、经济、军事、社会阶层、灾害与环境、文教、卫生、交通、婚姻家庭、宗教、人口等几乎所有内容都逐步进入了社会调查的视野里，当时社会的政、教、学等社会各方，都很重视社会调查。

一 英文社会调查：最早的社会生活史

社会学是一门中国"本无"的学科，最早讲授社会学的均为外国传教士，最早创建社会学科也是在教会大学中。1905 年圣约翰大学开设社会学课程，美国传教士阿瑟·孟（Arthur S. Mann）③ 以当时在美国流行的白格达（Walter Bagehot）的《物理与政治》（*Physics and Politics*，1872）为课本，讲授社会学。这在社会学家许仕廉先生的记录中也得到了印证。④ 1913 年，沪江大学也开设了社会学课程。1914 年 2 月，美国基督

---

① 杨雅彬：《近代中国社会学》上册，中国社会科学出版社 2001 年版，第 56 页。

② 晚清年间的社会调查，可参考李章鹏《清末中国现代社会调查肇兴刍论》，《清史研究》2006 年第 2 期。笔者并不同意在晚清已经开始了现代意义上的社会调查的观点，其实中国传统学术中也有社会调查，如司马迁撰写的《史记》、徐霞客撰写的《徐霞客游记》，都有基于实地调查的资料，但与今天所言的"社会调查"的概念是不同的。

③ 阿瑟·孟（？—1907），1904 年在取得耶鲁大学学士后，作为传教士来华。1907 年，他为救一位朋友，在广西溺水身亡。为了纪念他，圣约翰大学将一幢学生宿舍楼取名为"思孟堂"。为了纪念儿子，孟的父亲设立了奖学金，资助一名中国大学生到美国留学。中国第一位社会学博士朱友渔就是该奖学金的第一位获得者。

④ 许仕廉：《中国社会学运动的目标经过和范围》，《社会学刊》第 2 卷第 2 期，1931 年，第 6 页。

教浸礼会传教士、布朗大学硕士葛学溥（Daniel Harrison Kulp）① 在沪江大学（教会大学）创办了社会学系，这是我国第一个在大学里设立的社会学系，开设了社会制度、社会经济、社会工程、社会心理学、社会调查等多方面的课程。除本校老师讲授外，还邀请了白克令（H. S. Bucklin）、狄莱（J. Q. Dealey）等布朗大学教授短期来华任教。② 1917 年清华学校也开设了由美国人狄德莫（C. G. Dittmer）讲授的社会学课程。除教会学校外，中国人最早讲授社会学的是章太炎的弟子、留学日本的康心孚，他于 1916 年在北京大学讲授社会学，③ 后来成为著名社会学家的孙本文就是从康心孚的课堂上开始了学习社会学的生涯。

燕京大学是民国年间基督教会主办的 13 所大学之一，由英美等国基督教新教差会的公理会、长老会、伦敦会兴办的通州协和大学和美以美会办的汇文大学合并，于 1919 年在北京正式成立。1922 年秋，在普林斯顿—北京中心（Princeton in Peking）④ 的支持下，步济时（John S. Burgess）⑤、甘博（Sidney David Gamble）⑥、甘霖格（Lerning

---

① 葛学溥（1888—1980），1913 年以基督教浸礼会传教士身份来华，1914 年在上海沪江大学创立社会学系并任教授，是高等学校农村社会调查的先驱。1918—1919 年指导学生在广东潮州市潮安县归湖镇调查有 650 人的凤凰村，并据调查著有《华南乡村生活：家庭主义的社会学：广东潮安凤凰村》（Country Life in South China, the Sociology of Familism Vol 1, Phenix Village, Kwangtung, China），至今仍是描述华南地区乡村生活的代表作。

② 蔡毓骢：《中国社会学发展史上的四个时期》，《社会学刊》第 2 卷第 3 期，1931 年，第 21 页。

③ 孙本文：《当代中国社会学》，胜利出版公司 1948 年版，第 224 页。

④ 普林斯顿—北京中心是普林斯顿大学基督教青年会的学生组织，1906 年受基督教北美协会委托在北京发起成立，后将重点放在燕京大学，1930 年改为普林斯顿—燕京基金会。

⑤ 步济时（1883—1949），出生于纽约的城市平民家庭，1905 年毕业于普林斯顿大学社会学系，1909 年获得哥伦比亚大学社会学硕士学位。他一直对中国人的生活有兴趣，毕业论文便是研究纽约华人的业余生活。1909 年来华，任北京基督教青年会干事。1926 年回美国，1928 年获得哥伦比亚大学社会学博士学位。1928—1929 年又回到燕京一年。1930—1933 年，在 Pomona College 教书，后到费城的天普大学（Temple University）任社会学系主任和教授。

⑥ 甘博（1890—1968），出身于美国富商家庭。1908 年曾来华旅游，普林斯顿大学社会学学士，1917 年获加州伯克利分校社会经济学硕士。1918 年来华，任北京基督教青年会干事，不久任燕京大学社会学系教授，回国后任普林斯顿大学教授。他在中国，尤其是华北地区进行了大量的社会调查，还著有《1900—1924 年北京的物价、工资和生活标准》（Price, Wages and the Standard of Living in Peking, 1900—1924, 1926 年）、《定县：华北农村社区》（Ting Hsien, A North China Rural Community, 1954 年）、《华北乡村：1933 年以前的社会、政治及经济活动》（North China Villages: Social, Political and Economic Activities before 1933, 1963 年）等书。

Sweet)①、艾德敷（Dwight W. Edwards）② 的倡议和努力下，在燕京大学创办了社会学系。几位创建人的经历志向非常相同，均毕业于普林斯顿大学社会学系，均受美国"学生志愿海外传教运动"（Student Volunteer Movement for Foreign Mission）派遣来华任传教士，均在北京基督教青年会任干事。学生志愿海外传教运动是美国历史上最大的向海外派遣受过高等教育专业传教士的运动，曾派遣 2524 名传教士到中国，占所有外国派遣来华传教士的三分之一，而普林斯顿大学正是该传教运动的发源地。③与以往派遣的传教士有很大不同的是，该运动所派遣传教士都是受过高等教育，受过一定程度的专业知识和训练，上述在高校开设社会学课程和创建社会学系的外国传教士，均是受此运动派遣来华。

　　社会学系创建之初，开设了两门课程，一是"社区组织"，由步济时讲授；二是"社会调查"，由甘博和步济时共同讲授。步济时任首任系主任，教学内容侧重宗教服务、社会工作和社会调查，基督教男女青年会和慈善机构等成为学生重要的学习场所④。因步济时是首个讲授社会工作的学者，他因此也被誉为"中国的社会工作之父"⑤。燕京大学社会学系是我国大学中设立的第三个社会学系，⑥ 也是民国年间最有活力和最有贡献的社会学系，创造出中国社会学历史上众多"第一"，形成了著名的"燕京学派"。

　　早在创建社会学系之前，甘博、步济时等人已经以北京基督教青年

　　① 甘霖格，1920 年来华。1931—1934 年任北京基督教青年会总干事。

　　② 艾德敷（1882—?），1904 年获普林斯顿大学社会学学位，翌年获文科硕士学位。1906年来华，任北京基督教青年会干事，1925—1929 年任北京青年会总干事。1921—1943 年任华洋义赈救灾总干事、义赈救灾主任、农利股代理总干事。1947 年以校董资格管理燕京大学校务，翌年任燕京大学管理委员会执行干事。1949 年普林斯顿大学授予他荣誉博士学位。撰写了第一本《燕京大学校史》（Yenching University，New York：United Board for Christian Higher Education in Asia，1959）。

　　③ Clifton J. Philips，"The Student Volunteer Movement and Its Role in China Mission，1886 – 1920"，John Fairbank edited，The Missionary Enterprise in China and American，Cambridge：Harvard University Press，1974，p. 105.

　　④ 张玮瑛等：《燕京大学史稿》，人民中国出版社 2000 年版，第 338 页。

　　⑤ 王立诚：《美国文化渗透与近代中国教育：沪江大学的历史》，复旦大学出版社 2001 年版，第 106—107 页。

　　⑥ 郑杭生、李迎生：《中国社会学史新编》，高等教育出版社 2000 年版，第 67 页。

会为依托，进行了大量的专业社会学工作，为创建燕京大学社会学系奠定了坚实基础。1913 年 11 月，步济时在北平青年会里成立了北京社会实进会（Student Social Service Club），这是"第一个"在中国进行社会调查的机构，参加者多为北京地区的大中专学生和青年教师，有 200 多名成员，陶孟和、瞿秋白、谢冰心、瞿菊农、郑振铎等人都是主要成员。1914—1915 年，步济时指导青年人对北京地区的 302 名人力车夫进行了人力车夫调查，这是近代中国"第一个"系统的社会调查。①

1919 年 11 月，北平社会实进会还创建了中国"第一份"社会研究的期刊《新社会》②。这是"五四"时期极有影响的一份刊物，遵循以社会调查来研究社会问题，以社会服务来研究社会问题，极力鼓吹社会改造，围绕社会改造登载文章，提倡社会服务，反映社会实况，以调查报告的形式描述劳工、贫穷、妇女等社会问题，社会服务的最终目的是实现社会改造，而社会改造的成功，需要全社会人民的觉悟。郑振铎、瞿菊农、瞿秋白、许地山等都是重要撰稿人。

1918 年至 1919 年，步济时和甘博等人按照"春野城调查"，在北京进行了一项更大规模的城市调查③，于 1921 年在美国出版了其调查报告《北京社会调查》（*Peking：A Survey*）④。这份社会调查报告包罗万象，从政治、经济、历史、地理、商业、政府、人口，到教育、健康、娱乐、慈善、监狱、健康、娼妓、宗教等诸多方面，规模之大、范围之广、内容之详细，前所未有，堪称"前所罕见"，"轰动一时"⑤。受到了美国政府的重视，也得到了各国社会学者的赞赏。它是"首次对一座东方城市

---

① Yung – chen Chiang, *Social Engineering and the Social Sciences in China*，Cambridge University Press 2001，pp. 26 – 31. 杨雅彬：《近代中国社会学》上册，中国社会科学出版社 2001 年版，第 68 页；阎明：《一门学科与一个时代：社会学在中国》，清华大学出版社 2004 年版，第 17 页；郑杭生、李迎春：《中国社会学史新编》，高等教育出版社 2000 年版，第 76 页。
② 《新社会》创建于 1919 年 11 月 1 日，到 1920 年 5 月 25 日被警察局查封，仅存在了六个多月。
③ 李景汉：《中国社会调查运动》，《社会学界》第 1 期，1927 年，第 80 页。
④ *Peking：A Survey*，New York：George H. Doran & Co. 出版，全书共 538 页，有大量照片和统计图表。
⑤ 傅愫冬：《燕京大学社会学系三十年》，《咸宁师院学报》1990 年第 3 期。

的社会调查",① 同时也标志着中国城市调查的开始。② 在社会学界里,步济时和甘博也被誉为社会调查方法的先驱。③ 多年以后,在中国社会学家眼里,它仍然是"本着科学的精神,以研究北京社会状况为科学的研究中国社会状况的第一书"。④

《北京社会调查》也是著名的春田调查方法"第一次"运用在中国的社会调查中。春田调查方法(Springfield Survey),旧称"春野城调查",现在学界通译为"春田调查"。调查是由罗素赛奇基金会(Russell Sage Foundation)主持的,对于发展科学的社会调查有很大贡献。此前的调查,专门社会调查方法尚未发达,因此错误很多。吴文藻先生称其为"后来一切同样调查的模范"⑤。

1926 年至 1927 年,步济时等燕大师生对北京 42 个行会的成员、组织、集会、财务、功能进行了调查,这是"第一次"、也是唯一一次用社会调查的方法研究中国的传统机构——行会,出版了《北京的行会》(The Guilds of Peking)一书。⑥ 1928 年,步济时以《北京的行会》这一调查报告,获得了哥伦比亚大学的博士学位。调查之初,步济时的妻子斯黛拉·费什·步济时(Stella Fisher Burgess),一位在日本的美国传教士的女儿,也参与了北京民俗调查,1924 年 Truth Hall Press 出版了《北京的旅行队》(A Peking Caravan)。

1922 年,华洋义赈会邀请燕京大学农村经济系教授戴乐仁(J. B. Tayler)和麻伦(C. B. Malone)组织包括燕京大学在内的 9 所大学

---

① 杜威称赞本书"是任何外国传教界中以基督教观点而做得最好的社会调查"。明恩溥说它"从表层而深入,第一次向外界展现了北京的内貌"。耶鲁大学神学院的毕海澜说,这本书"是在非常艰难条件下所做的最好的社会调查报告。我不太相信能有什么文字能和这本来之不易、既准确又极为有趣的调查报告相比"。见邢文军《中译本引言》,见甘博《北京社会调查》,陈愉秉等译,中国书店 2010 年版,第 9 页。

② 孙本文:《当代中国社会学》,胜利出版公司 1948 年版,第 211 页。

③ 傅愫冬:《燕京大学社会学系三十年》,《咸宁师专学报》1990 年第 3 期。

④ 孙本文:《研究社会问题的基础》,《社会科学季刊》(国立北京大学)第 1 卷第 4 期,1923 年,第 680 页。

⑤ 吴文藻:《西方社区研究的近今趋势》,《吴文藻人类学社会学研究文集》,民族出版社 1990 年版,第 152 页。

⑥ 1928 年由纽约 AMS Press 公司出版。由申镇均翻译为日文,牧野巽校阅,1942 年由(日本)生活社刊印,名《北京のギルト生活》,共 361 页,照片 17 张。赵晓阳译为中文。

的 61 名学生对直隶、江苏、安徽、山东等省 240 个村进行调查。调查成果的《中国农村经济之调查》（*The Study of Chinese Rural Economy*）于 1924 年由华洋义赈会印行。

1929 年，燕京大学社会学和社会工作系出版了甘博撰写的《北京的工资》（*Peking Wages*），研究了北京地区的工资状况。

1929 年，燕京大学社会学和社会工作系出版了严景耀撰写的《北平犯罪研究》（*A Study of Crime in Peiping*），涉及北京的犯罪情况、数量、范围、性质，与社会的关系、改变的方式等。他还在《社会学界》上发表了《北平犯罪之社会分析》（1928）、《中国监狱问题》（1929）等。1928—1930 年在燕大社会学系任教期间，在中央研究院社会科学研究所的资助下，带领学生对 20 个城市的犯罪情况进行调查，收集了 300 多个犯罪类型的个案，并从 12 个省的监狱记录中抄编了一些统计资料。1934 年，他以此完成了在芝加哥大学的博士学位论文 "Crime in Relation to Social Change in China"。[①]

1933 年，纽约 Funk and Wagnalls Company 出版了《北平的中国家庭是怎样生活的》（*How Chinese Families Live in Peking*），该书是由甘博和燕京大学学生撰写，田野调查负责人是王贺宸（音译）和梁仁和（音译）。共 348 页，照片 31 张，表格和地图 31 张。包括社会数据、收入、食物消费支出、衣服、房子和房租、取暖、灯和冬天、娱乐、婚礼和葬礼、个人家庭预算、夏天调查结果。研究旨在解释中国的家庭收入和消费之谜，它可以表明中国人在这世界上最大的非工业城市之一的城市里的生活状况，从 8 银元到 550 银元一个月的生活数据，基于 283 个家庭一年的跟踪调查，这种调查在中国是"第一次"。调查显示，食物支出占全部生活费的 70%，衣服支出占 12%，房租占 8%，而用于文化教育、社会交往、医疗等费用仅仅平均占 5%。[②] 这个调查是将"恩格尔系数"运用到中国社会生活中的调查和研究，以当时西方流行的"生活费研究法"，将家庭开销分为食品、服装、住房、燃料、杂费 5 项，看调查对象生活程度的

---

① 中译本为《中国的犯罪问题与社会变迁的关系》，北京大学出版社 1986 年版。

② 该调查出版了中译本，即甘博、孟天培著，李景汉译《二十五年来北京之物价工资及生活程度》，第 2 页。

高低。如食品费占总支出的费用越低，杂费（包括教育社交娱乐等）所占比例越高，则说明人们生活水平越高。甘博的研究结果显示，中国人的食品费在总支出中占79%，与美国三个类似的研究相比，说明中国人的生活水平非常低。

上述多个社会调查是首批以科学的方法实地观察、分析中国社会生活所获得的开创性成果。20年代燕大社会学系已经开展了现代学术意义上的社会调查，创建了中国社会学史上众多的"第一"。调查内容从社会风俗、家族组织，到行会制度、城市居民生活，非常有助于我们了解当时的社会风貌。采用的调查方法，有访谈法、问卷法、统计图表、生活费研究、社区功能分析等，都是当时西方社会学界所通行的方法。

调查地区还是基本局限在北京地区或周边，调查内容更多的是针对城市居民进行，还没有对更广大的中国社会进行更深入的调查和认识。所发表的学术成果还是以英文为主，这说明其更具有国际化，更容易传达至国外学术界，同时也说明其对中国社会的影响力是很有限的。因为语言关系，主要调查设计人必须依赖中国学生或助手，通过这样的合作，客观上也培养了中国社会学的最早人才。

更重要的是，他们将社会调查当作为"社会"诊病、治病的途径，通过社会服务与社会改良来达到解决社会问题。具体地说，就是通过立法、教育、控制人口、社会救济、卫生防疫等方法，逐步改善民众的生活品质。在这些传教士的努力下，产生了中国最早的现代意义上的社会调查，产生了中国第一个社会调查机构，而所有这一切，都为后来中国社会学的发展，划定了范围，确定了基础。①

二 信仰社会调查：留美学派的旨趣

社会调查是以系统的科学方法，调查社会的实际情况，用统计方法整理收集的材料，分析社会现象构成的要素。由此洞悉事实真相，发现社会现象的因果关系。根据调查的结果，研究计划改善社会的方案。社会调查是社会学的基础，也是建立中国社会学的基础。当时的社会调查

---

① 阎明：《中国社会学史：一门学科与一个时代》，清华大学出版社2010年版，第29页。

为今天社会史研究留下了大量的资料。

在社会学移植的过程中，中国的社会调查开始起步。促成中国社会调查起步和兴盛的原因有两个，一是外国人希望通过社会调查来研究和认识中国，二是外国人通过社会调查来解决中国社会和问题的方法，对于正在探究的中国精英知识分子有很大的启发，成为他们学习模仿的对象和榜样，同样希望通过社会调查来认识自己的社会。

民国年间，西方的社会学、人类学等注重使用社会调查方法的学科也逐渐开始走向成熟。这种重视现实改良分析的社会调查的需求在美国发展十分迅速，它的特点是"开始即为解决实际问题而作"，"完全为对付实际需要而来"①。在这样的观念和理念下，最早将社会学带入中国的基督教会和基督教学校的师生们，开始按照实证社会学的方法着手对中国社会进行了调查。对燕京大学社会学系创建人、均毕业于社会学和社会经济学专业的步济时和甘博等人来讲，尤其如此，更是将社会调查与社会改造结合起来。留日学生在传播社会学的早期岁月里可谓首当其冲，但美国传教士和留美学生则后来者居上。1918 年，陶孟和在《新青年》第四卷第三号上发表的《社会调查》中提倡开展社会调查，据目前所知，应该是中国人最早开展社会调查的提倡。在他看来，社会调查是一种从根本上进行的革命，是实现以科学方法改造社会的基础，是建设新中国的重要工具。他的这些思想和认知得到了当时很多学者的认同，并逐渐把社会调查作为研究社会、发现社会规律的一个基本方法。

1924 年，由甘博个人出资，燕京大学社会学系开始聘请中国社会学者许仕廉来主讲社会学原理等。之后，又聘请了陶孟和、李景汉（主讲社会调查与研究方法）、朱友渔②等人来系任教。燕京大学社会学系逐渐从一个由外国主持授课的社会学系，发展成为一个由中国人主持，以重视社会调查，以改良中国社会、实现社会学中国化为目的的社会学系。

---

① 吴文藻:《西方社区研究的近今趋势》，《吴文藻人类学社会学研究文集》，民族出版社 1990 年版，第 152 页。

② 朱友渔（Andrew Yu‑yue Tsu，1886—1986），早年就读于上海圣约翰大学神科，1912 年获美国哥伦比亚大学社会学博士，博士学位论文为《中国慈善事业的精神》（*The Spirit of Chinese Philanthropy：A Study in Mutual Aid*，1912）。回国后任圣约翰大学社会学教授，后转任基督教会，曾任中华圣公会云贵教区主教。

许仕廉还联合了孙本文等南北方知名社会学者，于 1930 年成立了中国社会学社，创办了《社会学界》① 及《社会学》杂志，聘请了言心哲、倪逢吉、张鸿钧、严景耀、关瑞梧、雷洁琼，兼职教师有朱友渔、章元善、朱积中等。

许仕廉在 1925 年的《对于社会学教程的研究》中，提出了办理燕京大学社会学系的指导思想，其中主要内容之一即是"特别注重社会调查，使学生明了中国现实的社会情况，并掌握收集科学材料的方法"，"一切课程计划要符合中国现实社会的需要"。号召每个学生选择一个社会问题进行研究，以深刻了解中国社会。对广大学习社会学的同仁来讲，通过社会调查来学习社会学学科，不但是专业要求，也是专业的目的。由于许仕廉的大力推动，社会学系逐渐形成了理论、社会工作、社会调查三者并重的学科建设体系。② 这种工作发展模式一直持续到 50 年代社会学系被取消，而这种三位并重的理念是社会学一直到今天无论从教学到研究都关注的理论和实践构架体系。

1926 年，燕京大学社会学系明确开设社会调查课程，由留美教授李景汉讲授。除了讲课外，李景汉还带领学生对燕京大学附近的黑山扈、海淀、成府、挂甲屯等地的 146 户农民家庭进行实地调查，将调查成果写成《北平郊外之乡村家庭》（1929 年商务印书馆出版）一书，反映了北京下层民众生活的艰辛与贫穷。这是我国"第一个"由中国人进行的农民家庭情况的调查报告，成为以后人们进行"家庭调查的蓝本"，在方法上贡献很大。③

燕京大学历任主任许仕廉和之后长期在社会学系任教的杨开道堪称燕京大学社会学系师生早期从事社会调查的领军人物。在他们的亲自实践、努力和推动下，燕京大学的社会调查无论从数量上到质量上都在当

---

① 该刊的宗旨是"一是继续负起已停刊的《社会学杂志》的使命，二是为了中国的社会学者整理中国社会学的材料，有自己的田地可以耕耘"。见"编辑者言"，《社会学界》第 1 期，1927 年。

② 许仕廉：《燕大社会学系教育方针商榷》，《燕大周刊》第 104、105 期，1926 年；《建设时期中教授社会学的方针及步骤》，《社会学界》第 3 期，1929 年；《对于社会学教程的研究》，《社会学杂志》第 2 卷第 4 期，1925 年。

③ 张玮瑛等：《燕京大学史稿》，人民中国出版社 2000 年版，第 343 页；杨雅彬：《近代中国社会学》，中国社会科学出版社 2001 年版，第 82 页。

时是一流的。燕京学派的代表作,费孝通的《江村经济》和林耀华的《金翼:中国家族制度的社会学研究》也是其毕业留学欧美时完成的。

三 以改造为目的的社会调查:以清河、 定县、汶上为例

在认同社会调查是科学认识社会的方法的前提下,20 世纪 30 年代,燕京大学社会学将调查的重点从城市逐渐放在农村社会调查上,这是中国社会危机、世界局势和基督教会共同关注和发力的结果。

在世俗社会重视农村社会问题的同时,世界基督教会也很重视农村问题。1928 年,世界基督教协进会在耶路撒冷召开大会,提出了"建造基督教的乡村文明"的口号,世界各地的基督教会将乡村作为工作重点。1930—1931 年,美国平信徒海外传教事业调查团给予中国基督教会的乡村工作很高的评价,但也提出建议,应该集中力量建设乡村建设中心。1931 年,重视农村建设、努力通过农村农业改革的美国农业之父白德斐(Kenyon L. Butterfield)再次来华,他提倡农村工作,推广乡村社会理念,而燕大社会学系主任、著名农村社会家杨开道正是这位白德斐的博士生。

对中国这样一个传统的农业国家而言,农村问题始终都是最重要的社会问题。近代社会危机的进一步加深,使更多农村和农民陷入了衰败和挣扎,同时越来越引起整个社会的更多关注。在农业人口高达 90% 的民国年间,农村问题也就是中国的问题。为了寻找治疗病症的方法,各路人马都逐渐采用了更为科学和专业的手段,来探求一种解决农村问题的方法。

事实上,对农村的调查和分析可能是当时学术界最热门和最具有吸引力的话题之一。政体的改变并未改变中国这个农业国家的事实,这是当时中国年轻学者所面对的。现实的情况是,如果学术不处理农村问题,就等于承认自己的研究只以社会的极小部分为对象,等于承认自己没有以社会和世界最大多数的利益为根本关怀,这不符合这些社会科学家对自己学科的基本认识。于是,以现实数据为基础的科学只能在形形色色的农村调查中生长出来。定县调查的五篇序言,都强调实地调查的意义,指出这是"系统的科学研究"所不能缺少的方法,并赞扬调查对于筚路

蓝缕的"中国化的社会科学"具有重要意义。这些序言不约而同地表达出一种"前无古人"的当然认识，其实是引人注目的。这些知识精英们确信，自己与过去几千年的各类谈论农业和农村的书生士大夫们，没有任何共同点。当时时代思想已确定"中学已不能为体"，必须有一个新的传统被建立起来，这也成为学科本土化的最基本内容，因此，"燕大社会学系在社会学中国化上也有两方面的工作，一方面是参加平教会和乡村建设的工作，并且在北京郊区建立清河调查试验区"。①

这从众多的农村调查中就可以看出，他们的农村调查都有强烈的复兴农村和改造农村的初衷，旨在了解农村社会的真实情况，作为复兴农村的基础。李景汉多次强调，中国今日的社会调查，要特别注重应用，而不要纯为研究学理，求得知识，只"为调查而调查"，不举行调查则已，举行调查必有一清楚的目的，使人们根据调查的结果来改善社会实际生活，解决社会问题，增进人类幸福。②

农村调查和农村建设实验一直是燕京大学社会学系教学和研究的重点工作，30 年代初还开设了"农村社会学"和"中国农村运动"等课程。在很大程度上，燕京大学开展农村调查的繁荣景象，也顺应了这一时期农村危机日益加深、乡村建设运动蓬勃兴起的社会环境。③ 这时的燕京大学社会学系师生们，不仅深入了解中国的农村调查，更在调查之后，进行了一系列的农村建设实践。因为"受过五四运动震动过的青年学生不可能满足联系中国实际的以引进西学为主的社会学。"④ 其中，最为知名的是河北昌平县清河镇调查、山东汶上调查、河北定县调查。

清河调查和改造

农村问题格外受到关注，特别是美国洛克菲勒基金会也将基金转移到农村建设方面上来。1928 年，燕京大学社会学系开展了将学术研究与社会服务相结合，以达到与社会改造相结合的尝试，同年，燕京大学社

---

① 费孝通：《略谈中国的社会学》，《社会学研究》1994 年第 1 期。
② 李景汉：《实地社会调查方法》，北平星云堂书店 1933 年版。
③ 王贺宸：《燕大在清河的乡建试验工作》，《社会学界》第 9 期，1936 年。
④ 费孝通：《略谈中国的社会学》，《社会学研究》1994 年第 1 期。

会学系获得美国洛克菲勒基金会的 2000 美元的资助。许仕廉等众人认为对一个特定地区进行定量分析可能会更有价值，更能产生有针对性的社会改造案例。由燕京大学社会学系许仕廉任主席，农村社会学家杨开道[①]为秘书和实际调查指导者，在清河镇开展了长达两年的农村社会调查，试图从中国固有的民众仪式和实地环境中寻找改进农村的途径。清河位于燕京大学北边 4 公里处，步行 1 小时即可到达。调查范围包括 40 个村，面积达 200 多平方公里，22444 名人口，3996 个家庭。[②] 根据初步调查和反复研讨，他们制定出包含 12 个问题的详细调查大纲，即历史背景、地理背景、生态关系、人口、家庭婚姻、经济状况、政治状况、教育状况、健康与卫生、宗教信仰、游戏、社会病态。

1930 年，出版了杨开道、许仕廉等与学生共同完成的《清河的社会学调查报告》(*Ching Ho*: *A Sociological Analysis*, *the Report of a Preliminary Survey of the Town of Ching Ho*, *Hopei*, *North China*)，内容包括历史、地理、生态、人口、家庭和婚姻、商店、经济、经济机构、政治、教育、宗教等各个方面，又以中文题名《一个市镇调查的尝试》，发表在《社会学界》第 5 期，1931 年上，成为我国的"第一部"市镇调查报告。[③]

根据调查结果，提出了五项社会改造的措施。一是成人教育。根据当地居民的文盲率极高，男子为 45%，妇女为 96%，应该开办识字班和图书馆等。二是儿童教育。6—11 岁的学龄儿童入学率仅为 45%，可将已经停办了的小学重新开放，由燕京大学师生义务教学。三是医疗。农村

---

① 杨开道（1899—1981），湖南新化人。1924 年毕业于南京高等师范农科，先后获得衣阿华农工学院农业经济硕士和密歇根农业大学农业经济学博士。历任复旦大学、中央大学农学院、燕京大学社会学系教授，曾任社会学系主任、燕京大学法学院院长。1930 年与众人发起成立中国社会学社，任副理事长。1936 年发起成立华北农村建设协进会。1949 年后，任武汉大学农学院院长、华中农学院院长、湖北省图书馆馆长等。一生致力于农村社会学的教学和研究，"强调理论研究和实地调查相结合，主张用科学的方法去研究中国的农村，达到改良农村组织，增进农人生活的目的"。著有《农村社会学》（1929）、《社会学研究法》（1930）、《社会学大纲》（1931）、《农场管理》（1933）、《农业教育》（1934）、《农村问题》（1937）、《中国乡约制度》（1937）等。其中代表作《农村社会学》介绍了美国的农村社会学对农村社会的特征与农村生活的基本原理。

② Dwight W. Edwards, *Yenching University*, New York: United Board for Christian Higher Education in Asia, 1959, p. 286.

③ 杨雅彬:《近代中国社会学》，中国社会科学出版社 2001 年版，第 82 页。

民众看病困难，公共卫生意识淡薄，缺乏基本的卫生认识和习惯。为方便民众，请协和医院每周派医生来一至两次，收费低廉。还配合国民政府卫生署颁布的种痘条例，为当地民众施种牛痘。还从北平第一助产士学校请来助产士一名，特别开展接生、产前产后检查，普及妇女生育知识等。四是帮助农民建立销售合作社，提倡改良农副业，推广优质家禽养殖，向民众推广科学养殖的知识和品种。五是当地政府部门与人民合作，修建道路及排水系统，最终将清河镇建成本地区的模范镇。试验期间为7年，经费每年七八千元，前四年由燕京大学社会学系负担，之后逐渐增加自筹比例，七年后即全由当地筹办。

1930年，在清河镇正式成立了"试验区"。1932年，设立了调查研究、农村卫生、农村服务和农村经济四股，开办了家庭工艺厂、花生酱厂、毛织工厂、补习学校和医院，开展了儿童福利、职业训练、公共卫生、文化学习、公共娱乐、体育活动等福利事业；并根据当地需要，组织了信用合作社、消费合作社和小本借贷，试图以此发展和改善农民的经济生活。① 试验所计划包括乡村合作、公共娱乐、民众教育、家庭个案服务、童子服务、公共卫生、乡村图书馆，及演说团、农业推广、植树屯田、乡村调查等。②

清河试验区是我国"第一个"由大学设立的农村实验基地，给学生运用各种理论联系实际提供了实践的场所，"是给社会学系同学实习机会"。③ 调查过程中，社会学系的学生经常来"试验区"调查实习，或选一专题作调查、写论文，或参与各项服务活动。社会学系学生以清河为调查基地，撰写了多篇论文，如王武科的《中国消费合作运动研究举例》（1933年学士毕业论文）、李鸿钧的《清河小本贷款研究》（1934年学士毕业论文）、邓淑贤的《清河试验区妇女工作》（1934年学士毕业论文）、

---

① 王贺宸：《燕大在清河的乡建试验工作》，《社会学界》第9期，1936年；许仕廉：《一个市镇调查的尝试》，《社会学界》第5期，1931年；《燕京大学社会学及社会服务学系1933—1934年年度报告》，《社会学界》第8期，1934年。

② 许仕廉：《燕京大学社会学系研究与推广工作》，见中华全国基督教协进会编《中华基督教会年鉴》（1929—1930年），中华全国基督教协进会1930年版，第135页。

③ 许仕廉：《燕京大学社会学系研究与推广工作》，见中华全国基督教协进会编《中华基督教会年鉴》（1929—1930年），中华全国基督教协进会1930年版，第135页。

邱雪巍的《一个村落社区产育礼俗的研究》（1935 年学士毕业论文）；
《清河小学》（1935）、《清河合作》（1935）、《燕大社区服务个案之分析》
（1941）。尤其可称道的是，其中还有论文发表在当时最有品质的社会学
刊物上，如万树庸的《黄土北店村社会调查》（《社会学界》第 6 期，
1932 年，1932 年学士毕业论文）；蒋旨昂的《卢家村》（《社会学界》第
8 期，1934 年，1934 年学士毕业论文）；王贺宸的《燕大在清河的乡建试
验工作》（《社会学界》第 9 期，1936 年）；黄迪的《清河村镇社区：一
个初步研究报告》（《社会学界》第 10 期，1938 年）。燕大清河试验区研
究股还在当时的《北平晨报·社会研究》上经常向社会介绍清河镇的各
类调查成果和相关信息，扩大社会影响。如《河北昌平县概况》，发表在
《北平晨报·社会研究》周刊第 5、6、7 期，登刊日期分别为 1933 年 10
月 4 日、11 日、18 日；《礼俗调查的尝试：北平清河镇左近四十村》，
《北平晨报·社会研究》周刊第 40、41、43、46、47、48、49、51 期，
登刊日期分别为 1934 年 6 月 27 日，7 月 4 日、11 日，8 月 1 日、8 日、
15 日、22 日，9 月 5 日。

　　清河试验区的成立标志着该系的工作重点由城市转入乡村，这顺应
了当时全国乡村建设的潮流。自成立以来，在经济、社会和卫生等方面
做出了贡献。[1]

　　虽然当时全国上下都在从事乡村建设实验，但清河试验区却有其特
色，即充分利用了燕京大学社会学系的优势。时人曾专门指出他们的典
型特色："他们所举办的事业，只求适合现有经济能力，所可担负的程
度，决不求若何铺张，并且要根据本地民俗风化，与实际环境，找出合
宜的社会控制技术。"[2]

　　社会的改良进步最需要的是稳定的环境和充裕的时间，而这恰恰是
近代中国所最缺少的两个条件。1935 年，将社会学系并入后成立的法学
院，还设置了农村建设科。清河镇的调查和试验，一直进行到"七七事
变"后，时局动乱，活动才被迫停止。

---

① 　王贺宸：《燕大在清河的乡建试验工作》，《社会学界》第 9 期，1936 年。
② 　苗俊长：《中国乡村建设运动鸟瞰》，《乡村改造》第 6 卷第 1 期，1937 年，第 17 页。

河北定县调查

1928 年 6 月，中华平民教育会成立了统计调查处，后改为社会调查部。1929 年秋，总部从北平迁至定县，以全县为试验区，社会调查工作也扩展到了全县。与此同时，李景汉被平教会聘请为调查部主任，在定县住了七年。在实地调查基础上，社会调查部发表了大量调查资料，如《定县社会概况调查》《定县农村工业调查》《定县秧歌选》《定县农民教育》等，成为民国年间乡村社会调查史上最为经典的成果。《定县社会概况调查》是中国"第一次"以县为单位的系统的实地调查研究著作，分为 17 章，分别从地理环境、历史、政府机构、人口、教育、健康与卫生、农民生活、乡村娱乐、风俗习惯、信仰、赋税、财政、农业、工商业、农村借贷、灾荒、兵灾 17 个方面对定县的基本社会情况进行了全面描述。涉及内容最为广泛，资料极为丰富，堪称第一部中国农村生活的百科全书。许仕廉还以昌平清河和定县两地调查为例，撰写了《中国北部人口的结构研究举例》（《社会学界》第 5 期，1931 年）。

燕京大学社会学系还带领学生到定县试验区学习，开展乡村社会实地调查，进行四项教育。1933—1934 年，社会学系师生对定县社会、经济、教育、生活情况进行了全面的调查，编写出多篇论文。如张世文的《定县的新年娱乐》（《社会问题》第 1 卷第 1 期，1930 年）；张折桂的《华北农村社会的婚姻状况：定县的大王耨村》（《社会问题》第 1 卷第 2—3 期合刊，1930 年）；张折桂的《定县大王耨村人口调查》（《社会学界》第 5 期，1931 年）；张折桂的《定县大王耨村社会组织概况》（《北平晨报·社会研究》周刊第 19、20 期，1934 年 1 月 17 日、24 日）；张折桂的《一个村庄土地问题的研究：定县大王耨村》（《北平晨报·社会研究》周刊第 36 期，1934 年 5 月 30 日）；张折桂的《河北定县八村土地问题的研究》（《北平晨报·社会研究》周刊第 56、57 期，1934 年 10 月 17 日、27 日）；黄华节的《从歌谣窥察定县家庭妇女的地位》（《北平晨报·社会研究》周刊第 59 期，1934 年 11 月 7 日）。

1931 年，燕京大学社会学系甘博与中华平民教育促进会合作进行定县农村调查，他任中华平民教育会研究部干事，是该协会中唯一的外国人。社会调查部主任李景汉对他非常感谢，说甘博"对于定县社会调查甚为热心，数年以来关于调查的计划与方法方面指导很多，对于经济方面曾给予慷慨的援助"。① 甘博多次赴定县参加调查和工作，再回到美国后认真修改自己的调查成果，并于 1954 年出版了英文专著《定县：一个华北乡村社区》（*Ting Hsien：A North China Rural Community*）。

山东汶上试验区

基督教会也努力为农村服务和改造有所作为。1932 年底，为了建立更有效率的工作组织，在美国洛克菲勒基金会的资助下，燕京大学教务长司徒雷登（John Leighton Stuart）出面组织了由美国基督教北长老会、美国基督教美以美会、英国基督教伦敦会、燕京大学等组织成立的华北基督教农村事业协进会（North China Christian Rural Service Union）②。1936 年 4 月，包括更多组织机构的"华北农村改造协进会"在北平成立，由中华平民教育促进会、清华大学、南开大学、燕京大学、金陵大学和协和医院六个单位相互配合，培训农村工作人员，燕京大学社会学系直接参加了这项活动。推晏阳初为主席，杨开道为试验区主任，南开大学经济系的何廉为研究部主任。项目具体由燕京大学社会学系张鸿钧教授主持③，分别在定县及山东济宁两地进行。1935 年，张鸿钧带领多位师生前往山东汶上县建立新的乡村建设基地，为便于协调管理，山东省政府还任命张鸿钧为汶上县县长。同时还在济宁成立了"乡村服务人员训练处"。1937 年抗战爆发，原定计划未能实现。写出报告的有廖泰初的《动荡中的中国乡村教育》、田兴智的《汶上县田赋征收制度研究》。学生论文有《汶上县的教育》（1936 年学士毕业论文），《汶上民政研究》（1936 年学士毕业论文），《汶上县小学教师之研究》（1937 年学士毕业论文）。

---

① 李景汉：《序》，见李景汉编著《定县社会概况调查》，中华平民教育促进会 1933 年版，第 5 页。

② 它是中国基督教乡村建设中第一个宗派联合组织。由基本会员团体和协作会员团体两部分组成，基本会员有美国基督教长老会、卫理公会华北年议会、伦敦会华北区议会。协作会员团体有燕京大学、齐鲁大学、金陵大学。

③ 张鸿钧（1901—1973），1925 年毕业于燕京大学社会学系，后成为甘博的调查助理。1927 年到美国西北大学社会学系研究社会工作，获得洛克菲勒基金会奖学金，转入芝加哥大学社会行政研究所，获得硕士学位，论文题目为《英国老年恤金制度》。回国后任燕京大学社会学系教师。

四 认识和改造：社会调查的意义

据燕京大学社会学系刘育仁统计，自1927年到1935年，国内大小规模的调查报告共有9027个，其中1739个是属于全国性质的，其余7288个是属于地方的，如省、县、城、村等。[①] 整个清末民国时期，社会调查的数量大、载体多，据黄兴涛老师等人的研究估计，其总量恐不下于3万种，调查范围也极为广泛，涉及政治、经济、军事、文教、卫生、交通、婚姻家庭、宗教、习俗、人口、社会阶层与组织、灾害与环境等各个方面，内容极为丰富。从1918年北京大学陶孟和教授发表《社会调查》一文起，至1937年抗战全面爆发前，这20年间，中国学术界出现了一场"中国社会调查运动"，其影响已经超出了社会学一门学科的范围，扩大到了整个知识界和学术界。[②]

据许仕廉1927年对国内60所各类性质大学开设社会学课程状况的调查，所有这些大学共开设社会学课程308门，其中以社会理论、社会问题最为普遍，而开设社会调查、社会立法与社会服务的，只有38门。据孙本文先生统计，至1930年中国社会学社成立之时，各大学设有独立的社会学系已有11所，与历史学系合设2所，与政治学系合设2所，与人类学系合设1所，共16所。[③] 直到1949年前夕，全国有22所大学或学院设置了社会学系或历史社会学系、社会事业行政学系，其中10所是教会学校，而美国人办的学校占8所。其中金陵大学、燕京大学、沪江大学、岭南大学这样的教会大学早在20年代就办了社会学系。[④]

从人类历史长河来看，人类为了自己的生存，随时随地都必须了解自己和所处的社会，否则便不能生存。但人类并非从最初就认同社会调查这个获得社会信息的方法、了解社会的途径，或者社会调查虽然出现了，却并未出现发展到全社会皆认同的程度。

---

① 赵承信：《社会调查与社区研究》，《社会学界》第9期，1936年，第157页。

② 阎明：《一门学科与一个时代：社会学在中国》，清华大学出版社2004年版，第72页。

③ 孙本文：《当代中国社会学》，胜利出版公司1948年版，第225页。

④ 韩明谟：《中国社会学一百年》，《社会科学战线》1996年第1期。

　　社会调查究竟起源于何时，是一个还有争议的、需要探讨的问题，因为它涉及对"社会调查"的内涵的不同理解。一般来讲，社会调查有广义和狭义之分。广义的社会调查在传统中国也曾存在过，如司马迁在撰写《史记》、徐霞客在撰写《徐霞客游记》的过程中，也曾遍访名山大川，回到事件当地进行了解调查。中国历史上最大面积的社会调查可以称为对土地和人口的调查，这是国家征税和征兵的基础。狭义的社会调查则通常是把社会调查当作一种现代性的事物，它虽然仍以询问、实地观察、征集问卷等方式来获取资料和信息，但对资料信息的分类整理，比传统调查要严密和系统很多，并在此基础上逐渐向着一种独立的学科方向来对待和运作。而且在调查范围上，也不像传统调查那样仅局限于户口、土地财产，而是涉及社会生活的方方面面，在调查宗旨上，也不仅是征取劳役和赋税，而是更具有社会改革、服务社会或从事学术研究的目的。在调查方法和手段、调查主体的构成及整个自觉程度和意识等方面，狭义的社会调查也明显超出了传统的社会调查。

　　现代意义上的社会调查最早出现于欧洲，是近代资本主义社会和学术发展的产物。按瞿秋白的认识，"是现代社会（资本主义）的产儿"。[①] 17世纪下半叶，一些学者和政府官员逐渐认识到，人口、土地和经济方面的统计数字，有助于了解基本国情和社会政体状况。欧洲不同国家都出现了这些用计量和比较的方法，对社会经济现象进行数量描述和数量分析，并运用计量和比较的方法进行国力比较研究。

　　阶级矛盾的不断激化，社会问题的日益严重，威胁着资本主义制度的稳定和生存发展。于是，一些社会改革家、慈善家开始围绕各种社会问题进行社会调查，企业寻找解决社会问题的途径，缓和阶级矛盾，解决社会问题。即使是为了了解新的社会现象、认清变化中的社会真实面貌，人们也需要通过调查掌握事实真相，确定行动和实践的准则。于是，在行政统计调查外，各种社会调查发展起来了。法国人黎伯勒"在当时实地考察工人生活所作的许多家庭账簿研究"中对问卷调查法做出了卓越贡献。他在调查中发现，家庭收支状况决定家庭生活，家庭消费与国

---

　　① 瞿秋白：《现代社会学》，见《瞿秋白文集》政治理论编第二卷，人民出版社1988年版，第396页。

家的社会政策之间有某种固定关系。他的这个调查表明，人们的生活水平，特别是生活消费数额在总消费数额中的比例，对社会结构的构成、社会公平的形成有很重要的影响。他的调查对后来的社会调查发展有重要的启示意义。德国统计学家恩格尔就是受到黎伯勒的启发而发明创立了恩格尔法则，又称恩格尔系数。

社会调查的最根本意义是如何着手认识社会，作为社会学研究的基本方法，它与传统治学方法不同。社会调查要从数量众多的普通人民的琐碎生活中，发现规律，提炼原理。社会调查在中国的运用和推广，意味着向传统思维方式及生活习惯的挑战。辛亥革命的成功并不意味着社会的进步。一些知识分子认为，只有进行社会改造，才能实现政治改造。这场变革就其社会意义来说，包括两方面的意义，一是打破传统，提倡民主与科学，即思想启蒙；二是目光向下，关注平民生活，以"到民间去"的口号为标志。社会学者们以"社会调查"的方式参与其中，起到了极为特殊的作用。这些问题或领域既是社会学研究所需要做的基础工作，也是中国社会当时所面临的基本问题。

在当时的学人看来，社会调查是人们认识和改造社会的方法，推动社会改良和社会进步的工具，学者们都试图从中找出"救国富民"的良方，都试图用改良的方法解决中国农村问题。通过认识农村从而达到改造农村社会的目的，都是基于"社会问题"的研究和实验。这种通过社会改良达到社会改造的认识，在社会学的创建之初已经成为它的基调，这从第一本社会学刊物的发刊词就可见端倪和源头。

统观民国年间的各类社会调查，基本上都遵守的是一种以社会调查来研究社会问题，以社会服务来解决问题的思路。所谓的"社会改造"是通过"社会服务"来实现的。"这些调查的最后报告基本上都是描述性的，并不对当时中国民众的非人生活明确表示不满与抗议，即使有建议，也是改良主义的，没有革命的要求。"[①] 赵承信认为"被唯物论目为布尔乔亚社会学的才是中国社会学的正宗"。[②] 正如胡绳在所言，"那时从西方传入中国的社会学，总的说来，是在保持原有社会制度的前提下，研究

---

① 宋林飞：《社会调查研究方法》，上海人民出版社 1990 年版，第 39 页。

② 赵承信：《中国社会学的两大派》，《社会研究》第 23 期，《益世报》1948 年 1 月 22 日。

如何解决社会问题,如何稳定社会秩序。"①

　　社会调查的繁荣和国人对其的认识升华意味着,科学作为一种精神和一种方法论已经不仅仅是自然科学研究的专利,在研究社会问题时,也必须遵循科学的原则,只有按照科学的原则建构的关于社会问题的学说和结论才称得上是科学的,才是令人信服的。欲解决社会问题必须改变原有的思维模式和方法论,社会调查显然符合科学和方法论的要求。19世纪末以后,国人唯书唯上的思维模式又转变为洋人的"书"、洋人的"上",盲目地整个把西洋的各种主义和制度介绍到中国来,想以此来解决中国的问题。陈独秀曾一针见血地指出:"中国人向来不认识自然以外的学问,也有科学的权威,向来不认识自然外的学问,也要受科学的洗礼,向来不认识中国底学问有应受科学洗礼的必要。"② 陈独秀的观察代表了国人反思过去的认识,反映着中国人对科学精神理解的历史性转变,反映着科学精神向社会科学领域的扩张和中国人价值观的转变。这或许是社会调查为什么在民国兴盛走向繁荣的最深层的内在原因所在。

　　近代中国社会,出现了大量的社会调查,涉及面之广、参与人群之多、持续时间之长,可以称之为任何时代都没有的特殊现象。其背后必须蕴含着深刻的社会原因,绝非简单的政治统治需要、外国入侵渗透、学术研究发展或商业利益就能简单解释得了的。不管人们从事社会调查的思想方法、价值目的有如何不同,有一点是相同的,那就是人们不再盲目地崇拜神灵或先哲。

五　余论

　　社会调查是一场"真正的革命",是"以有系统的方法从根本上来革命,""是要实现以科学的程序改造未来的社会,是为建设新中国的一个重要工具,是为中国民族找出路的前部先锋"。③ 在这些有志于用新知识

---

　　① 韩明谟:《中国社会学一百年》,《社会科学战线》1996年第1期。
　　② 陈独秀:《新文化运动是什么》,《陈独秀文章选编》上,生活·读书·新知三联书店1984年版,第512页。
　　③ 李景汉:《社会调查在今日中国之需要》,《清华周刊》第38卷第7、8期合刊,1932年。

新方法来改造和服务社会的民众心目中，传统那根深蒂固的"唯书唯上"的知识观，已经逐渐被注重物理实证和社会实践的观念所代替。他们逐渐认定社会理论来源于实地考察与研究，也强调社会调查对社会理论的修正和提升意义。民国时期社会调查的重要作用就在于让人们对中国社会有了去认识的兴趣以及继续研究的基础。①

由于社会调查所具有的本质特性，使得社会学学者们从一开始就把眼光放在了社会底层，即使是为了了解社会现象的纯粹学术调查，也不会选择对社会精英阶层进行调查，而是把目光放在了社会的普通阶层。"调查工作不是为了调查而调查，必须要着眼于社会的实际的改造。"② 而这些调查的资料成为我们今天研究近代社会史的最佳依赖和最大来源之一。

在这个漫漫的社会历史和思想文化转型过程中，世界基督教会、美国基督教传教士、中国基督教会大学确有引领和创建之功。

相对其他国家的社会学发展而言，中国社会学创建、社会调查的模式发展与美国基督教会和美国社会学有着更加广泛密切的关系。一是在美国基督教会的倡导下，中国最早的社会学系大多创办在教会学校中。二是庚款留学，开办留美学校，中国很多著名的社会学家都曾留学美国。这两方面的措施，对中国社会学的生长起到了更加深远的影响。

最早的调查始于外国来华传教士。在真正意义上的科学和社会调查兴起之前，外国传教士因传教的需要，一般在某地停留多达几十年，都以自己的亲身见闻对中国农村进行过非常系统的记录和描述。美国传教士明恩溥（Arthur S. Smith）在山东、天津、河北等地传教四十余年，1899 年出版了《中国乡村生活》（*Village Life in China*）一书，该书曾备受鲁迅等关心中国社会的学者推崇。无论在当年从事社会调查的学人，还是今天学术史研究的学者看来，这书所记载的内容有许多主观的见解和感受，不能称之为真正意义上的社会调查，"但调查的发端，实由此开始"。③

---

① 费孝通：《中国社会学的成长》，《燕大文史资料》第 2 辑，北京大学出版社 1991 年版，第 153 页。

② 晏阳初：《序》，见李景汉编著《定县社会概况调查》，上海人民出版社 2005 年版，第 2 页。

③ 张锡昌：《为什么要举行农村社会调查》，原载张锡昌编《农村社会调查》，黎明书局 1935 年版，见陈翰笙、薛暮桥、冯和法合编《解放前的中国农村》第 3 辑，中国展望出版社 1989 年版，第 11 页。

　　传教士做的调查从基督教社会服务的理念出发，社会学者从批判传统治学方法出发，为的是在中国建立社会学，并最终实现一个真正根基于民主与科学的社会。中国学者对中国历史和现状了解得更为深切，在运用西方的研究方法时，能够更切合中国的实情，调查结果也更为精细可靠。在数量规模和影响上，中国学者都远超过了外国学者。对中国这样一个长年注重"精英文化"的国家而言，实地调查的意义非同小可。它绝不是在于描述某些社会现象，获得一些具体的统计数字，从而认识社会事实。社会调查更重要的贡献在于它触及了在整个思想观念上如何着手认识、解决中国的问题。

第 六 章

技术改进:金陵大学
农学院与农业现代化

　　中国千年都以农立国,农业从来都是历朝历代的立国之本,但从农业技术发展的角度来讲,中国却不是农业强国。从中央到地方都没有相应的专职农业教育或研究机构和人员,农业的各方面都处于"靠天吃饭"的近自然原始状态。中国一直是农业大国,晚清以来,虽然中国社会对农业进行了一些改革,但更多关注的是工业、军事、城市等更容易吸引注意力的方面,对农业、农村、农民的关注相对较少。对广大农村农民生活更为切实的农业,如何开展现代转型,引领向科学现代的方向发展等,基督教会和基督教传教士们发挥了一定的作用。

　　20 世纪初期,农村人口占总数的 85% 以上。[1] 落后的农业生产技术,低下的劳动生产率,频繁发生的自然灾害,连年不断的军阀混战,西方列强的经济侵略,使中国农村经济处于崩溃的边缘。在生产力落后的条件下,农业发展主要依靠人力集约下的精耕细作来完成,但同时也刺激了乡村人口的增长,使人地关系一直处于紧张状态。落后的农业生活技术、生产工具和低下的劳动生产率,已经使单位生产量增加到极限,却仍然无法满足农民的最基本的生存需要。

　　20 年代初期,中国知识分子和本土教育机构几乎都将改造中国的兴趣和重心转到了乡村,如中华平民教育促进会和晏阳初,梁漱溟和邹平乡村试验,陶行知和晓庄师范学校、黄炎培及中华职业教育社等。他们

---

　　① 私立金陵大学农学院编:《私立金陵大学农学院概况·第 1 号》,私立金陵大学农学院1931 年版,第 17 页。

将农业建设置于社会文化发展的广泛视野中考虑，认为中国农村问题基本上是乡村教育问题，所以改进农村教育、提高农民素质是改良农村的唯一正途。留学归来的农业科技工作者过探先、邹树文、钱天鹤、沈宗瀚、谢家声、章之汶等人，则从农业技术创新和改良的角度来看待农业和农村社会的发展，认为农村改进的根本问题是提高农业生产力问题，因此改良作物品种，提高农业技术水平是改良农村的最优策略。他们的声音成了中国农业现代化的主流，而他们的认识和行动则与来华的农业传教士有着密不可分的关系。

以往的中国农业史和农业教育史研究中，中外学者对金陵大学农学院特别重视和关注，研究也较其他农业学校和机构深入很多，出版了大量的研究成果。[①] 这些论著忽略了金大农学院最早创建人与世界农业传教运动之间的关系，金大农业传教士派遣的背景和源流，以及他们所开展的农业教育和技术现代化的开拓性事业。缺少从现代化和外国思想中国本土化的角度来研究，特别缺乏传教运动和中国农业现代化之间关系、农业传教士与农业技术现代化之间关系的研究。

一 世界农业传教运动的兴起

在社会福音神学思想的影响下，美国基督教会逐渐认识到，基督教会不仅是人们宗教生活的管理者和引领者，而且应该对人们的精神生活产生影响，同时在乡村世俗物质建设中起到更重要的作用。让基督教会成为乡村所有工作和活动的领导者和管理者，最终建立一种基督化的社会，基督化的社会应该成为基督教会最根本追求的目标。

---

① Randalle Stross, *The Stubborn Earth*: *American Agricultural on Chinese Soil*, *1898－1937*, University of California Perss, 1986；周邦任、费旭主编：《中国近代农业高等教育史》，中国农业出版社 1994 年版；陈意新：《美国学者对中国近代农业经济的研究》，《中国经济史研究》2001 年第 1 期；校史编委会编：《南京农业大学史 1902—2004》，中国农业科学技术出版社 2004 年版；盛邦跃：《卜凯视野中的中国近代农业》，社会科学文献出版社 2008 年版；刘家峰：《中国基督教乡村建设运动研究（1907—1950）》，天津人民出版社 2008 年版；沈志忠：《近代中美农业科技交流与合作研究》，中国三峡出版社 2008 年版。

美国著名农学家、被誉为"美国农业之父"的白德斐（Kenyon
L. Butterfield）① 对推动美国基督教会认识农业传教运动意义、对世界农业传教运动产生了深远影响。作为一名虔诚的基督徒，他从 1900 年开始就多次提醒基督教会注意美国农业所存在的问题以及乡村教会所面临的危机。他认为 19 世纪的农业是个体性的、粗放的，甚至是掠夺性的，随着科学技术的发展和运用的范围扩大，20 世纪的农业将成为精耕细作、以科学为基础、以合作为主要方式的新型农业。而没有农业的长久繁荣，也就没有振兴繁荣的乡村教会，基督教会对解决这些乡村问题是负有最大责任的。② 基督教会不仅是宗教生活的管理者，也应该在乡村建设中扮演更重要的角色，乡村牧师不仅需要在精神层面有所指导，还应当成为当地社区领袖，接受如农业耕作、农场管理、农业教育等方面的培训。③

为推动白德斐倡议的基督教乡村运动，1915 年 12 月，美国基督教联合委员会下属的"基督教会与农村生活委员会"，在俄亥俄州召集了第一次全国性的教会领袖会议，讨论现代条件下教会在乡村生活中的新问题，以及如何加强教会的农村工作。这次大会后，美国农村建设运动在全国范围内逐渐兴起，农业传教士作为一种新型的传教人群开始形成。

所谓"农业传教"（agricultural mission）也常被称为"乡村传教"（rural mission），乡村比农业含义更广泛些，但在实际运用上并没有什么区别。白德斐曾把农业传教士细分为四类：一是做研究员和教师的科学家，主要是为当地培训人才；二是能为当地农民解决实际问题的农业专家；三是受过社会科学训练并能将其运用于当地农村经济发展和社会生

---

① 白德斐于 1868 年出生于美国密西根州，1906 年任麻省农业大学校长。1908 年受罗斯福总统委任进行乡村生活调查，后受威尔逊总统委任为赴欧洲调查农村银行团的团员。1920 年，他协助组织成立了世界农业协会，担任第一任主席。见白德斐《改进中国农业与农业教育意见书》，北京教育部，1922 年，第 1 页。

② Kenyon L. Butterfield, *The Country Church and the Rural Problem*, The University of Chicago Press, 1911, Preface, v – vii；转引自刘家峰《中国基督教乡村建设运动研究》，天津人民出版社 2008 年版，第 26 页。

③ Kenyon L. Butterfield, *The Country Church and the Rural Problem*, The University of Chicago Press, 1911, p. 93；转引自刘家峰《中国基督教乡村建设运动研究》，天津人民出版社 2008 年版，第 26 页。

活的社会工程师；四是经过训练的乡村牧师。① 从中我们可以看出，农业传教士更多地强调其作为农业专业人员的科学性和技术性，为推动农业改良和发展的现代化起到积极的作用。

农业传教士不仅活跃于国内，更作为一种新的传教力量被大量派遣到海外国家开展服务工作，一场世界范围内的农业传教和乡村建设运动就此展开。在 20 世纪农业传教运动中，美国作为其起源地和农业传教士的主要输出国，美国基督教会无论在人才、资源、经费方面，还是在农业知识和技术经验方面，都一直占据主导地位，对整个世界的农业传教工作影响很大。1920 年，美国和海外的一批农业传教士在纽约组成了农业传教国际联合会，聚集基督教各宗派的乡村工作人员和农业传教士，开展对各国的农业研究和农业工作研究，逐渐使大家认识到农业传教的巨大价值。

由于城市的交通便利、人口密集、资源丰富等诸多因素，来华的基督教各宗派逐渐都形成了重城市轻乡村的传教策略和方针。19 世纪末期的基督教会，都将沿海地区或沿长江地区的相对发达的城市作为努力发展的地域。据中华续行委办会统计，1915 年有 66% 的传教士和 34% 的中国职员居住在 5 万人口以上的大城市里，但 176 个这样的城市人口却只占全中国人口总数的 6%。②

虽然农业传教士的名称在早期还没有被确立，但在现实中也的确有一些基督教会和传教士通过农业技术改良的方式在进行传教工作，改变着中国的农业状况和乡村社会。如 1871 年，美国基督教长老会传教士倪维思（John L. Nevis）在烟台毓璜顶开辟果园，从美国直接引进了苹果、梨、葡萄等果树，与中国果树进行嫁接，著名的"烟台香蕉苹果"就是与美国品种嫁接的产物。他还建立了示范农场"广兴果园"，将培育的新品种赠送给附近农民。1890 年，美国基督教长老会传教士梅理士（Charles Rogers Mills）将美国大花生良种（俗称大洋生）在胶东一带进

---

① Kenyon L. Butterfield etc. , The Christian Mission in Relation to Rural Problem，*The Jerusalem Meeting of the International Missionary Council*，Vol. VI，New York and London，1928，pp. 15 – 16；转引自刘家峰《中国基督教乡村建设运动研究》，天津人民出版社 2008 年版，第 23 页。

② 中华续行委办会调查特委会编：《中华归主：中国基督教事业统计》上册，蔡詠春等译，中国社会科学出版社 1987 年版，第 88 页。

行试种成功。① 经过数年推广，花生已经成为山东近代主要出口经济作物。但这些零星的农业技术改良活动都局限在个人兴趣和工作上，没有引起更多传教士的关注，更没有成为一种新型传教方法在基督教会内确立并进行推广。

1907 年，美国基督教长老会派出了第一位到南美洲的农业传教士 Benjamin H. Hunnicutt，他在巴西创办了一所农业技术学校。同年，第一位受过农业专门训练的农业传教士高鲁甫（George Weidman Groff）来华，被派至广州岭南学堂任教。高鲁甫毕业于美国宾夕法尼亚州立大学，专攻园艺学。他在岭南学堂为喜欢农学的学生们开设了几门课，和其他几位农业传教士一起逐渐提高岭南学堂对农学的兴趣和认识，并在岭南建立了奶牛示范场和柑橘引种站。1917 年，岭南学堂将农学正式列为与文学、自然科学、社会科学并列的四组课程。1921 年，美国基督教会将岭南大学所附设的农科分离出来，成立了岭南农科大学，内设田艺、园艺、畜牧、蚕桑四系，1923 年又增设一年毕业的农业专修科，专门培养农业技术推广员。

1914 年，美国基督教北长老会派芮思娄（J. H. Reisner）来华，在金陵大学农科任教，是美国基督教会派出的第二位来华农业传教士。他是耶鲁大学森林学学士、康乃尔大学农学硕士，受过农业专业训练。1915 年，美国基督教北长老会派遣农业传教士卜凯（John L. Buck）到安徽北部宿州北长老会传教站专职发展农业工作，他于 1914 年毕业于康乃尔大学农学专业，是芮思娄的同学。1916 年，美国基督教公理会派遣农业传教士林查理（Charles Henry Riggs）来华，他是康乃尔大学农业工程硕士，先在福建邵武南门外白渚桥边创办了农林试验场，进行改良农具的研究和推广。② 后来，卜凯和林查理分别于 1920 年和 1921 年来到金陵大学农林科任教授。

1922 年，中华基督教协进会全国大会在上海召开，大会注意到中国有 80% 的人口居住在农村，依靠农业维持生活，认为基督教会在农村地区应该有所作为。协进会还成立了乡村教会与农民生活委员会，是成立

① 万书波编著：《山东花生六十年》，中国农业科学技术出版社 2009 年版，第 2 页。
② 李莉：《近代福建外国教会契约文书之研究》，福建师范大学，硕士学位论文，2003 年。

的六个专业委员会之一，负责研究乡村经济、福音传播、乡村学校、乡村教会、农业教育与推广、农村医疗问题等，以及调查、收集旨在改良中国农民的经济、社会和宗教条件的实验事例。[①]

农业传教士对中国的最大贡献之一就是创办发展了两所著名的农科学院：金陵大学农林科和岭南大学农科（在 1930 年后均改称农学院），他们把美国农业高等院校教学、科研、推广体制最早引进到了中国，为中国农业高等教育、人才培养、学科建立、科技推广等农业现代化做出了贡献。下面将以金陵大学农林科为主进行分析介绍。

二　农业教育现代化：金陵大学农林科的创建和发展

在基督教在华传教的过程中，美国对在中国建立发展现代教育体制比其他国家都呈现出更多的热情和更务实的努力。美国基督教会办学的目的是开展"基督化教育"，培养"基督化人格"，即"基督的牺牲和服务精神，以造就健全的国民，发展博爱精神，养成职业知能的根本"。[②] 依据中国著名农业学家沈宗瀚的意见，中国现代农业教育开始于 19 世纪后十年间，如 1897 年浙江设有"蚕学馆"，1895 年张之洞在江宁的储才堂中有"农政班"，1895 年设湖北农务学堂等。而在这些新型农学教育机构中，对中国农业教育和科学现代化最有影响的就是金陵大学农学院。[③]

金陵大学办学多年，最值得骄傲的是农学院的成绩，它也是最早成立农科的教会大学和最早实施四年制农科的大学。从 1914 年创建农科，到 1915 年创建林科，到 1916 年合并农林科，再到 1930 年改名为农学院，下属各专业系的创建都与农业传教士有极其密切的关系，而绝大多数的

① 中华全国基督教协进会编辑：《基督教全国大会报告书》，协和书局 1922 年版，第 256—257 页。

② 陈裕光：《回忆金陵大学》，见金陵大学南京校友会编《金陵大学建校一百周年纪念册》，南京大学出版社 1988 年版，第 16 页。

③ 沈宗瀚：《中国农业科学化的初期》，见沈宗瀚《沈宗瀚晚年文录》，台北：传记文学出版社 1979 年版，第 84—85 页。

专业系的创建系主任是农业传教士。

（一）裴义理和芮思娄：农林科的创建和发展

1910 年，美国基督教会成立了教会大学——金陵大学，当时设置有文理科、医科等，但没有农科。1914 年 2 月，任职金陵大学算学科的美国基督教北长老会传教士裴义理（Joseph Bailie）建议增设农科，得到金陵大学美国董事会的批准，其目标是"培养农事指导员"，裴义理就任第一任农科科长。1914 年秋，农科开始招收本科生。[①] 它是中国最早的四年制农科大学，当时北京农商部设立的林业学校已经解散，青岛林业学校因第一次世界大战也告停办，国内大专院校设立农科的只有金陵大学。[②]

1915 年，金陵大学设立林科，主任为芮思娄。1916 年，农科与林科合并成农林科，下设生物、农艺、林学等系。1916 年，裴义理辞职专理以工代赈事业，由农艺学教授芮思娄接任科长。他于 1914 年 10 月来华到农科任教，1916 年任农林科科长，直到 1928 年 8 月回国，任美国农业基金会秘书长等职。他任金大农林科科长达 12 年之久（1916—1928），"努力造成一个研究中国农业与训练中国学生的农学院"[③]，为农林科成为全国一流院系打下了最坚实的基础。农林科创立之初，经费无着，芮思娄四处奔走，努力从校外获得经费和资源，发展业务。[④] 他积极聘请了美国农业科学家和留学美国的中国农业学者任教农林科，并将美国农业高等教育的办学经验，特别是把康乃尔大学农学院的办学经验引进到农林科，如建立农林科统一领导的教育、科研、推广三结合的体制，使学校与社会保持密切联系，使学院从办学宗旨到专业设置，课程配置和教学、行政管理方面都按美国高等农业教育的模式办理。

---

① 私立金陵大学编：《私立金陵大学六十周年校庆纪念册》，金陵大学 1948 年版，第 36 页。

② 陈裕光：《回忆金陵大学》，见金陵大学南京校友会编《金陵大学建校一百周年纪念册》，南京大学出版社 1988 年版，第 16 页。

③ 沈宗瀚：《中国农业科学化的初期》，见沈宗瀚《沈宗瀚晚年文录》，台北：传记文学出版社 1979 年版，第 87 页。

④ 《教育部视察金陵大学报告》，见南京大学高教研究所校史编写组编《金陵大学史料集》，南京大学出版社 1989 年版，第 21 页。

芮思娄回国后，继续筹资用于美国农业专家来华讲学和接受中国学生赴美学习。1931 年，他还与美国育种专家马雅思（C. H. Myers）等人一起回到农学院讲课和指导研究，1947 年又来华访问考察。蔡元培先生在给芮思娄的《回美赠言》中称赞他"竭虑尽智以谋扩充，其毅力更有足令人起敬者"，"其热心公益，不问彼此，亦吾人所感谢者"。① 过探先在总结农林科成功之道时，将"芮思娄之锐意经营"列为五项之一。②

（二）吴伟士和蚕桑系

蚕桑业是中国传统农业经济的重要组成部分，是农民收入的重要来源之一。1917 年，金陵大学与"万国蚕桑合众改良会"（中、英、法、意、美、日合办，以改良江浙皖三省蚕桑业为目的）合作筹设蚕桑学系，1918 年成立蚕桑特科，主任为美国人吴伟士（C. W. Woodworth），1919年正式成立蚕桑系。吴伟士是美国加利福尼亚大学昆虫系教授，对蚊虫、柑橘害虫有深入研究，1922 年任江苏省昆虫局局长。这是中国最早开设的蚕桑系，对推动蚕桑业的高等教育和研究有重要意义。

（三）郭仁风与农业推广部、农业专修科、乡村师范科

第一次世界大战期间，欧美货物难以东来，中国轻工业得到发展机会，尤其是纺织工业获得相当利润，发展最快。棉花是纺织基本原料，国外难以供应，而国内所产棉花纤维粗短，数量也少，不能满足供应。1922 年，上海纱厂联合会为建立棉花原料的可靠来源，主持人穆藕初、荣宗敬等资助农林科协助驯化棉花品种，并培养推广植棉科学方法的人才。1923 年，农林科创办了农业专修科，郭仁风（J. B. Griffing）任主任，他是哥伦比亚大学植棉学硕士、棉花育种专家，1923 年来华的农业传教士，隶属美国基督教北长老会。农业专修科修业期限为三个学期，招收高中毕业生，目的是培养"具有先进农业科学知识和农民身手，热心农村建设的青年农业工作者"，提倡理论与实践并重，尤其强调

---

① 周邦任：《蔡元培与芮思娄》，《高等研究与探索》1989 年第 1 期。
② 过探先：《金陵大学农林科之发展及其贡献》，《金陵光》第 16 卷第 1 期，1927 年，见南京大学高教研究所校史编写组编《金陵大学史料集》，南京大学出版社 1989 年版，第 197 页。

"做"字。①

1924 年，农林科成立了农业推广部，这是我国最早成立的农业推广机构。该机构由郭仁风任主任，直至 1927 年他回国。1925 年，农业专修科改为乡村教育系，郭仁风仍任主任，还在南京鼓楼五条巷校房舍，开设示范小学 3 处。还成立林学函授部，学制一年，开我国林业函授之先河，开设了林业管理和苗场管理两门课程，大部分学生是中小学教员。1939 年改名农业教育系，为全国农学院绝无仅有的系，内分职业师资训练组和职业学校指导级别，直到 1951 年。

农业专修科和乡村教育系以培养农业技术人才与乡村建设（农业推广、农业教育、乡村改进）工作者为目的，招收对象为高中毕业或甲种农校毕业工作数年之人，目的是培养具有先进科学知识、热心农村建设的青年农业工作者。毕业生非常受欢迎，能说能做、工作踏实，著名人物有戴松恩院士（1955 年中国科学院学部委员）、园艺学家蒋名川、蚕桑学家王干志、华中农学院院长许子威、《大公报》著名记者徐盈等人。乡村教育系的学生毕业后主要是做实验站管理者、乡村学校校长或中学里的农业教员，大部分来自教会选送的乡村学校教员。

当时农业教育缺乏实用的教材和教学参考书，郭仁风根据一年四季农业变换来编排内容，撰写过《实用农业教科书》《实用农业教授法》，是我国最早的农业专科学校教材及教授法。每一课都与具体的农业季节和实验项目结合起来，通过"做"和"实践"来学习课本，确实体现了理论联系实际的宗旨。每本教材都配有教师用书，指明讲授方法，列出各种工作计划并提供参考。教材和教师用书都配有精美插图，1925 年教材一二卷和教师用书第一卷先后由邵德馨译成中文出版。这些教材为后来乡村教育工作者广泛采用，被中外人士誉为最实用的教材。②

（四）卜凯与农业经济系

1921 年，农林科创建了农业经济系和农场管理系，这是我国最早成

---

① 章元玮：《农业教育学系、专修科和推广部》，见金陵大学南京校友会编《金陵大学建校一百周年纪念册》，南京大学出版社 1988 年版，第 84 页。
② 过探先：《金陵大学农林科之发展及其贡献》，《金陵光》第 16 卷第 1 期，1927 年，见南京大学高教研究所校史编写组编《金陵大学史料集》，南京大学出版社 1989 年版，第 198 页。

立的农业经济系，1921—1934 年由卜凯任主任。① 卜凯 1914 年毕业于康乃尔大学农学院，1925 年、1933 年分别获得康乃尔大学农业经济学硕士和博士学位。卜凯 1915 年来华，先在安徽宿州基督教会传教站从事农业改良和推广工作。1918 年，宿州传教站与金陵大学农林科合作，卜凯作为长老会的一方人员，农林科的邵德馨作为金陵大学的人员，在宿州办了第一个为期两个月的农业班，有 12 名农民学员参加培训。这是金陵大学农林科与地方教会的合作开始，也是农业科技推广工作的开始。

1920 年应康乃尔大学同级同系同学、农林科科长芮思娄邀请，卜凯到金陵大学任教，讲授农业经济学、农村社会学和农场管理学。1944 年回国，任美国国务院中国农业顾问、财政部驻中国官员、联合国远东救济总署署长，对中国农业经济界仍有相当大的影响。

1936 年，金陵大学农业经济系正式招收农业经济学硕士研究生，成为中国农业经济学研究生教育的开端。

（五）博德与植物病理学组

1924 年，金大成立植物病理学组，这是中国大学中第一个植物病理学机构，首开植物病理学的教学和科研工作，组长是博德（R. H. Porter）。博德是 1923 年来华的农业传教士，隶属美国基督教北长老会，是衣阿华大学硕士，他任组长直至 1927 年回国。② 博德与农林科学生戴芳澜、俞大绂、陈鸿逵、魏景超、裘维蕃、王清和、黄亮等开展了小麦、水稻、棉花、高粱、烟草、小米等农作物的抗病害研究，选出抗病品系，这些学生也成为中国植物病理学和植物检疫学的重要奠基人。③

（六）祁家治与农艺系

1926 年成立农艺学系，祁家治（G. E. Ritchey）任主任，直到 1927 年。祁家治于 1920 年来华，隶属美国基督教基督会。农艺学系初设作物

---

① 《中国近代农业科技史稿》编写组:《中国近代农业科技史事纪要（1840—1949）》,《古今农业》1995 年第 3 期。

② 兰军:《跨境教育研究》,中国社会科学出版社 2012 年版,第 309 页。

③ 黄光璧主编:《中国近现代科学技术史》,湖南教育出版社 1997 年版,第 1042 页。

育种与作物改良两个学组，后陆续增加土壤学、农具学等组。他还撰写过《植物之病虫害之预防法》（金陵大学农林科 1921 年）。

（七）史德蔚与生物学系

1926 年创建了生物学系，史德蔚（A. N. Steward）任系主任。1930 年将生物学系分为动物学系和植物学系，植物学系放在农学院，史德蔚仍任系主任直至 1937 年。史德蔚是 1921 年来华的农业传教士，隶属美国基督教美以美会，哈佛大学硕士和博士，直至 1950 年回到美国。1936 年任金陵大学农学院教育委员会主席。[1] 抗战期间，金陵大学西迁至四川，他还任金陵大学南京校产留守处工作人员。他与其他在南京的传教士和外国人，一起成立了"南京安全区国际委员会"。1948 年元旦，史德蔚还获得了国民政府颁发的"胜利勋章"[2]。他在南京工作了 40 年，成为对中国植物学最有贡献的外籍学者。[3]

（八）林查理与农具学组、农业工程课程

1930 年，农学院农艺系首先开设农场工艺和机器与动力课程，邀请林查理授课，这是我国农学院第一个开设农业工程方面的课程。他开设了农具及农艺、农机及动力等有关农业工程方面的课程，林查理任主任，直至 1952 年回国。1932 年，农学院还在南京汉口路胡家菜园古南庙增设农具学组和农具厂、农具研究室，将农具学设为全农学院必修课程，这是农业工程系的前身。[4] 林查理是康乃尔大学农业工程硕士，1916 年来华的农业传教士，隶属美国基督教公理会，他先在福建邵武推广农业，1921 年来农林科。1931 年金陵大学成立农具制造厂，由林查理主持，首创仿制锯齿轧花机，成品销售各省。他为学生讲授农业机械学、农场工艺学、农具修配、农具结构、农艺机械设计、水力学、排水工程等课程，

---

① 张宪文主编：《金陵大学史》，南京大学出版社 2002 年版，第 301 页。

② 《金陵大学校刊》1948 年 4 月 15 日，转引自王运来《诚真勤仁光裕金陵：金陵大学校长陈裕光》，山东教育出版社 2004 年版，第 343 页。

③ 中国植物学会编：《中国植物学史》，科学出版社 1994 年版，第 133 页。

④ 吴相淦：《金大为我国农业工程学科奠定基础》，见金陵大学南京校友会编《金陵大学建校一百周年纪念册》，南京大学出版社 1988 年版，第 82 页。

他还与学生吴湘淦合著了中国最早的《农业机械学》一书。从事过多种田间作业机械和加工机械设备的设计制造、试验示范,甚至还从事过单缸柴油座机的设计制造。①

抗战期间,他与史德蔚等留守南京保护校产,与史迈士(L. S. C. Smythe)、贝德士(Miner Searle Bates)等参与组建了南京安全区国际委员会,为救援南京被屠杀的难民日夜努力。1948 年元旦,他与金陵大学南京校产留守处的其他几位美国传教士贝德士、史迈士被国民政府授予"景星勋章",奖励他们"留居南京,举办难民安全区,救护难民,厥功至伟"。②

到 1927 年,农林科实际上由"七系一部一馆一科"组成,其中"六系一部一科"(农艺系、森林系、蚕桑系、乡村教育系、农业经济系、生物学系、农业推广部、农业专修科)都由农业传教士任第一任系主任和负责人,仅 1923 年成立的农业图书馆和 1927 年成立的园艺系由中国人万国鼎和胡昌炽主持。截至 1924 年,来华的 27 位农业传教士中,有 15 位在金陵大学任教。③可见农业传教士在金陵大学之多,力量之强。到 1933 年,农学院还有农业经济系、乡村教育系、农艺学系、植物学系、蚕桑系、森林系、园艺系、乡村教育系和农业推广部,附农业专修科。④ 1949 年,农具组单独成立农业工程系。

金陵大学是最早在中国政府注册的教会大学和最早实施四年制农科教育的大学,在农业科技人才的培养即农业教育方面,农业科学技术的研究和科研成果推广、农村改良方面都取得了举世瞩目的成绩。1930 年,金陵遵照当时教育部颁发的"大学规程",改科为院,称私立金陵大学农学院。⑤

---

① 蒋亦元:《金陵大学林查理教授的生平和在华执教的历史》,《蒋亦元院士八十华诞庆贺文集》,黑龙江教育出版社 2008 年版,第 172 页。

② 章开沅:《南京大屠杀的历史见证》,湖北人民出版社 1995 年版,第 7 页。

③ John H. Reisner, The Church in Rural Work, *The Chinese Recorder*, December 1924, p. 790.

④ 私立金陵大学农学院院长室编:《私立金陵大学农学院概况(1932—1933)》,私立金陵大学农学院 1933 年版,第 29 页。

⑤ 费旭、周邦任编:《南京农业大学史志》,南京农业大学 1994 年版,第 1 页。

三　农业交流现代化：中美农学家合作交流

作为美国基督教创办的教会大学，金陵大学农林科早期主要是与美国农业专家进行交流，主要渠道是通过康乃尔大学和基督教长老会，这与芮思娄、卜凯、郭仁风等人都毕业于康乃尔大学，宗教上都属于基督教长老会，且长老会是金陵大学三家创办者之一有着重要关系。

从宗教派别来讲，农林科第一任科长裴义理和第二任科长芮思娄都隶属基督教长老会，也因此吸引了多位隶属基督教长老会的农业传教士来到农学院。无论从世界农业传教运动还是中国农业传教来看，基督教长老会都是最早派出农业传教士和最重视农业传教士工作的宗派。如到金陵大学农学院任教的棉作专家郭仁风、农业经济学家卜凯、植物病理学家博德、植物病理学家史德蔚等，都是基督教长老会的传教士。早期热心农业改良的传教士倪维思和梅里士也都隶属基督教长老会。

康乃尔大学农业硕士芮思娄的到来，不仅将康乃尔大学的农业教学科研经验移植到了农林科，而且还将美国农业传教的观念和方法人才引到了金陵大学农学院，使他更加寻求与康乃尔大学的合作进行农作物改良研究。1917 年，芮思娄邀请了康乃尔大学农学院院长、著名教育家和植物学家裴来（L. H. Bailey）来金陵大学考察讲学。裴来与另一位植物学家史文格（W. T. Swingle）回到美国后，同美国纽约植物园主任、哈佛大学树木园林主任迈儒尔（E. D. Merrill，又译为梅里尔）教授于 1919 年协助建立了金陵大学植物标本室。

芮思娄改良的小麦新品种"金大 26 号"是我国作物改良史上最早用近代育种方法育成的小麦品种，经推广后备受农民的欢迎。这给了他极大的信心，使他相信中国农作物育种改良的事业大有可为，决心全力以赴努力下去。1924 年 2 月 4 日，他致信康乃尔大学农学院洛夫教授（H. H. Love），谈到"我们的经验是中国的作物极适宜于改良。事实上，我们在小麦、棉花及玉蜀等作物的改良上均已获得极好的成果。在这一方面的工作尚有一片广大的领域"。① 他还建议由康乃尔大学支援一些育种专家来华协助开展工作。他的倡议得到康乃尔大学校长法兰德（Livingston Farrand）和农学院院长满恩（A. R. Mann）的热烈支持。这时，满恩院长正兼职国际教育会农业部主任。在满恩的推动和引荐下，于 1925 年形成了一个由国际教育基金会（International Education Board）资助、康乃尔大学农学院和金陵大学农学院执行的为期五年的研究计划，即金陵大学和康乃尔大学合作建立中国农作物改良合作计划（Nanking Cornell Cooperative Project on Crop Improvement），每年由康乃尔大学派遣育种学教授至金陵大学主持农作物改良，金陵大学提供试验场与研究室设备，国际教育基金会提供康大教授旅费和津贴。

康乃尔大学陆续派遣了多名农学专家到金陵大学，如世界著名的水稻育种专家洛夫、蔬菜育种专家马雅思（C. H. Myers）、高粱玉米育种专家魏更斯（R. G. Wiggans）等，并制定了一套科学的育种方法体系。② 此外，还邀请了美国农业部棉花育种专家柯克（O. F. Cook）、植物学家史文格（W. T. Swingle）等专家来到农林科讲学。在芮思娄的积极努力下，先后有 19 位外国学者到农林科工作，使农林科成为最具国际视野和研究水平的机构。

经过五年的努力，合作改良计划取得了极为有效的结果。在人才方面，培养和训练了许多农业人才，养成了中国的作物育种专家，如沈宗瀚、过探先、孙文郁、王绶、乔启明、戴松恩、俞大绂、裴维蕃、韩安等。在育种成绩方面，高产量的小麦、大麦、高粱、水稻、玉米、大豆、棉花、小米已育成推广于农民中间，使中国作物育种方法现代化、标准化，并推行全国，养成了科学培养农业育种的观念和技术。改进了农林科的作物育种工作，并改善农林科与其他 13 个合作农场办法③；国立和

① 黄俊杰：《洛夫、沈宗瀚与中国作物育种改良计划》，见沈君山、黄俊杰编《锲而不舍：沈宗瀚先生的一生》，台北：时报文化出版事业有限公司 1981 年版，第 269—270 页。

② 沈宗瀚：《沈宗瀚自述·中年自述》，台北：正中书局 1975 年版，第 2 页。

③ 这 13 个农业试验场是：安徽省立农业试验站（安庆）、华中师范学院（武昌）、中央大学农学院（南京）、杰斐逊学院（唐山）、开封浸会学校（开封）、江苏省立第二农事试验站（徐州）、南宿州长老会农事部（南宿州）、山西铭贤学校农事部（太谷）、山东农工学校（峄县）、圣保罗加拿大教会医院（河南归德，现名商丘）、沧州伦敦会试验场（沧州）、潍县美国长老会宝业中学农事部（潍县）、燕京大学农业试验站（北京）。

省立农学院及试验场的作物育种方法都采用金陵大学的新方法。① 这一计划的实施，使金陵大学的作物育种进入世界先进行列，也为未来中国农业科学技术的发展奠定了基石，人才交流也更为频繁。到 1946 年，金大共有 62 名学生到康大作物育种系学习。②

在这些年里，金陵大学陆续培养了小麦金大 2905 号、金大 26 号、金大开封 124 号、金大宿州 61 号、金大南宿州 1419 号、金大燕京白芒标准小麦、铭贤 169 号、定县 72 号、徐州 1438 号、徐州 1405 号、济南 1195 号；培养了棉花金大脱字棉、百万棉、爱字棉 481 号和 949 号、斯字棉 4 号、德字棉 531 号；培养了水稻金大 1386 号；培养了大豆金大 332 号；培养了高粱金大开封 2612 号、金大南宿州 2624 号、定县 32 号；培养了大麦金大 99 号、金大开封 313 号等。由此可知，康乃尔大学和金大的教授们将重点放在了增加粮食产量和提高农民经济收入上，认为以中国农作物而论，在同一范围内，"如能科学运用改良方法，以谋品种之改进，而其产量品质必大有进步"。③

康乃尔毕业生卜凯还邀请世界著名专家学者到农业经济系讲学，他利用自己的优势，与康乃尔大学与金陵大学建立了特别的协作关系。从 1930 年起，康乃尔大学派出了霍德兰（Y. W. Hedland）、路易士（A. B. Lewis）、雷伯恩（J. R. Raeburn）、华伦（S. W. Warren）、克特斯（W. M. Curtiss）、金克敦（D. F. King）到农业经济系任教，直到抗战爆发。这些专家的到来，极大地充实了金陵大学农学院的教学和科研实力，也使农业经济系成为金大农学院聘请外国教授和专家最多的系。

芮思娄任职后，除积极拓展海外资源外，还邀请了毕业于康乃尔大学农学院的中国同学来农林科任教，如过探先（1915 年毕业，中国现代农业教育奠基人）、邹秉文（1915 年毕业，中国植物病理学教育奠基

① H. H. Love and John H. Reisner, *The Cornell - Nanking Story*, Ithaca, New York: New York State College of Agriculture, 1964, p. 46. 转引自黄俊杰《洛夫、沈宗瀚与中美作物育种改良计划》，黄俊杰编《面对历史的挑战：沈宗瀚与我国农业近代化的历史》，台北：幼狮文化事业公司 1984 年版，第 372—373 页。

② 范岱年：《〈20 世纪中国的生物学与革命〉评介》，《科学文化评论》2006 年第 5 期，第 109—120 页。

③ 洛夫：《科学对于农业之重要性》，《农林新报》第 255 期，1931 年，第 394 页。

人)、邹树文（1912 年毕业，中国近代昆虫学奠基人)、谢家声（1930 年任金大农学院院长）等人来校任教。1921 年，他又邀请了已在安徽任农业传教士的同学卜凯来农林科。

后来，金陵大学农林科毕业证被康乃尔大学和纽约州立大学认可，学生可以直接进入美国大学的研究生院攻读学位。农林科早期教师和学生很多到康乃尔大学留过学，并取得很高成绩，他们是：沈宗瀚（1927 年获农学博士学位，中国遗传育种学奠基人)、章之汶（1931 年获农学硕士学位，1949 年任联合国粮农组织远东办事处顾问)、程世抚（1932 年获观赏园艺硕士学位，城市规划专家)、郝钦铭（1933 年获农学硕士学位，棉花栽培育种专家)、王绶（1932 年获农学硕士学位，中国作物育种学和生物统计学奠基人)、常得仁（1933 年获农作物育种硕士学位，中国乡村建设学院农学系主任)、马保之（1933 年获农学博士学位，台湾大学农学院院长)、乔启明（1933 年获农业经济硕士学位，农村社会学家、农业推广专家)、沈学年（1935 年获农学硕士学位，中国耕作学奠基人)、戴松恩（1936 年获农学博士学位，作物育种专家、中国细胞遗传学奠基人)、章文才（1937 年获伦敦大学博士学位，康乃尔大学果树系副研究员，中国柑橘学科奠基人)、汤湘雨（1937 年获农学博士学位，遗传学家)、管泽良（1938 年获植物遗传学博士学位，植物遗传学家)、林传光（1940 年获植物病理博士学位，植物病理学家、植物真菌和病毒学家)、裴保义（1945 年农学院进修，土壤肥料学家)、梅籍芳（1945 年农学院进修，育成"华东 1 号"早熟小麦品种）等。我国在欧美留学农业的学生，到 1948 年为止，全国约计 256 人，而金大农学院毕业生，就占 120 余人，约居半数。全国农业机关，都有农学院的学生工作。[①]

四　农业技术现代化：美国农业学的中国本土化

20 世纪初，西方农业经济学传入中国，农业经济学作为挽救中国农

[①] 墨妮：《农学院创办人裴义理先生》，见金陵大学南京校友会编《金陵大学建校一百周年纪念册》，南京大学出版社 1988 年版，第 58 页。

村经济衰败的重要方式而迅速兴起发展。随着西方农业学、经济学在中国的进一步传播，他们很快发现完全套用西方农业学或经济学，对改变近于崩溃的中国农村经济和农村生活没有真正有价值的意义，中国必须要建立一套适合于中国农村经济和农业发展特点的农业经济学和农业学。20 世纪二三十年代，农业经济学和农村调查几乎同时在中国兴起，这源于它们共同存在的时代背景，即农村经济的破败，作为挽救农村经济的手段而被重视。此外，它们之间也存在互生互促的关系，一方面农村经济调查是建立在中国本位农业经济学的基础上；另一方面农业经济学也为农村经济调查提供了理论指导，促进了农村经济调查技术的完善，强调和关注事实与理论成为我国农业经济学的主要研究方法。为此，学者们开始根据中国农村实地调查资料编写符合中国国情的农业经济学教材，改良培育中国农业作物种类的本土化做法逐渐在农业学的发展中占据了主流地位。

（一）从农业调查入手的农业经济学

在卜凯用美国教材讲授农场管理学两个学期后，感到其内容是面向美国面积广大、技术先进的大型农场，不适合中国国情，遂决定根据中国农村的实际调查情况和数据，开始编写符合中国国情的教材，有意识地建立中国本土农业经济学。这一切都需要从认识中国农业实际情况开始。他的调查得到美国洛氏基金、太平洋学会、斯坦福大学等机构的经费支持，这也说明处于开拓海外市场的美国急需得到有关中国的各项消息。自 1922 年开始，卜凯指导学生利用暑假返乡做农家经济调查，收集大量重要调研成果，并让这一工作方式成为农林科的教学传统，以此编写了多部教材和参考用书，如《中国农家经济》《中国土地利用》《农业经济学》《农场管理学》《农村社会与组织学》《农业统计学》《农产物价学》《农业经济研究法》等，其中 1930 年出版的《中国农家经济》与1937 年出版的《中国土地利用》两书成为我国农业经济学界的最重要著述，1949 年前一直是许多大学和农学院的标准教材。

在卜凯主持和指导的农村调查中，中国农家经济调查和中国土地利用调查最具影响力。甚至连当时对其持批评态度的马克思主义农业经济学家钱俊瑞都承认，这是当时中国"历时最久，调查地域最广，调查项目最详,和比较上最富于科学性的农要"。① 卜凯不仅"划时代地建立起了中国近代农业经济的一套最完善的调查资料,并且他对中国农业经济的看法一直影响着后来的学者"。这些都是中国历史上应用科学方法进行的近代意义上的第一次农业调查,在中国农业发展史上影响深远。

(二) 农业传教士的品种改良实践

农业是因地因时制宜的学问,尤其强调本土的特殊性。农业传教士们很快就发现,自己的工作必须与中国农业有具体深入的结合,只有"教学之实施,实宜因时因地而变,以谋当地需要之适应"②,才能达到解决问题的效果,才能有所成绩。

1. 郭仁风与棉花培育改良

为了提高中国棉花的品质,1915 年,上海华商纱厂联合会为建立棉花原料的可靠来源,资助农林科协助推广植棉的科学方法并驯化外国棉花品种。1922 年,农林科从美国农业部引进了八个标准棉花品种,代表早熟、大铃、短绒与细长绒四个特点。棉花育种专家郭仁风先在南京试种,随即在长江和黄河流域的浙江、江苏、安徽、江西、湖北、湖南、河南等 8 省 26 处进行棉花品种试验。郭仁风对其中的"爱字棉"(Alcala)和"脱字棉"(Triec)进行了长时间的驯化育种,对这两个棉花种的栽培技术作了更具体精深的指导,并选定安徽和县乌江镇作为改良美棉的推广区。③ 在美国农业部植棉专家柯克(O. F. Cook)的协助指导下,他们确定了长绒的"爱字棉"和短绒的"脱字棉"最适于中国栽培,其中"脱字棉"在黄河流域较优,"爱字棉"更适合长江流域。④ 从此,美国棉花开始在中国生根,种植面积日益扩大,成为我国棉业的主要棉种。⑤

---

① 钱俊瑞:《评卜凯教授所著中国农家经济》,见薛暮桥、冯和法主编《〈中国农村〉论文选》,人民出版社 1983 年版,第 895 页。

② 周邦任、费旭:《中国近代高等农业教育史》,中国农业出版社 1994 年版,第 136 页。

③ 徐宝谦:《基督教农村运动》,见中华全国基督教协进会编《中华基督教会年鉴》(1933年),中华全国基督教协进会 1933 年版,第 94 页。

④ 郭仁风:《中国采种美棉前途之希望》(金陵大学农林科印),转引自严中平《中国棉纺织史稿》,商务印书馆 2011 年版,第 408 页。

⑤ 胡竞良:《德字棉之试验结果及推广成绩》,《农报》第 9 卷第 7—12 期,1944 年。

郭仁风还培育改良了中国棉花品种。他在江阴县农民普通棉田里，发现一棵棉株生长强健棉桃大，经过反复种植试验，1924 年将花衣送至上海怡和纱厂和日本纱厂纺织，效果近似美国"脱字棉"。后来此棉在上海出售，经日本三友实业收购，每担比市价增加 7 两银子，故定名"百万棉"（又称"金大百万棉"或"中字锦"）。百万棉于 1925 年育成，植株壮大、抗病力强、棉铃大、产量高、纤维细长而洁净，纺织后的品质与优等美棉相当而色泽比美棉还好。后经多次试验，明确东南沿海地区雨水较多，宜种植改良的百万棉。纱厂购买以上三种棉花，价格较普通棉花多五六元，可见其品质很佳。[1]

2. 郭仁风与农业推广、电化教学

1923 年，郭仁风来农林科主持棉花品种改良及推广工作，为此设立了棉作推广部。[2] 1924 年，农林科成立农业推广部，郭仁风任主任。当时农业推广工作处于草创时期，农民对推广植棉的意义认识不足，对棉花品种改良及新技术推广也难以领会。为此，农林科又开设了农业专修科，训练农业推广人才，又在各地设立棉花试验场，使推广效果大增。农业推广部的工作形式主要有四种，一是与公私机构合作推广，二是驻地推广，三是巡回推广，四是直接与农民合作推广。农业推广部在推广作物良种、蚕桑良种，举办农业信贷和农村合作社，以及开拍农业科普电影等方面，在全国农业大学中起了示范作用。[3]

为了增强推广宣传的效果，郭仁风摄制了很多幻灯（静片），并使用留声机等设备以加强宣传效果。1925 年，他制成改良蚕种、防治牛瘟、汲水灌溉、试验稻种等内容的电影片数千尺，并从美国购买了好几部美国农业影片和两部 35 毫米的电影放映机，在各地巡回放映。郭仁风还让学生周明懿、邵仲香、章元玮等做示范，拍摄农业示范电影（动片），推广农业改良。在没有电源的地方，放映时还要用手摇发电机来发电，工作地点的流动性也很大。直到 1927 年，郭仁风返回美国，这项工作基本告终。这些都可称为中国教育电影、农业

---

① 沈宗瀚：《借用美棉兴推广改良棉种》，《农林新报》第 285 期，1931 年，第 280 页。

② 章楷：《中国植棉税简史》，中国三峡出版社 2009 年版，第 85 页。

③ 彭骄雪：《民国时期教育电影发展简史》，中国传媒大学出版社 2009 年版，第 22 页。

科普电影、大学电化教育的开端。①

3. 芮思娄与改良小麦"金大 26 号"

在芮思娄、祁家治、郭仁风的指导下，金大开始了作物遗传育种工作，主要针对小麦、大麦、水稻、大豆、棉花等，经过田间选择和室内考种取舍是否良种，1923 年在国内进行推广，其中改良小麦"金大 26 号"特别值得介绍。

在华洋义赈会（American Famine Fund Committee）的资助下，芮思娄在江苏句容宝华山下农田选出小麦优良单株，经七年选育，培养出了优良小麦，定名为"金大 26 号"，这是我国作物改良史上首先用近代育种方法育成的小麦品种。②"金大 26 号"小麦产量超过农家品种达 7%，具有秆壮、早熟、生长整齐、产量高、不易染病的优点。在长江下游一带推广极受农民欢迎。③ 美国作物育种专家洛夫、马雅思、魏庚斯等人先后到农科讲学与指导育种工作，进一步推动此项工作。在"金大 26 号"的基础上，金大教授沈宗瀚于 1925 年在南京通济门外农田选得小麦单穗，主持培育出来的"金大 2905 号"小麦品种，平均亩产 226 斤，比"金大 26 号"小麦又增产高达 25%，比一般农家小麦增产 32%。这是 1949 年前推广面积最大的小麦良种，被誉为"抗战前的中国绿色革命"④。

4. 史德蔚、博德与中国植物标本

在史德蔚的努力下，促成了金陵大学与自己母校哈佛大学的合作，建立了哈佛大学植物园、加州大学农科和金陵大学互相置换植物标本。1930 年，史德蔚与哈佛大学签订了为期五年的合作协议，由哈佛大学植物园提供经费，采集中国中西部各省植物标本，由哈佛大学真菌标本室

---

① 孙明经：《中国文化大革命中的一个小实验：金陵大学影音事业概述》，《影音》（月刊）第 6 卷第 7—8 期，1947 年，第 93 页。《中国近代农业科技史稿》编写组《中国近代农业科技史事纪要（1840—1949）》，《古今农业》1995 年第 3 期。

② 《中国近代农业科技史稿》编写组：《中国近代农业科技史事纪要（1840—1949）》，《古今农业》1995 年第 3 期。

③ 沈宗瀚：《中国近代农业学术发展概述》，见沈宗瀚等编《中国农业史论集》，台北：商务印书馆 1979 年版，第 279 页。

④ 《中国近代农业科技史稿》编写组：《中国近代农业科技史事纪要（续）》，《古今农业》1995 年第 4 期。

提供经费采集中国各地真菌标本。他还与金陵大学教师焦启源、樊庆笙、李扬汉等在中国各地采集标本，到1948年在黄山、南京、贵州、湖南、广西等全国13个省采得植物标本4.7万份，加上从国内外交换所得共5.3万份，约7500种，有腊叶标本30余万份。① 1923—1927年在金大讲授病理学期间，博德还组织学生收集菌类和地衣标本，共得1100多号，代表400多种。② 之后，焦启源编写了《金大植物标本名录》。史德蔚写出了《长江下游脉管植物手册志》（*Manual of Vascular Plants of the Lower Yantze Valley*）等，编著了《中国植物名汇》《江苏植物志》《江苏禾本科植物》《长江下游植物志》（与樊庆笙合著）。在工作实践中，还培养了秦仁昌、蒋英、焦启源等中国著名的植物学家。

五 余论

经过农业传教士多年的提倡、实践、示范，农业工作对乡村传教和乡村教会的意义已经为很多基督教会所接受。正如金陵大学杂志《浅说》第一期的设计主题所体现的那样，封面是一张犁和一把稻穗，象征中国农业，封底是一段耶稣福音的讲解，编者希望在播下改良种子的同时，也能把福音的种子播进农民的心里，这就是农业传教的真谛。

在农业传教士的努力下，特别是农业传教士最为集中的金陵大学农林科，农业传教的价值逐渐被社会所认识，农业传教被看成了与医学传教、教育传教、文字传教同等重要的工作。在福音传播的同时，中国农业现代化也开始了自己的征程，农业传教活动及其显著成果成为中国农业现代化的又一源头。

金陵大学农林科借鉴美国康乃尔大学农学院倡导的"教学、科研、推广"三位一体制度，在推广发展美国农业学的中国本土化道路上，迈出了可喜的步伐。特别是对推广的高度重视，不仅把农业教育推广到基层，更把农业科技推广到田间，以求达到改良农业、提高农民生活的目的，其农业教育和推广辐射了大半个中国，直接带动了中国农业现代化

---

① 张宪文主编：《金陵大学史》，南京大学出版社2002年版，第375页。
② 罗桂环：《近代西方识华生物史》，山东教育出版社2005年版，第272页。

的发展。金陵大学任职时间最长的华人校长陈裕光晚年评价农林科,特别称道其"重在联系中国农业实际,不尚空谈"。①

---

① 陈裕光:《回忆金陵大学》,见金陵大学南京校友会编《金陵大学建校一百周年纪念册》,南京大学出版社 1988 年版,第 16 页。

第 七 章

到乡村去:现代知识传播与
乡村建设运动

    对中国这样的传统农业国家而言,在农业人口高达90%的20世纪上半叶,农村问题几乎始终是社会的首要问题。农村的经济问题也就是中国的经济问题,农村的社会问题也就是中国的社会问题,自然也就成了中国的政治问题。随着西方外力入侵和中西冲撞加剧,中国乡村的传统生活方式和社会结构受到前所未有的冲击,一直处于新旧更替、变动不居的状态之中。近代社会危机的进一步加深,农村和农民更多陷入了衰败和挣扎,越来越引起整个社会的更多关注,而国内政治局面的持续动荡,更是直接加剧了农村经济和社会问题。

    落后的农业生产技术,低下的劳动生产率,频繁发生的自然灾害,连年不断的军阀混战,西方列强的经济侵略,使中国农村经济处于崩溃的边缘。生产力落后的条件下,农业发展主要依靠人力集约下的精耕细作来完成,但同时也刺激了乡村人口的增多,使人地关系一直处于紧张状态。落后的农业生活技术、生产工具和低下的劳动生产率,已经使单位生产量增加到极限,却仍然无法满足农民的最基本的生存需要。

    20世纪20年代初期,中国知识分子和本土教育机构几乎将改造中国的关注和重心转移到了乡村,一批批知识分子走出书斋,以各自不同的理论体系为基础,提出并实践了不同的政策主张,开展了一场轰轰烈烈的乡村建设运动,为正在衰落的中国乡村寻找出路,为拯救乡村而努力奋斗。他们将乡村建设置于社会文化发展的广泛视野中考虑,认为中国乡村问题基本上是乡村教育问题,所以改进乡村教育、提高乡民素质是改良乡村的唯一正途。海外留学归来的农业科技工作者过探先、邹树文、沈宗瀚、谢家声等人,则从农业技术改良创新的角度来看待农业和农村社会的问题和发展,认为乡村改进的根本问题是提高农业生产力问题,因此改良农作物品种、提高农业技术水平是改良农村的最优策略。

20 世纪二三十年代的乡村建设运动,无论在当时社会,还是今天的研究者看来,都是"社会运动的主流",是"中国农村社会发展史一次十分重要的社会运动"。只要一说起民国时期的乡村建设运动,都锁定在梁漱溟、晏阳初等人身上,对基督教乡村建设运动却所知甚少。

一　基督教视野中的乡村建设和实践

20 世纪 20 年代风起云涌的乡村建设运动是一场农村社会改良的实践性社会运动,具有民间自发性的特点,涉及政治经济和文化教育等各方面。据统计,当时从事乡村建设的团体和机构有 600 多个,各种实验处 1000 多处。著名的有晏阳初的中华平民教育促进会,黄炎培的中华职业教育社,梁漱溟的山东乡村建设研究院,中外人士合办的华洋义赈会等。到 30 年代,国民政府也参与了这项社会活动。1932 年 5 月,国民政府行政院成立了"农村复兴委员会",积极配合和指导民间乡村建设。

中国基督教会也不甘落后。它们认为自己从来都重视乡村工作,一直都在进行着乡村工作,因为传福音是面向所有的人,中国是农业国,乡村是福音的重要之地。同时也认识到,虽然教会从最开始即重视农村,但却不能称之为真正意义上的乡村建设,因为除了传福音外,基督教会并没有真正关注乡村社会的改造和重建发展,"少改造农村社会的意识与工作",乡村建设方面的担当人才也不足,因此在过去的岁月中,基督教对于乡村改造和建设,没有较大的贡献。[1]

20 世纪 20 年代后,基督教本色运动使基督教团体在乡村工作上有了更多的思考和实践,有了更具体精准的乡村改造建设的内容和方案。1922 年中华全国基督教协进会成立后,重视乡村事业,于 1923 年成立了

---

[1]　徐宝谦:《全国基督教农村运动的现状并记华北基督教乡村事业促进会的研究会》,《真理与生命》第 9 卷第 2 期,1935 年,第 67 页。

"乡村教会和农民生活常备委员会"，并派遣干事到广东、四川、湖北、江西、浙江、山东等地的乡村做调查研究，"教会人士始以重城市的眼光而转移于乡村教会之改良活动"。[①]

在教会长远的发展和思考中，已经将基督教会本色化与乡村改造联系到了一起。中华基督教协进会、中华基督教教育会、中华基督教青年会、中华基督教女青年会，都开始了乡村教会与乡村改造、乡村教育事业和乡村青年工作的思考和研讨。金陵大学和岭南大学早已设立了农学系和农林系，关注如何培养农业技术方面的人才。燕京大学成立了农学系，举办"华北农业会"研究农村问题，以推进农业科学和建设华北的乡村生活与教育为宗旨。1930年和1933年，中华全国基督教协进会在河北定县召开了两次全国基督教乡村建设会议，提倡在农村进行平民教育和识字运动。

随着基督教乡村建设运动的兴起，教会在全国各地成立了具有乡村建设性质的社会服务团体。这些团体重视乡村建设工作，研讨具体如何进行建设工作。社会服务团体如华北基督教农村事业促进会、江西基督教农村服务联合会、重庆中华基督教农村服务社等。具体服务点和实验区，有金陵神学院在南京城南江宁县淳化镇设立的乡村布道实习处、齐鲁大学神学科在章丘县龙山镇设立的乡村服务部和实验区、河北美以美会在河北昌黎县安各庄设立的实验区、河北保定公理会在保定樊家庄设立的服务部、汇文神学院在河北昌平县设立的乡村工作实验区，在河北通县牛堡屯镇实验区等多个实验区和服务点，各类探索和服务团体应运而生。

华北基督教农村事业促进会是基督教中国化历程的产物，由华北地区各教会和几个教会学校团体组织，专门在华北各地从事乡村服务的工作，主要有布道、农业推广、农艺试验、公共卫生、乡村工业、农村文字工作、乡村教育、教会合作、家庭培养等。1931年7月11日，华北地区的公理会、卫理公会、伦敦会和全国基督教协进会派代表在北京召开筹备会议，9月18日在北京灯市口正式成立了"华北基督教农村事业促

---

① 钟可托：《一年来中国教会概况之观察》，见中华全国基督教协进会编《中华基督教年鉴》（1927年），中华全国基督教协进会1927年版，第4页。

进会",这是一个跨宗派体现教会合一运动的产物。它由河北、山东、山西三省的基督教会联合组织,河北支会由公理会、美以美会、北长老会、伦敦会、友爱会、燕京大学和齐鲁大学联合组成;山东支会由公理会、北长老会、美以美会、英国浸礼会、齐鲁大学和金陵大学联合组成;山西支会由中华基督教会、公理会、友爱会、男女青年会和太谷铭贤中学(教会中学) 等组成。①

在整个社会和基督教会对乡村社会改造建设更多关注和实践的大背景下,《田家半月报》杂志应运而生。

二　文字下乡:"田家"的新天与新地

重视文字工作一直是教会的工作传统,文字事业是教会在中国传播宗教的几大主要方法和路径,如文字传教、医学传教、教育传教、农业传教等。相比其他传教方法,文字传教更有其特殊作用,它可以不受地域、时间、方言、民俗等多种因素的限制,而中国传统文化中对文字是有超过其他的特别敬仰。基督教会为此创办了许多文字宣教出版的机构。

虽然基督教一直以来都很重视文字工作,但具有本色化特点、能服务于乡村改造和建设这样目标的报刊读物,教会一直还是很缺乏。教会过去对乡村的文字工作都关注在宗教问题上,如广学会出版的宗教课本、金陵神学院宗教教育科编辑的农民宗教课本等。而对具有乡村改造和建设含义、乡村生活各方面内容的,如乡村家庭卫生课本、乡村儿童读物、乡村种植读本、乡村家事问题等,仍然还是很少。

1934 年 8 月 1 日是第一位来华传教士马礼逊逝世一百周年的纪念日,出于纪念马礼逊的目的,《田家半月报》(*The Christian Farmer*) 于此日正式创刊,它是教会创办的完全针对乡村建设的杂志。② 编辑部地点设在山东济南的齐鲁大学文理学院农专科附近的田家村,创办人是齐鲁大学教

---

① 张福良:《农村教会》,见中华全国基督教协进会编《中华基督教会年鉴》(1933 年),中华全国基督教协进会 1933 年版,第 63 页。
② 《本报五周年纪念》,《田家半月报》第 6 卷第 15—16 期合刊,1939 年,第 2 页。

师张雪岩和孙恩三。它也是我国历史上早期面向农村的通俗类杂志。① 虽然它不是创刊最早的农村读物，却是运营最成功的农村读物，也是时间最长的农村读物。据陈建明先生的考证，早于《田家半月报》的类似刊物是周次石主编的《农村》，上海出刊，仅见 1933 年 8 月第一期；另有崔鹏欧主编的《农村》，北平出刊，约 1936 年 10 月至 1937 年 7 月间出版。② 而《田家半月报》从 1934 年创刊，直到 1957 年 12 月停刊，共计 23 年，成为民国年间乡村建设运动时间最长的见证。发行量最大时达到 10 万多份，成为民国年间杂志发行量的奇迹。

《田家半月报》虽名为"报"，实为 16 开本、每期 20 多页的综合性杂志，是一份面向广大农民开展各方面普及教育、提高农民素质和乡村生活的综合性半月刊。名为"半月报"，即每月 1 日和 15 日出版，一年 24 期。虽然有时因战争、物价、经济、交通、人员、迁移等各种主观和客观原因，报纸的页数和刊期有所调整，有时只能出版合刊，或有延期出版，但始终都保持着"半月报"的名称，坚持到最后，③ 并一直隶属于华北基督教农村事业促进会文字部（The Literature Department of the North China Christian Rural Service Union）④。

《田家半月报》始终以农民为读者对象，即为"田人的家园"，农民的家园。其创刊号登载的《田家半月报的希望》，着重分析了办刊宗旨。创办人孙恩三提出了该报的四个希望：一是希望老百姓也能谈谈"国家的新闻，天下的大事"，也要谈谈县里的事，省里的事，全国的事，乃至世界的事，应当怎样改良；二是希望通过田家来学习科学知识；三是希望家庭和睦；四是希望读田家的教友，不把耶稣看成一尊外国菩萨，要真正认识他，敬拜他，在各方面去做他的门徒，把乡村教会办成一个真正中国信徒的教会。⑤

《田家半月报》始终是隶属基督教会的刊物，但从刊物栏目设计可

---

① 孙恩三：《和读本报的朋友们话别》，《田家半月报》第 2 卷第 17 期，1935 年，第 2 页。

② 陈建明：《基督教信仰与乡村教育理念的融合——〈田家半月报〉评析》，《世界宗教研究》2008 年第 4 期。

③ 雪岩：《回国后的观感》，《田家半月报》第 7 卷第 19 期，1940 年，第 2 页。

④ 《田家半月报的希望》，《田家半月报》试刊号，1934 年，第 1 页。

⑤ 《田家半月报的希望》，《田家半月报》试刊号，1934 年，第 1 页。

知，宗教性并不强。或可说，它的高明之处在于寓宗教于世俗内容之中，寓宗教于有助于农民之中。它是一份综合性的基督教刊物，栏目多样、内容丰富、紧密结合时事新闻、介绍宗教的基本知识和教会的消息动态、关注农民实际生活的问题等；将宗教内容和世俗内容巧妙组合，融入各个栏目中，更多的是为解决农民在现实生活中的实际问题。刊物最初设定的读者对象就不仅仅是基督徒，或是潜在的未来基督徒，而是将阅读视野定位在了除乡村农人以外的更多人士，初步设定的人士包括以下四种：1. 阅读福音书没有太大困难的教会成员；2. 识字班和类似学校等级的成年人；3. 乡村普通识字的民众；4. 为乡村建设服务的工作人员、教师和学生、城市人群。

《田家半月报》采用了极其通俗浅显的文字和语言，教导民众如何适应新的生活，如何适应社会变化，怎样去理解和了解世界大事和身边的小事。教导农民如何生活，包括对人生的认识，怎样了解世界，怎样农业生活，怎样生活卫生等。它不仅告诉农民应该如何种田，而且如何科学种田；介绍卫生常识、生产技能、处家知识、育儿方法等，自认为这是一份"平平稳稳，由基督教的立场办给中国农民的通俗刊物罢了"。①正是这样一份普通平常的刊物，引起了普通平常的广大民众极大兴趣，涉及农村生活社会的方方面面，真正做到"文字下乡"，"读者一卷在手，万事可不求人"。②

《田家半月报》主要栏目有：天下大事、言论、新闻、农业、转载、宗教、常识、文艺、生计副刊、卫生副刊、家事副刊、儿童副刊、法律问答、读者园地、小消息等十几项。从创刊到停刊，刊登内容不断更新变化，但栏目设计基本没有什么变化。"言论"是对国内外大事的评论，对教会事务的评论。"新闻"曾名为"天下大事"，刊登各种新闻消息，该栏目的口号是"田家不出门，便知天下事"。除报道国际国内事务外，经常还报道基督教会的各种消息，抗战时期还经常报道战争进程和战争状况。"文艺"挑选合适农村生活的文艺作品来刊登。"卫生"介绍常见

---

① 田仲济:《张雪岩博士与他的田家》，见潍坊市寒亭区文史委员会编《张雪岩史料选编》，1991年，第15页。

② 《广告》，《基督教丛刊》第2期，1943年，封三。

疾病的预防与治疗，尤其是传染病的防治；介绍常见医药或卫生知识问答等。"儿童"涉及儿童的各类问题和题材。"家事"介绍妇女在家庭中的地位和作用，家庭关系的处理，新式婚姻，传统女红和食物饮食的知识和方法等。"生计"刊登农业生产的改进、合作社和辅助产业的介绍，农民生活生产方面的问题等。"读者园地"刊登读者投稿，反映读者的感受意见建议等。"综合"刊登游戏、谜语、笑话、填字等。"常识"刊登其他栏目不易转载的实用信息。有时还有"海外通讯"，介绍海外风土人情和见闻，扩大乡村视野。应时事需要，有时还有教会的捐款报告等。生计、家事、儿童、妇女、法律、医药卫生等方面的内容，涉及专业性较强的问题，基本上由合作的专业机构来提供稿件，如聘请金陵大学农学院的专家负责生计副刊，聘请齐鲁大学医学院的专家和乡村公共卫生部的专家负责其他栏目。

完全"宗教"的栏目只有一项，且比例非常小。这个栏目经常刊登的是基督徒家庭祈祷用的灵修读物、圣经读物、圣经知识和圣经故事，基督徒团契的进展或活动消息、家庭祈祷文、宗教艺术和文学等；抗战时期这个栏目有所扩充，增加了一个特别栏目——国难中的灵修，向读者宣传受苦抗争的宗教意义等；还刊登宗教文学作品，鼓励民众抗战坚持等。在张雪岩任主编的时代里，抗战一直是该刊物很重要的内容。

《田家半月报》面向乡村社会和农民，因此特别注意文字的浅显易懂和内容的通俗易识。所用的字，大半是中华平民教育促进会出版的《农民千字课本》里的字，如果有《千字课》以外的生字，都会用注音符号注明，用黑线隔开。如果有必须使用的名词，都会采用注释的方法，在每篇文章的末尾加以注释和介绍。[①] 它始终特别注重文字文风的平民性，还特别提出了文章平民化的追求理念，认为文章不是要写得人家看不懂才是好文章；文字不再是文人君子的专利，农民也要"以文会友"；鼓励乡间民众都来参与文字的活动，"庄稼婆婆，能彼此结交文字的朋友，岂不是一番盛事！"[②]

虽然是一份基督教会办的刊物，由于《田家半月报》的读者定位和

---

① 《田家半月报的希望》，《田家半月报》试刊号，1934 年，第 1 页。
② 《恭喜新年》，《田家半月报》第 2 卷第 1 期，1935 年，第 2 页。

文字浅白、内容丰富,广泛实用,其传播面就很广,读者也会非常广泛,甚至中卫镇的中山市场,警察局创办的民众阅报室里,都有这份刊物。[1]《田家半月报》创办 5 个月后,订阅数接近 5000 份,"已经分布到 20 个省"。创刊一周年时,"定户将近 8 千,读者至少 4 万,销路普及本国 22 个省"[2]。抗战时期,绝大多数基督教会的刊物停刊了,只有几份基督教刊物在成都坚持出版,《田家半月报》尤其显得活跃和突出,社会影响力更广泛。1943 年底, 《田家半月报》发行量增至 4 万多份。据估计,1946—1947 年,全中国大约有 75 万人读过田家,其中有 60% 的读者是农民。[3] 1943 年,广告称"虽在战时定户尚能常保三万左右之纪录,遍及后方各省(十九省),由此可知本报实深受读者欢迎,文字下乡,本报当之无愧"。[4]

在乡村建设运动中,如何将"高大上"的农业科研技术成果和社会新知转入"接地气"的深入民间,从而实现乡村建设和改造的目的;如何通过兴办教育、改良农业、流通金融、提倡合作、公共卫生、移风易俗等来复兴日趋衰落的农村经济,从而实现民族再造和民族自救,这是乡建运动需要突破的现实问题。理想未来是美好的,现实操作是艰难的。

今天来阅读《田家半月报》,可以发现它从始至终的宗旨理念和具体写作发表都没有什么变化,可谓从来不曾忘记过"初心",都是围绕着乡村建设这些内容在进行积极介绍和宣传,如普及识字进行扫盲和文化教育、推广生计农业卫生等科普知识;引进和推广动物植物良种、尝试建立新式公共卫生;倡导合作组织、加强农村自卫;积极呼吁移风易俗,反对社会传统陋俗,致力改良乡村社会的风俗,如女子缠足、养婢女、吸毒贩毒、赌博和婚丧礼仪等,促进乡村社会的健康发展,通过各种知识教育,逐渐破除了农民守旧心理和传统观念,逐步学习、掌握农业科技知识,使新式农民的素质有所培育,农村社会得以改变。

---

[1] 《愿大家齐努力介绍田家》,《田家半月报》第 6 卷第 11 期,1939 年,第 6 页。
[2] 《本报周年纪念》,《田家半月报》第 2 卷第 15 期,1935 年,第 2 页。
[3] [美] 何凯立:《基督教在华出版事业 1912—1949》,陈建明、王再兴译,四川大学出版社 2004 年版,第 261 页。
[4] 《基督教丛刊》第 2 期,1943 年,三广告。

三　政见虽差异、乡建却唯一

在长达 23 年的时间里，《田家半月报》随着时局的变化而迁移了多个编辑出版地点。1934 年 8 月创刊于济南；1937 年 10 月从济南迁至长沙；1938 年 10 月从长沙迁到成都；1944 年 8 月从长沙迁到重庆沙坪坝，1947 年迁到北平，直到 1957 年 12 月停刊（中间 1950 年 3 月至 1951 年 10 月因主编张雪岩去世停刊），持续了 23 年。

在动荡不安的民国年间，任何一家报刊读物能坚持 23 年，实属不易，编辑部三任主编功不可没。三任主编都是山东人，都是基督徒，都是终身没有脱离教会的人士，虽然他们的政治观点相差很大，可谓分居中左右三派，但对基督教乡村建设都情有独钟，付出了一生的努力。

孙恩三（1900—1951），山东博兴人，毕业于齐鲁大学，1935 年至 1937 年在美国留学，1937 年获得康奈尔大学社会学硕士学位。他不仅文字功底好，而且口才甚佳，被评价为"英年有为，才识超卓"，"不仅能为文字的宣传，且能任其辩才与灵识，现身说法于广庭之前"。[①] 他一生都在教会里任职，如在中华基督教协进会平民教育部、乡村事业部任干事多年，抗战后还任中华全国基督教协进会华中兼华西区干事。1938 年将《田家半月报》转移到成都，并主编刊物。1940 年以中华全国基督教协进会干事身份在重庆基督教乡村服务社工作。1943 年至 1946 年，被热心乡村建设事业的著名企业家卢作孚聘为民生公司顾问，陪他进行外交出国考察等。1945 年至 1949 年任齐鲁大学教务长，协助齐鲁大学返回济南。1950 年任上海广学会文字部干事和上海国际礼拜堂副牧师。1951 年去世。孙恩三虽然有时在其他机构里任职，但一直坚持在《田家半月报》任编辑，主持工作。

张雪岩（1901—1950），山东潍坊人，幼年丧母，青年丧父，家境贫寒。13 岁曾入潍坊的教会中学文华中学半工半读。1916 年参加招赴欧洲战场当华工，张雪岩因懂英语而得到担任翻译和华工管理的工作。曾短

---

① 鲍引登：《五年运动》，见中华全国基督教协进会编《中华基督教会年鉴》（1933 年），中华全国基督教协进会 1933 年版，第 20 页。

暂经商和从军,后在文华中学任英文教员,1927 年到上海任广学会助理编辑。① 1930 年入南京的金陵神学院半工半读完成大学课程,因征文比赛获得李提摩太奖。1933 年毕业重返广学会工作。在孙恩三学成归国后,1937 年 8 月张雪岩也暂时离开了《田家半月报》,出国学习。先到加拿大多伦多大学求学,后到美国康奈尔大学攻读社会学博士学位,于 1940 年9 月回国。这时,正值抗战艰苦卓绝时期,他一面继续编辑《田家半月报》,同时还兼任齐鲁大学社会学系教授。

1945 年,他同许德珩和潘菽等在重庆发起了"民主与科学座谈会",1946 年 5 月 3 日更名为"九三座谈会",后又成立了"九三学社筹备会"。1946 年 5 月 4 日,"九三学社"在重庆正式成立。1949 年 9 月 21日,他以基督教界代表的身份出席了中国人民政治协商会议第一届全体会议,参加了开国大典。1950 年 1 月 28 日突发脑溢血,去世于北京南池子箭厂胡同 2 号家中。1 月 30 日《人民日报》发布了公告,2 月 2 日举行纪念,遗体葬于北京万安公墓。从 1940 年到 1950 年初,他一直负责《田家半月报》的出版工作。从 1934 年创刊到 1957 年停刊,田家约出版了 23 年,张雪岩参与出版编辑 16 年,这是他一生中付出最多的事业。

在华北解放区,基督教乡村工作者们,最早看到了共产党的干部和政策,看到了穿着布衣的政府领导,看到了服务百姓的军队,也看到了解放区说到做到的政策。② 在中华人民共和国刚刚成立时,在有人开始怀疑基督教还能否对乡村建设有所贡献时,《田家半月报》已经开始申明立场,认为基督教乡村事业与新政府是合作的。在具体的医药卫生、农业推广、文字教育等许多方面,基督教还有许多的发展机会和实践能力。③主编张雪岩在后来的言论以及对美国的严厉批评上,在其上级主管机关华北农联看来,肯定是太过激进了。华北农联董事会主席李荣芳多次提醒张雪岩遵守农联章程行事,因为《田家半月报》主要是依靠美国差会的经费津贴出版。为了保持其独立的言论立场,张雪岩甚至筹划工艺社,以副业生产来弥补办刊经费,谋求经济独立。

---

① 《教会消息》,《田家半月报》第 7 卷第 20 期,1940 年,第 6 页。
② 《言论》,《基督徒应当虚心学习》,《田家半月报》第 15 卷第 21 期,1949 年,封面。
③ 《基督教的农村工作》,《田家半月报》第 15 卷第 23 期,1949 年,封面。

主编张雪岩于 1950 年 1 月突然去世，《田家半月报》于 3 月停刊。1951 年 3 月，基督教三自革新运动领导人吴耀宗邀请刘龄九到北京参加基督教会议，并商议《田家半月报》复刊之事。刘龄九乃山东淄博人，金陵大学农业专修科毕业，在山东青州鸿文中学（教会中学）任中学教员 5 年。后进入中华基督教协进会乡村干事部工作，在《田家半月报》任编辑十余年，1948 年至 1949 年还曾任中华基督教边疆服务部主任。在中国基督教全国文字工作委员会支持下，《田家半月报》于 1951 年 7 月复刊，刘龄九任第三位主编。该刊坚持按照过去的编辑出版方针继续刊物的工作，没有太多的差池和变化。1957 年开始反右，12 月在北京召开"全国基督教反右批判大会"，刘龄九在这次会上被定为"极右分子"，撤销教会内一切职务，1958 年下放农场劳动改造。1960 年因为在中华基督教边疆服务部工作期间与国民党的关系，判为"反革命"，服刑三年。1963 年刑满释放，回山东淄博老家劳动。1981 年后，山东淄博市张店区恢复宗教活动，被政府指定为教会负责人。没有了主编，《田家半月报》随之于 1957 年 12 月停刊。

四　坚持是硬道理

与任何社会运动一样，几乎遍及全国的乡村建设运动的产生和壮大也有其深刻的社会背景，一种以改造乡村社会为直接目标的实践性社会运动，必然有其所针对的社会问题，它的发生体现了知识界对中国社会的思考和认识。

20 世纪前半叶的中国，农业生产技术落后，生产力水平低下，不能解决温饱问题。救济农村即拯救国家的普遍认识，是知识界投身乡村建设运动的强大动力。当时人们认为，农村对国家的经济政治文化具有决定性的重要作用，认为"农村破产即国家破产，农村复兴即民族复兴"。① 当时的中国仍然是农村社会，农业人口占总人口的 80% 以上，国民生产

---

① 李宗黄：《自序》，《考察江宁邹平青岛定县纪实》，出版、年代不详，考察时间为 1934 年，第 1 页。

总值中农业所占比重高达61%，其中还没有包括农村手工业。[①] 在一般人的心中，农业所占比重达90%，都认为"国民经济完全建筑在农村上"。[②] 在文化传统上，乡村社会是中国文化的根本，纵然引进西方科学技术和各种先进设备，也要嫁接在乡村社会这棵老树上，才能生根发芽。乡村建设运动的出现，迅速广为知名，并吸引了众多新式知识分子的投身参与，不仅是农村的落后破败的现实促成，也是知识界对农村重要性和社会复兴基础的认知导致，在这两者的结合下，才导致了领域广阔、方式多样、时间持久、影响深远的乡村建设运动。它不仅要救济乡村，而且还要创造新文化。

随着1937年全国抗战的爆发，全国范围乡村建设运动戛然而止，他们所取得的实际效果也与自己当时的理想有很大的差距。但乡村问题的日渐严峻迫使知识分子从传统"坐而言"到今天"起而行"的转变，对知识分子是一种本质性的督促和改造，他们在进行乡村改造的过程中，也改造了自己。

乡村建设运动导致大量知识分子进入农村，深入民间，抛弃城市的富裕生活，走与农民农村农业相结合的道路，从事乡村建设的实验工作，把他们所学会所认知所追求的知识文化和科学技术传授给农民，帮助他们扫除文盲和脱贫致富。知识分子以自己专业和关注改革的焦点入手，创造推新出了许多理论思考和实践经验。有梁漱溟领导的要创造新文化的山东邹平乡村建设运动；有黄炎培等领导的从推广工商职业教育起始的中华职业教育社；有以政府力量推动乡村自治，完成国民党训政时期的政治目的，如江苏省江宁自治实验县；有晏阳初领导的以推进整个社会改良的河北定县试验；有彭禹廷领导的以农民自卫为出发点，避免土匪祸乱的河南省镇平县自治；有以社会调查和学术研究农业品种改良为发轫的，如金陵大学和燕京大学的农业技术改良。

虽然各地乡村改造建设的切入点不同，但一旦进入，各地各项问题和事务将彼此相连，密不可分。即便让农人张三实现了第一步的基本扫

---

① 巫宝三主编：《中国国民所得》（1933年），中华书局1947年版，第12页。
② 梁漱溟：《我的一段心事》，《梁漱溟全集》第5卷，山东人民出版社1992年版，第533—535页。

盲，但他却仍然处于贫穷状态下，而且还会持续贫穷落后，众多农人未解决贫困问题，乡村贫穷落后的状态仍然没有改变。随着乡村建设的进一步深入，乡村建设随之扩大了更多内容，考虑到乡村各方面的改革和创新，包含了政治改革、文化教育、科技改良和推广、卫生保健、组织合作、移风易俗、自卫保安等社会发展的各个方面，乡村建设已经是包括了社会改造的各个方面内容。

乡村建设中最知名的分别是定县试验和邹平实验。定县试验始于1926年，因日本侵华于1936年结束。从1931年至1937年间，邹平实验持续8年后结束。《田家半月报》始于1934年，中间虽然有时局变化或经济原因，被迫调整页数和刊期，或出版合刊，或延期出版，但千难万艰中还是坚持了23年，直至1957年底。在动荡不安的民国年间，长达23年的刊物可谓少矣，长寿的岁月即可见证其为社会、为民众贡献的意义。作为民国年间适合农民阅读的杂志，《田家半月报》虽然不是最早创办的，但却是最成功的，时间最长的。它真正实现了自己为教会和社会的使命，"一、培养热心的基督徒；二、培养进步的新农民；三、培养爱国的新儿童；四、培养忠勇的新国民；五、促进基督化的家庭；六、促进自立自养的教会；七、促进互相合作的新社会；八、促进自由平等的新国家"。

尤其在定县和邹平等多个乡村建设实验都衰落和关闭后，《田家半月报》却坚持不断迁移转战多地，从华北的济南到华中的长沙，到华西的成都，再到华北的北京，弦歌未绝。虽与杂志刊物可以移动有关，更与众人的执着信念和艰苦努力有必然关联，实乃真正见证了乡村建设的理念和贡献。

《田家半月报》特别有意义之处，是通过这些接受了最新现代教育的人，将原本特别"高大上"的远离乡村的科学技术、社会发展、社会新闻传播到乡村农民中，达到改良农民生活、改进农业生产、改良农村社会的目的。总体来讲，它对乡村建设的参与主要侧重于推行乡村识字教育、推介更新乡村实用知识、推荐乡村建设方案、改良乡村社会风俗等方面。

《田家半月报》因应整个中国社会的乡村建设和中国基督教乡村建设的召唤而产生，是中国基督教乡村建设运动的重要组成部分，更是中国基督教乡村建设中持续时间最久的内容活动。它以乡村民众所需要和乡村建设所服务作为刊物的基本点,将农民生产和生活所需要的科学知识传播到了农村,为乡村建设提供知识文化、专业技术和信息方面的支持。它对乡村建设的参与方式是以知识文化下乡的方式来为社会服务的,其方法对 1949 年以后的面向乡村的各类改革和建设有着积极的参考意义。

第 八 章

政教叠合:新生活运动与
乡村建设

　　1934 年至 1949 年长达十六年的新生活运动,无疑是近代中国的重要事件。而作为这场运动的发起者和倡导者,宋美龄无疑是不可忽视和无法抹去的。尤其在西方世界的视野中,这个运动甚至被称为"蒋夫人的新生活运动"。① 运动初始,宋美龄就积极邀请基督教会和传教士,参与这个改变民众日常生活细微之处来体现政治权力和社会治理的"新生活"运动。对与政治渐行渐远的基督教会来讲,又有了参与政治和改造社会的机会。

　　新生活运动研究著述颇丰,但涉及其与基督教之间的关系则较少。英文专著《当中国面对西方》研究了 1928—1937 年间在华美国传教士与国民政府交往并积极参与社会活动。该书用一章篇幅描述基督教会对新生活运动的认知和参与,许多西方传教士几乎有一致的目标,就是中国各地乡村经济和社会问题的基督化。大多数传教士对基督教参与到民国社会活动持赞成态度,尤其叙述了基督教青年会具体参与活动中,以及其面对政治压力与政教分离的两难境遇。汪进春、苏新有和吴丽平初步叙述了基督教与新生活运动的史实。刘家峰和汪思涵认为,基督教会时时保持着对政教关系的反思,始终犹豫是否要进入政治势力的新生活运动,处于徘徊尴尬的境地中。冯乐怡(Federica Ferlanti)高度评价了新生

---

① [加]文忠志:《出自中国的叛逆者:文幼章传》,李国林等译,四川人民出版社 1983 年版,第 197 页;[美]乔伊斯·霍夫曼:《新闻与幻想:白修德传》,胡友珍等译,新华出版社 2001 年版,第 49 页。

活运动对塑造新国民和创建民族国家认同中所起的作用；杨卫华则认为基督教会与新生活运动的关系既体现了社会团体对接国家运动的复杂性，也暗示新生活运动国民改造的困境。①

中外著述均未有更多研究讨论，除了传播宗教和体现政治权力的社会治理目标外，教会和国民政府是如何考虑面对中国共产党的发展势力和影响？尤其在江西这个曾经是中国共产党占领过的地域，如何消除共产主义的影响？国民政府和基督教会双方合作参与互动后，如何影响了彼此之间的政治目的和宗教目的？尤其在国民政府将基督教引入新生活运动的主要目的——利用基督教来应对共产主义，以及引入后宗教和政治之间的互动利益升值，缺少深入细致的讨论。

一 教会：跻身政坛的切入口

国共合作破裂后，中国共产党确定了土地革命和武装反对国民党统治的方针，开始独立领导群众武装斗争。1927 年中国共产党在江西发动了武装暴动，1931 年 11 月 7 日，在江西瑞金成立了中华苏维埃共和国中央政府，建立了中央革命根据地，江西逐渐成为全国政治的焦点。1930年中原大战解决了军阀问题后，中国共产党成了蒋介石的心腹大患。

从 1930 年底到 1934 年 10 月，国民党对中央苏区连续发动了五次"围剿"。在"围剿"红军的过程中，蒋介石逐渐认识到消灭中国共产党不是单纯依靠军事方法就可以解决的问题，他从中国共产党那里"学着

---

① James C. Thomson, *While China Faced West: American Reformers in Nationalist China, 1928–1937*, Cambridge Mass.: Harvard University Press, 1969；刘家峰：《徘徊于政治与宗教之间：基督教江西黎川实验区研究》，《浙江学刊》2005 年第 4 期；汪思涵：《1934—1937 年间的新生活运动与基督教：以〈教务杂志〉为中心》，《中国社会经济史研究》2007 年第 4 期；汪进春：《基督教与新生活运动》，硕士学位论文，华中师范大学，2007 年；苏新有：《试论抗战前基督教会在新生活运动中的角色和作用》，《历史教学（高校版）》2008 年第 8 期；吴丽平：《公理会传教士牧恩波在华传教事业初探（1917—1939）》，《社科纵横（新理论版）》2013 年第 1 期；Federica Ferlanti, "The New Life Movement in Jiangxi Province, 1934—1938", *Modern Asian Studies*, 2010, Vol. 44（5）等；杨卫华：《新生活运动与民国基督徒的新国家想象》，《四川大学学报》（哲学社会科学版）2020 年第 3 期。

赋予政治工作以更重要的意义",① 将第五次"围剿"定位为军事政治经济社会的总体战，提出了"三分军事、七分政治"的策略。

在军事重兵投入之时，蒋介石已经开始思考善后工作，即如何从经济、政治、社会各方面进行所谓的"除旧布新"，谋划在收复苏区后，如何消除中国共产党在江西和福建农村所形成的深远影响，重建国民党的统治秩序。可以说，新生活运动即是他思考的结果和重要部署。与蒋介石接触甚多的宋美龄和黄仁霖均回忆到，"新生活运动的概念，是蒋委员长在剿匪期中所悉心考虑而成的"。② 江西之所以成为新生活运动的发源地，重要原因在于江西是当时国共斗争的前沿重地。从 1930 年 12 月起，国民党对中央苏区进行连续"围剿"，南昌就成了指挥"围剿"的中心。1934 年 2 月 19 日，蒋介石在南昌军事行营扩大总理纪念周时发表了《新生活运动之要义》的演讲，标志新生活运动正式发动。由于江西军事战略的需要，蒋介石将军事行营就近设立在南昌，并和宋美龄在牯岭租用了南昌基督教美以美会的房子作为临时办公居住地。

宋美龄出生于一个基督教家庭中，父亲宋耀如曾任美国监理会传教士林乐知（Young John Allen）的传教助理。在宋母要求和宋美龄的影响下，蒋介石于 1930 年 10 月 23 日受洗成为基督教徒。宋美龄对基督教会有更亲近的感情和信念，也与传教士更熟悉。

1933 年 5 月的一天，宋美龄访问了在南昌的美国美以美会传教士长孙威廉（William R. Johnson），他于 1906 年从美国伊利诺伊州受派来华，1910 年用其祖母的捐款在南昌办起了豫章中学并任校长，1928 年在华洋义赈会兼职。宋美龄希望长孙威廉帮助两件事，一是帮助寻找一对传教士夫妇，照看她一直关心的一家在南京的孤儿院；二是希望长孙威廉为江西研究筹划一个大规模的乡村建设计划，这个计划可以在教会的资助下实施。第二天，她再致电长孙威廉，希望有进一步的落实。宋美龄的主动邀请，开启了基督教会参与新生活运动的序幕，再次进入中国高层

① ［美］费正清主编：《剑桥中华民国史》（二），章建刚等译，上海人民出版社 1992 年版，第 229 页。
② 宋美龄：《中国的新生活》，《蒋夫人言论集》，国民出版社 1939 年版，第 389 页；黄仁霖：《黄仁霖回忆录》，台北：传记文学出版社 1984 年版，第 55 页。

政治和社会活动的序幕。

宋美龄自幼在基督教和西式的生活氛围中长成，基督教和西方价值培育了宋美龄的精神生活、价值取向和人生观。她甚至说，"我身上唯一和东方有关的是我的脸孔"。①1908年，年仅11岁的宋美龄去美国读书，十年后回到上海，在美国度过了奠定她人生观和价值观的最重要时期。②

1934年3月，宋美龄用英文在《美国论坛》杂志上介绍了她的宗教观，称自己年轻时对宗教并没有兴趣，是为了帮助蒋介石，才将宗教与政治联系起来。她回忆自己的"个性不喜欢玄虚，而爱好实际"，年轻时曾"非常憎厌"教会里"冗长的说教"，但常年去教堂的习惯，"养成了我做事的恒心"③。

结婚以后，自称同时也"嫁给了国家"④的宋美龄逐渐认识到，自己渴望对国家做些事情的愿望不难实现。同时她母亲鼓励改变蒋介石精神生活的任务也转由她来担负，"我也日渐和上帝接近了"。于是，她把自己"所知道的精神园地，引导丈夫进去"，而尽力帮助丈夫蒋介石，"就是为国家尽最大的责任"⑤。在她的理念叙述中，宗教、政治、精神、修养、相夫、达己、责任等多重概念角色之间逐渐叠合起来，形成了统一。她终其一生都是想有所作为的。

1927年12月1日，蒋介石、宋美龄在上海举行了婚礼。作为热心政治和社会活动的第一夫人，几十年密切接触蒋宋家族的"御用牧师"⑥眼中的"active Christian"（活跃基督徒），宋美龄自然有一番政治的理想和抱负，这从她结婚不久即参与各种活动，展现出她关心时事的热情。虽然她并没有正式职位，却很愿意在国民政府中做些辅助性工作。1928年10月，她即通过蒋介石向国民党中央提议，在南京中山门外设立国民革

---

① ［美］汉娜·帕库拉：《宋美龄传》，林添贵译，东方出版社2012年版，第12页。

② 华景侠、夏秀兰等编纂：《中华基督教女青年会干事手册》，中华基督教女青年会全国协会1926年版，第22页，上海市档案馆121-0-1。

③ 宋美龄：《我的宗教观》，《蒋夫人言论集》，国民出版社1939年版，第423—424页。

④ 严倬云：《真心虔信济世助人》，见王成勉主编《补上一页欠缺的历史：蒋介石夫妇的基督教信仰》，台北：宇宙光全人关怀机构2013年版，第87页。

⑤ 宋美龄：《我的宗教观》，《蒋夫人言论集》，国民出版社1939年版，第426—427页。

⑥ 即周联华牧师，一直是蒋宋家族在台湾的牧师，最后为蒋介石和蒋经国举行了盛大基督教葬礼，2016年8月6日以96岁高龄去世。

命军遗族学校，让在北伐战争中牺牲的官兵子女能接受国家抚恤、受到教育，最终能成为建设国家的合格国民和公民。学校建成后，身为校长的宋庆龄远在国外，宋美龄即代替姐姐宋庆龄负责学校的管理。1929 年后，她又将蒋介石创办的励志社，用美国基督教青年会的活动方式，将其改变为通过丰富官兵的业余生活、提升官兵文化和道德素养的地方。还模仿基督教的"十诫"为励志社员们订立了"社员十诫"。这些说明了宋美龄参与政治事务的极大热情和实践外，也说明她仍然处在政治权力的边缘，没有进入国民政府政治权力中心。

宋美龄在管理遗族学校和励志社时，任用了一批基督徒为主要负责人，如基督教青年会的史襄哉、朱懋澄、黄仁霖，基督教会闽中协会的张效良等。喜欢与基督教会联系，好任用基督徒任职做事，成了宋美龄的组织风格和用人习惯。在她发动的每项重大社会活动时，背后都能看到基督教会组织和基督徒的身影。她出行时到各大城市，总要召集教会团体开会讲话。退居台湾后，她甚至用基督教压制其他宗教，引起其他宗教的反感。①

她不仅看重认同基督徒的道德性，基督徒接受过西方教育的经历，基督徒的西方背景及援手势力，更是她看重的。这时的宋美龄刚刚步入政坛，并没有强硬的政治势力和背后支撑，基督教会和基督徒是她最直接和熟悉的领域和人群，是最容易得到支持的领域和人群，所以基本每到一地即邀请教会和传教士开会宣传。有着强烈使命感的宋美龄，积极投入新生活运动的推展工作中，寻求教会的支持与传教士的协助，是她工作的第一步。②

对今天的学界和民众来讲，宋氏家族是当时显耀家族，但如果没有两位姐妹先后成为中华民国的第一夫人，并不甘寂寞积极作为，宋家则只是一个生活富裕、受到西方良好教育、信仰基督教的家庭而已。在民国初年，并不缺乏类似海外经历和经济状况良好的基督徒家族。③ 彼时，

---

① 星云口述：《贫僧有话说》，台北：中华佛光传道协会 2015 年版，第 199、217 页。

② ［美］埃米莉·哈恩：《宋氏家族》，李豫生译，新华出版社 1985 年版，第 205 页。

③ 对民国初年家境富裕、教育良好、信仰基督教的家族研究，可参考罗元旭《东成西就：七个华人基督教家族与中西交流百年》，香港：生活·读书·新知三联书店 2012 年版。

宋家第一掌门人宋耀如已于 1918 年去世，他生前曾留学美国，回国后任美国传教士林乐知在上海的传教助手，做着类似于传道人的工作，后退出教会，经商致富。作为华人基督徒，他在基督教会里并没有担任过重要职位，退出教会服务从事商业，也不会让他在教会界获得更高地位和声誉，当时基督教会并不缺乏这样的人。但正是他积极支持孙中山革命，让宋家与孙中山产生了联系才是至关重要的一步。1925 年 3 月 12 日孙中山去世，孙夫人宋庆龄远走他乡，在德国和苏联生活多年才回到国内。1927 年至 1930 年的蒋介石正处于艰难的起步时期，宋美龄则更无特殊的政治地位和社会地位。

教会眼中的宋家也并非特殊的基督徒家族，是否要与宋家有更多的联系和攀附，还是会有很多拒绝的考虑和理由的。有一事或可说明。1927 年 12 月 1 日蒋宋结婚时，作为上海景林堂教友的宋老太太，很希望请曾经给儿子宋子文证婚的景林堂江长川牧师来给蒋宋证婚，但江牧师却以蒋介石私人生活不检为由而不允。宋老太太不得已只好另请基督教青年会总干事余日章为其证婚，婚礼的宗教祷告和祝福没有在教堂内进行，安排在西摩路宋家宅院内完成。[①] 虽然也在各大报纸上刊登了蒋介石的结婚信息，邀请到国民党元老蔡元培和何香凝为主婚人和介绍人，[②] 作为基督徒的宋氏家族，信教几百年的倪家女儿宋老太太[③]，亲生女儿的婚嫁无法在教堂举行，没有得到神职人员的宗教祝福，并非光耀门庭，甚至暗含某种宗教惩罚的意味。此事可说明当时教会对蒋宋的态度。

直到近三年后，蒋介石自己从内心认同了基督教，愿意受洗成为基督徒。饶有趣味的是，仍然是上海景林堂牧师、中华基督教协进会副会长的江长川，1930 年 10 月 23 日，在宋老太太家中，亲自为已经 43 岁、"但愿岳母长寿""使其心安病痊"的蒋介石受洗，让他成为基督徒。[④]

---

① 孔彦理：《我所认识的江长川会督》，《上海文史资料选辑》第 81 辑，1996 年，第 337 页。

② 《蒋介石宋美龄今日结婚》，《申报》1927 年 12 月 1 日第 14 版；《蒋介石的我们的今日》，《大公报》（天津版）1927 年 12 月 1 日第 2 版。

③ 宋美龄母亲倪桂珍家族宗教信仰的渊源很早，甚至可以追溯到明末天主教"三大柱石"徐光启，徐光启的女儿嫁到倪家，倪家世代信奉天主教，直到倪桂珍的父亲倪韫山才改信基督教。这也是宋美龄在台湾任辅仁大学董事长的原因，称自己家族与天主教曾有渊源。

④ 《蒋介石日记》，1930 年 10 月 23 日，美国斯坦福大学胡佛研究所藏。

宋美龄的亲自邀请让南昌教会深感意外，由于她角色特殊，传教士认为这是国民政府向基督教会发出的特别邀请。教会对乡村建设和包括照顾孤儿的社会服务已是行家里手，但被国民政府邀请参与在中国共产党活动过的地区从事乡村建设，这还是第一次，充满了挑战。

二 黎川实验区的选择考量

教会对乡村从来都不陌生，而且 20 世纪 30 年代初期的基督教会，正在全国进行着有一套系统认知和实践的基督教乡村建设运动，已经在全国各地设立了多个实验区和服务点。最知名的莫过于基督徒晏阳初领导的河北定县平民教育促进会。基督教乡村建设运动并不仅仅在中国，在远东地区的日本、朝鲜、菲律宾等地都有开展。①

20 世纪 20 年代末 30 年代初，对很多传教士和基督教会来说，中国共产党和共产主义还没有给自己带来真切的挑战和感受，它对基督教的挑战还只是在概念上、精神上，虽已有部分传教士开始了初步认识和思考。

首先，共产主义可能会给基督教带来极大的挑战。1931 年 4 月，教会最重要的英文杂志《教务杂志》（*The Chinese Recorder*）的社论已经开始关注到，共产主义可能是基督教最大的挑战。② 基督教青年会全国协会副总干事鲍乃德（Eugene Epperson Barnett）认为，"共产主义是我们遭遇的有良好组织且好斗的宗教对手"。③ 其次，共产主义思想吸收了基督教资源，从基督教中获取了不少思想启示，有不少相同之处。史迈士甚至认为"马克思的美好世界，很大程度上来自基督教"。④ 著名华人基督徒、曾国藩孙女曾宝荪认为，"毫无疑问，共产主义的许多观念来自早期教

---

① 更多细节请参考刘家峰《中国基督教乡村建设运动研究（1907—1950）》，天津人民出版社 2008 年版。

② Lewis C. Smythe, "Communism Challenge Christianity", *The Chinese Recorder*, June 1934, p. 354.

③ Eugene E. Barnett, "The Religion of Communism", *The Chinese Recorder*, June 1933, p. 341.

④ Lewis C. Smythe, "Communism Challenge Christianity", *The Chinese Recorder*, June 1934, p. 357.

会。平等、共同体生活、财产私有制的取消、掌控整个世界作为它的最终目标，几乎和基督的教诲一致"。① 最后，虽然在某些方面共产主义与基督教有相同之处，但如果中国共产党胜利则会很麻烦；如果自由派胜利的话，传教士将可以像往常一样继续自己的工作，而"国民党是唯一一个可能对基督教宽容的政党"。② 因此，对在华的外国传教士人来讲，只能靠近国民政府和国民党。传教士介入新生活运动的前提还包括了对新生活运动方向的另一种理解，即应对共产主义运动对基督教可能造成的威胁。

但对在江西和福建的传教士和教会来讲，则是一种切身实在的挑战和感受。③ 福建和江西虽然毗邻紧密，但基督教状况差距甚大，分别排名全国第一和倒数第四。根据 1901—1920 年基督教会的全国调查可知，福建被认为是基督教"最兴旺之省区"，有圣公会、浸礼会、公理会、美以美会、内地传道会等 11 个传教机构，传教士 454 人，每万居民中受餐信徒有 24 人，乃属全国第一，主要分布在福建的沿海地区和闽北的建宁一带。④ 基督教在江西的势力可谓弱小，江西也有圣公会、内地会、浸礼会、美以美会、青年会等 11 个传教机构，传教士 226 人，每万居民中受餐信徒才略多于 3 人。以受餐信徒来论，江西是全国基督教势力最小的四省之一，信徒主要聚集在南昌九江一带。⑤

在中央苏区的多数基督教会都撤离了，共产主义成了真切的挑战。1932 年和 1933 年夏天，外国传教士们召开了专门讨论共产主义问题的会议。1933 年夏天，在江西牯岭休假的美国传教士、金陵大学社会学系教授、可能是最早从思想上关注基督教与共产主义之间关系的史迈士

---

① Miss Pao Swen Tseng, "The Religious Situation among Chinese Youth", *The Chinese Recorder*, April 1936, p. 201.

② Paul Varg, "The Missionary Response to the Nationalist Revolution", in John Fairbank ed., *The Missionary Enterprise in China and American*, Cambridge, Harvard University Press, 1974, pp. 317 - 320.

③ 《农村运动的消息》，《田家半月报》试刊号，1934 年。

④ 中华续行委办会调查特委会编：《1901—1920 年中国基督教调查资料》，蔡詠春、文庸、段琦、杨周怀译，中国社会科学出版社 2007 年版，第 217—237 页。

⑤ 中华续行委办会调查特委会编：《1901—1920 年中国基督教调查资料》，蔡詠春、文庸、段琦、杨周怀译，中国社会科学出版社 2007 年版，第 333—359 页。

(Lewis S. C. Smythe) 的家中，正在接着 1932 年的议题举行讨论会，继续讨论"基督教应如何才能如共产主义有号召当代青年的力量？"参加者多是来华几十年的外国传教士，如南昌美以美会长孙威廉，中华圣公会皖赣教区主教韩仁敦（D. T. Hungtington，1895 年来华），南昌中华圣公会会长葛兴仁（Lloyd R. Craighill，1915 年来华），闽北建宁公理会牧恩波（George Shepherd，1915 年来华），南昌基督教青年会干事安澜（Arthur J. Allen，1918 年来华）等人。

8 月 13 日，宋美龄参加了该系列讨论会并发言，建议传教士们少在口头上讨论争议基督教与共产主义之间的异同，而是更应该本着耶稣基督的精神，去为农村服务。尤其到江西这样曾经被中国共产党"占领"的农村地区服务，"检验基督教是否能战胜共产主义"①。她积极地呼吁，如果基督教会是充满生机的，就应该主动参与在江西即将开展的农村复兴与重建工作，即新生活运动，国民政府欢迎教会对这些地区提出有实质性的计划。②

宋美龄甚至还表示可以拿出苏维埃在江西的十几个县，由国民政府出资上百万元，让基督教会进行为期三年的农村建设实验，她本人还要捐款资助。在这些被国民党"收复"的苏维埃地区，运用基督教的"服务、博爱、牺牲"精神去消除中国共产党的"影响"和"蔓延"，成为检验"基督教能战胜共产主义"的一个例证。③ 总之，她在积极配合新生活运动和蒋介石对基督教的认识和作用。江西是反对中国共产党的前沿，是新生活运动的开始地区，是要从军事上打击中国共产党，同时要从江西着手"过一种合乎礼义廉耻的新生活"④。实现这个目的，"当以联合基督教共同进行"⑤。

---

① Marian G. Craighill, *The Craighills of China*, Ambler, Penn: Trinith Press, 1972, p. 163.

② James C. Thomson, Jr., *While China Faced West: American Reformers in Nationalist China, 1928 – 1937*, Cambridge: Harvard University Press, 1969, pp. 61 – 62; 蒋宋美龄：《基督教与新生活运动》，《新运导报》第 7 期，1937 年。

③ 邓述堃：《美国教会在江西黎川推行的农村实验区》，见范基民主编《文史资料存稿选编》第 25 卷（社会），中国文史出版社 2002 年版，第 865 页。

④ 蒋介石：《新生活运动之要义》（1934 年 2 月 19 日）（在行营扩大纪念周演词），中央宣传部编《蒋委员长言论类编新生活运动言论集》，台北：正中书局 1938 年版，第 25 页。

⑤ 《蒋介石日记》，1931 年 4 月 14 日，美国斯坦福大学胡佛研究所藏。

经过种种考虑周转协调，中华基督教协进会觉得这应该是有利于传播基督教和进入社会主流的重要机会，最终决定参与这项工作。1933 年 10 月 31 日，中华基督教协进会在南昌召开会议，蒋介石夫妇和江西省官员参加了会议，会上成立了"江西基督教农村服务联合会"（Kiangsi Christian Rural Service Union），宋美龄任联合会名誉会长。成员有基督教美以美会江西大会、皖赣教区中华圣公会、南昌基督教青年会、美以美会女部、中华基督教会闽北大会。决定凡与江西地区有关的基督教会机构，各推代表二人组成董事会。有江西美以美会长孙威廉与夏家珖，美以美会女部谢爱克与米克，中华圣公会皖赣教区主教韩仁敦与邓述堃，南昌中华圣公会会长葛兴仁，南昌青年会安澜和总干事常能孝（后为总干事蔡智传）。宋美龄任联合会名誉董事长，长孙威廉任联合会主席，张福良为董事长，牧恩波任总干事。从后来的历史演进可知，除史迈士和韩仁敦休假结束后回到原工作地外，当时参加讨论"基督教与共产主义"的南昌和福建的传教士，以及部分华人干事，都以某种形式参与了黎川实验区的工作。乡村服务和建设从而成为基督教会参与新生活运动的重要方式。

农村服务联合会成立之后，总干事牧恩波和时任国民政府江西农村服务区管理处主任的张福良进行了为期两周的调查，虽然实验地点有江西抚州和黎川之争，但董事会还是确定了黎川。之所以最终把实验区选定在黎川，有多层原因的考虑。当时黎川正在进行激烈的战斗，是即将要收复的苏维埃地区，正符合做宋美龄和传教士所说的以"基督教战胜共产主义"的试验田。黎川交通闭塞、教育不发达、经济落后，可以代表江西一般农村教会。黎川以及附近的福建建宁已经有设立的传教站，对未来实验区工作有些基础。

黎川位于江西东部、武夷山脉中段西麓，为赣闽咽喉之地，东部毗邻福建的光泽县和邵武县，南部毗邻福建的建宁县和泰宁县，西部毗邻江西的南城县和南丰县。1931 年 11 月在瑞金成立苏维埃中央政府时，黎川是这一时期的全红县之一。1931 年 6 月红军第一次解放黎川，建立了红色政权——黎川县临时革命委员会，7 月红军撤出黎川。1932 年 10 月 18 日、19 日，在朱德、周恩来、彭德怀的指挥下，攻克了黎川、建宁和泰宁三县，红军第二次进入黎川。12 月在黎川县城文庙召开群众大会，成立黎川县革命委员会，隶属中华苏维埃共和国江西省，县委书记是江西革命根据地创建人方志敏的堂弟方志纯。

从 1932 年冬天至 1933 年春，中央红军总司令部曾驻扎在黎川县城篁竹街，指挥红军开展反"围剿"斗争。1933 年 5 月，在黎川成立了闽赣省革命委员会，省党政军首脑机关驻守黎川达半年之久。7 月在黎川组建了中央红军红七军团。这时的黎川已经在县区乡三级均成立了苏维埃政府，建立了赤卫队、独立团模范团等。9 月底，国民党部队重夺回黎川，10 月红军再次占领。到 12 月底，黎川才最后被国民党占领。后来黎川实验区所在的团村，就曾发生过重大战役，1933 年 12 月，肖华率领的红军一万余人在团村伏击陈诚部队四万人，即著名的团村战斗。黎川如此多次易手，真可谓是国共两党争夺的最激烈地区了。

这里也是具体负责黎川实验区的总干事牧恩波最熟悉的地区，有他十几年乡村工作生活的基础，能够发挥作用。他于 1894 年出生于新西兰，读过一年高中，做过七年杂店店员。后到美国，在芝加哥穆德圣经研究所学习了两年神学课程。1917 年由美国基督教极端基要派的普利茅斯弟兄会（Plymouth Brethren）派到中国。在中国传教的过程中，他逐渐对基要主义产生反感，最终脱离了弟兄会，1925 年转入美国公理会。[1] 他自1917 年来华一直都在福建西北部的邵武县和建宁县一带传教，已经在福建西北部生活了 16 年，是最了解当地风土人文的外国人。邵武和建宁虽属福建省，但与江西的黎川地理毗邻，依今天的语言学家研究，福建邵武和建宁的方言都属于赣方言，而非闽方言，可见两地的风土人情之相同。[2]

除了熟知当地情况外，牧恩波之所以崭露头角地被选中，与他对当地中国共产党的了解经历密切相关。在当时的基督教会中，可能没有几个人比他对中国共产党有更多的接触和了解。他一直在福建西北部传教，因红军到来而逃往福建东部，对中国共产党有着更切实的观察和体会。在一封信中，他描绘了共产主义对传教士的挑战：

---

① Marian G. Craighill, *The Craighills of China*, Ambler, Penn: Trinith Press, 1972, p. 158.
② 侯精一主编：《现代汉语方言概论》，上海教育出版社 2002 年版，第 142、143、148 页。

　　共产主义当然是华南值得注意的一种力量，是一种住在隔壁使
人认真考虑的现象。它的队伍中有基督徒，他们声称终于找到了这
种高尚的伟大的运动，他们愿意为之献出一切。它的方法是残酷的，
但它的目标在一些方面和我们是一致的，它无所畏惧地把基督教倡
导的思想付诸实践。我们不能无视它，正如不能无视太阳和月亮
一样。①

　　中国共产党构成了对基督教会真正的挑战，中国共产党给他留下了
深刻而矛盾的印象和感受。他甚至发出了这样的疑问："究竟是他们对还
是我们对？"② 一方面，他憎恨共产党，讨厌共产主义学说；另一方面，
他又羡慕共产党的成功，佩服共产党的奉献和不屈不挠，赞同他们的很
多目标。③ 他认为，共产主义的产生发展是因为这块土地上对现状不满的
人太多了，人们在指望教会能否有办法，"坦率地说，教会至今还没有发
现自己的机会和资源"，④ 所以，教会应该有所作为，而与国民政府合作
则可能是关键的一步。

三　异常和寻常：黎川实验区的初始与终结

　　1934 年 4 月 19 日，黎川实验区正式开张，工作一直持续到 1945 年
抗战胜利后结束，共计 11 年。这里是"新生活运动为紧密合作"的实验
区，是"基督教应对共产主义挑战"的"具独立性"有强烈政治含义的

---

　　① ［美］福克斯·巴特菲尔德：《传教士对中国共产党的看法（1936—1939）》，鲁娜译，
见章开沅、马敏主编《基督教与中国文化丛刊》第三辑，湖北教育出版社 2000 年版，第 375—
376 页。

　　② ［美］福克斯·巴特菲尔德：《传教士对中国共产党的看法（1936—1939）》，鲁娜译，
见章开沅、马敏主编《基督教与中国文化丛刊》第三辑，湖北教育出版社 2000 年版，第 381 页。

　　③ 牧恩波与共产党的接触及评论，见 James C. Thomson, Jr., *While China Faced West*: *American Reformers in Nationalist China*, *1928 – 1937*, Cambridge Mass.: Harvard University Press, 1969,
pp. 77 – 84.

　　④ ［美］福克斯·巴特菲尔德：《传教士对中国共产党的看法（1936—1939）》，鲁娜译，
见章开沅、马敏主编《基督教与中国文化丛刊》第三辑，湖北教育出版社 2000 年版，第 375 页。

实验区,① 也是基督教乡村建设运动的特殊实验区。它是中国基督教乡村建设史上,唯一由基督教会控制当地政府行政的地方,唯一由民国军事委员会委员长蒋介石和第一夫人宋美龄出资的地方,唯一宋美龄亲临的乡村基督教服务场所。②

蒋介石邀请基督教会参与新生活运动,宋美龄更是热情不减,为两者合作奔走努力,极力呼吁教会和基督徒支持新生活运动,发挥基督教的服务精神和牺牲精神。正如宋美龄所说,"当蒋委员长和我第一次巡历全国的时候,就要求各地教士,赞助我们的新生活运动,他们的影响是足以惊人的。……因此,在全国境内,不论什么地方,凡是要求教士帮助的时候,他们莫不竭诚地援助我们"。③ 高调倡导下的黎川实验区寄托国民政府和教会不一般的希望。《教务杂志》主编乐灵生(Frank Joseph Rawlinson)称,黎川对于"成功完成乡村重建计划,对(基督教会的)未来将有极大的意义"。④

通过新生活运动,教会确实更多地参与到了国民政府的各种活动中,正如多年后亲历者回忆道,"从此教堂也成了宣传新生活运动的讲坛……新生活运动标徽也像十字架一样,被悬挂在各教会学校、医院及其他团体的大门前"⑤。教会号召基督徒加入当地社会服务团体,通过教会医院、学校和基督教男女青年会来加入新生活运动,关注乡村,解决人们生活中的新问题,并将参与这样的社会服务与自身的基督教信仰实践相结合,"新生活并不是要你们在行动中放弃基督教信仰,相反,是要你们在行动里放入基督教信仰"。⑥

---

① 蒋宋美龄:《基督教与新生活运动》,《新运导报》第 7 期,1937 年。此文系宋美龄在中华全国基督教协进会第十一届年会上的讲话稿。"新运"乃"新生活运动"简称。

② 1935 年 8 月 18 日,宋美龄特别驱车前往黎川,"垂询甚祥","极为嘉许"。见《赣基督教农村服务团工作》,《兴华周刊》第 32 卷第 8 期,1935 年。

③ 宋美龄:《告基督教教友》,《蒋夫人言论集》,国民出版社 1939 年版,第 41 页。

④ James C. Thomson, Jr., *While China Faced West: American Reformers in Nationalist China, 1928 - 1937*, Cambridge Mass.: Harvard University Press, 1969, p. 91.

⑤ 邓述堃:《宋美龄—基督教—新生活运动》,中国人民政治协商会议全国委员会文史和学习委员会编《文史资料选辑合订本》第 32 卷,中国文史出版社 2011 年版,第 51 页。

⑥ George W. Shepherd, "Co - operation with the New Life Movement", *The Chinese Recorder*, May 1937, pp. 286 - 290.

顶着第一夫人宋美龄的光环，黎川实验区自然更吸引社会各界的关注。江西省教育厅厅长程时煃，燕京大学经济系教授、华北基督教工业改进社总指导、英国伦敦会传教士戴乐仁（J. B. Tayler），南昌美以美会长孙威廉，南昌圣公会葛兴仁，中华基督教协进会总干事陈文渊，协进会副总干事朱友渔，蒋介石的座上宾、美国著名布道家、十一次代表北美基督教青年会来华、多次访问苏联特别关注共产主义却坚决反共的传教士艾迪（Sherwood Eddy），中华基督教青年会全国协会代总干事梁小初，青年会全国协会副总干事、美国传教士尚爱物（Edward Hartman Munson），出生于浙江嘉兴的美国长老会传教士二代、曾将孙中山《三民主义》译为英文出版的金陵神学院教授、热衷乡村教会的毕范宇（Francis Wilson Price）等一些政府官员和教会名人都前往参观，撰写文章来宣传介绍黎川的经验和成果。

在中华基督教协进会的协调下，基督教会的大学和机构也有热情参与者，如金陵大学校长答应派两名全职教师来实验区服务几个月；金陵大学神学院承诺负责宗教教育工作；金陵女子文理学院社会学系同意派一名志愿者来开展妇幼工作。同时，卫生部、教育部、全国经济委员会、江西农业院都表示将根据部门业务性质给予相关支持。孔祥熙、孙科等政界商界名人，纽约美孚石油公司、英美烟草公司等个人或组织也表示愿意提供一些帮助。[①]

牧恩波的四处演讲也激励了多位教会人士的参与。甘碧云辞去南昌教会学校葆灵女中的教职，来黎川担任妇女组的指导工作。燕京大学社会学系教授徐宝谦非常感动，决定到黎川服务，但无奈黎川能支付的工资远低于燕京大学的薪水，让其犹豫不决。为了表明燕京大学支持黎川实验，校长司徒雷登决定在徐宝谦服务黎川时，仍然支付他的工资。最终徐宝谦和汪其田都辞去燕京大学的职务来黎川服务，虽然时间不是太长，却成全了徐宝谦作为黎川实验区第一任华籍总干事的服务乡村心愿，也表明了燕京大学作为全国知名教会大学对国民政府资助的基督教乡村建设事业的态度。这样的表态和支援事例还有多个。

---

① James C. Thomson, Jr., *While China Faced West：American Reformers in Nationalist China, 1928 - 1937*, Cambridge Mass.：Harvard University Press, 1969, pp. 92 - 93.

黎川实验区总干事牧恩波从此开始了与国民政府日益密切的关系。1934 年 10 月，牧恩波在实验区的工作才开始几个月，虽然觉得牧恩波的性格和能力非常不错，但美国公理会以其所受教育水平太低、对农业相关职业没有受过任何训练为理由召他回美国，到以农业教育和农业科研最知名的康奈尔大学农学院学习一年。由此可看出，在美国基督教母会的眼中，遍及远东各国的基督教乡村建设运动的关注重点，仍然是在农业技术的改良上，农业教育的提高上，仍然是以"技术改进"为着眼点的乡村改造和乡村建设，与卜凯（John L. Buck）等美国农业传教士始终持守着从技术角度来进行乡村改造建设是一脉相承的。最后真正在黎川实验区服务较长时间的胡本德（Hugh Wells Hubbard），这位出生于土耳其的美国传教士二代、一生在华从事农业传教和乡村建设、对中国共产党持同情态度的美国公理会传教士，却没有进入任何政治角色，或可说明一点问题。

牧恩波这位"已经强烈反共"[1] 的传教士，对共产主义和共产党的观察了解和认识，成了他在蒋介石政府中一举成名、青云直上的最重要原因。1935 年 11 月他从美国返回中国，继续在黎川实验区工作，甚至他的去留都会影响到宋美龄的持续捐款资助。[2] 还在他正为与现任总干事徐宝谦的矛盾争执烦恼时，1936 年 4 月，这位美国传教士中较少没有受过高等教育、只在偏远地区传教十几年的乡村牧师，被邀请到南京任新生活运动顾问，成了蒋介石的"私人顾问"。[3] 1937 年末以新生活运动代表的身份，在英美等国为蒋介石政府寻求支持。1938 年他再回中国，继续开展新生活运动。1938 年末返回美国为中国抗战进行募捐。整个二战期间，为了帮助国民党政府开展外交联络，先后到美国各地进行宣传和说服工作。在 1939 年的美国各界眼中，牧恩波已经是"蒋介石的传教士助手"，是"蒋介石核心圈子中值得依赖的美国人"，[4] 同时也是宋美龄"关系密

① Paul Varg, "The Missionary Response to the Nationalist Revolution", in John Fairbank ed., The Missionary Enterprise in China and American, Cambridge, Harvard University Press, 1974, p. 317.

② 邓述堃：《美国教会在江西黎川推行的农村实验区》，见范基民主编《文史资料存稿选编》第 25 卷（社会），中国文史出版社 2002 年版，第 872 页。

③ 黄仁霖：《黄仁霖回忆录》，台北：传记文学出版社 1984 年版，第 55 页。

④ Chiang's Missionary Aide, Newsweek, 13：33, April 3, 1939；转引自 James C. Thomson, Jr., While China Faced West：American Reformers in Nationalist China, 1928—1937, Cambridge Mass.：Harvard University Press, 1969, p. 76。

切的白人合作者，地位仅次于端纳"。① 牧恩波，这个被美国教会"收养"的新西兰人成了开拓与蒋介石政府密切关系的知名传教士，成了进入中国政府和基督教会上层的唯一新西兰裔人。

与全国其他基督教乡村建设地点相比，黎川实验区的具体工作内容却没有特别之处。虽然实验区承担着政治和宗教的多重盼望，吸引了众多教会、政治、社会人士的参观和指导。工作地点设在县城、福音堂（教堂）、宗庙祠堂等多地，工作内容基本也是包括农业改良、乡村工业、社会教育、公共卫生、妇女家政、乡村教会等几个方面，下设了家事科、艺术科、保健科、宗教科、教育科、合作科、工业科、农林科、总务科等几大部门，基本上是移植了"定县模式"来开展工作的。教育方面从平民识字的社会教育入手，生产方面着重推广美国小麦、美国棉花和水果等优良品种，生计方面通过信用合作社办理信用贷款，卫生方面是进行环境卫生、开设诊所等。②

具体负责黎川工作的牧恩波和张维良等人，之前并无乡村建设和乡村改造的具体实践经验，无法依例照行。此前他们更多知道并更接受认同的也是河北定县实验区，这里是基督教会主导开展的乡村建设实验样板。③ 早在 1933 年春，牧恩波曾到定县实验区进行了为期半个月参观学习，让他深为感触和赞赏，"晏阳初完成了红军所有的计划，重要的是，它是基督教式的，以一种基督徒和所有信仰基督以爱和牺牲比暴力和刀剑更有力

---

①　For China, *Time*, 33：40, April 17, 1939；转引自 James C. Thomson, Jr., *While China Faced West*：*American Reformers in Nationalist China*, 1928—1937, Cambridge Mass.：Harvard University Press, 1969, p. 76。

②　徐宝谦：《江西黎川实验区的理论与实际》，《兴华》第 33 卷第 36 期，1936 年；徐宝谦：《基督教与中国农村：黎川实验区报告》，《真理与生命》第 4 期，1937 年；徐宝谦：《黎川实验区建设农村的几个基本原则》，《农村服务通讯》第 22 期，1937 年；张福良：《战时江西农村服务区之农业推广工作》，《农业推广通讯》第 1 卷第 3 期，1939 年；张福良：《江西农村服务区概况及其改进方针》，《地方政治》（半月刊）第 5 卷第 2 期，1941 年。

③　从民国著名社会学家陈序经把当时全国各地乡村建设分为三种模式，可以看出各路人马改造乡村的路径和切入点。一是山东建设研究院的"邹平模式"或"孔家店模式"，可谓用中国传统文化来入手。二是中华平民教育促进会的"定县模式"或"青年会模式"，可谓用西方文化来入手，"青年会"即指基督教青年会，晏阳初任基督教青年会干事多年，他著名的平民教育就是他在欧洲和长沙服务于基督教青年会时的成果演变扩大而成。三是青岛市政府的"青岛模式"或"都市化模式"。见陈序经《乡村建设运动》，大东书局 1946 年版，第 16—27 页。

量的方式被接受"。① 他希望可以将中国基督徒晏阳初的平民教育和美国基督徒白德斐②的乡村教区结合起来，来回应共产主义的挑战，而现在就是千载难逢的机会。"昨天已成历史，只有今天是我们的，这是多么重要的时刻。共产主义在南方，正在不断入侵北方，广州与南京的分离是世界上最萧条的后果。"③

无论从宗教信仰或个人情感上，参与黎川具体考察和决策服务的张福良都会更靠近"定县模式"（青年会模式）。他于1909年毕业于圣约翰大学，1909年考取了第一届庚款留学美国，于1913年和1915年获得耶鲁大学林学学士和硕士，1928年进入中华全国基督教协进会乡村干事部任干事，专门负责指导教会乡村事业工作，是基督教乡村建设运动的主要倡导人，同时还兼任国民政府江西农村服务区管理处主任，中美合作农村复兴委员会乡村工业干事等职。1951年后到美国肯塔基州的伯里亚学院担任校长助理和社会学教授，终生热心于基督教乡村建设活动。除了这些官样简历外，还有一个重要的个人因素，他是平民教育著名人士晏阳初的连襟，即张福良妻子许海丽（Harriet Louise Huie）是晏阳初妻子许雅丽（Alice Yali Hui）的姐姐，都是纽约华埠教会许芹牧师的混血儿女儿。

黎川原计划五年实验期，希望五年后实验区应该能自给自足，然后把成果经验推广到其他区县。在这样的考虑下，蒋介石、宋美龄以个人名义捐款5万元，每年支付1万元，分五年付清。④ 1938年秋，黎川第一

---

① James C. Thomson, Jr., *While China Faced West: American Reformers in Nationalist China*, 1928—1937, Cambridge Mass.: Harvard University Press, 1969, p. 81.

② 白德斐（Kenyon L. Butterfield）是美国著名农学家，被誉为"美国农业之父"。他认为，基督教会不仅是宗教生活的管理者，也应该在乡村建设中扮演更重要的角色，乡村牧师不仅需要知道医治灵魂，还应当成为当地社区领袖，接受如农业耕作、农场管理、农业教育等方面的培训。他于1908年受罗斯福总统委派进行乡村生活调查，后受威尔逊总统委派为赴欧洲调查农村银行团的团员。1920年他协助组织成立了世界农业协会，担任第一任主席，分别于1922年和1930年两次来华，对中国基督教乡村建设运动有一定影响。见白德斐《改进中国农业与农业教育意见书》，北京教育部1922年版，第1页。

③ James C. Thomson, Jr., *While China Faced West: American Reformers in Nationalist China*, *1928-1937*, Cambridge Mass.: Harvard University Press, 1969, p. 82.

④ 小土：《定黎川为实验区经费十万蒋夫人捐半数》，《布道杂志》第7卷第5期，1934年。

个五年计划完成。这时已经进入了全面抗战时期,国内国外形势都发生了很大变化,几乎没有什么人更多关注这个乡村实验的兴衰了。1945年秋日本投降,抗战胜利了,由各教会调到黎川的工作人员,均回到原有的工作机构。实验区的生产设备、器具财物,除一部分留给当地难民外,其余均交给当地政府接收,黎川实验区至此结束了。[①]

四 宗教与政治的叠合互利

1930年10月23日,蒋介石受洗成为基督徒。他所承载的不仅是基督教会和基督徒的宗教愿景,也是接受西方文化的象征,[②] 同时还涵盖了很多政治的期待。虽然他的基督教信仰在当时引起教会诸多的怀疑和询问,也引起了至今世人对此问题不会消失的宗教信仰和政治利益考虑的双重理解。的确,在他"美国味十足的基督徒妻子"的积极努力下,蒋介石改宗基督教,为西方教会、西方国家、中国教会、中国基督徒提供了一个走向蒋介石政府的合理时机,让基督教与中国政治运作之间得以形成某种叠合局面。蒋宋努力宣传赞美基督教和为基督教争取实惠的言行,将基督教纳入中国政治运作的言行,从国家的最高层面上为基督教会在中国的传播打开了新的路径和局面。西方国家和外国传教士、中国教会、中国基督徒对蒋宋个人的正面形象宣传引荐,将蒋宋夫妇引入了西方世界的主流视野中。

一直自认基督徒的孙中山并没有为基督教界和政治之间搭起一座桥

---

① 邓述堃:《美国教会在江西黎川推行的农村实验区》,《文史资料存稿选编》第25卷(社会),中国文史出版社2002年版,第872—873页。邓述堃是黎川实验区后期的董事会董事、总干事,负责最后收尾工作。

② 在众多外国人面前,美国味十足的蒋夫人甚至会顽皮地拿起一个坐垫,在蒋介石的头上摇晃,以至于出生在四川乐山的加拿大传教士、熟练操着四川方言的新生活运动顾问文幼章不由得感叹,"孔夫子的礼教也有鞭长莫及的地方……中国历史上的伟人大概都没有被他们的老婆这样对待过"。见[加]文忠志《出自中国的叛逆者:文幼章传》,李国林等译,四川人民出版社1983年版,第202页。

梁，基督教会甚至对孙中山是不是真正基督徒还发生过公开争议。① 与孙中山长期不宣传甚至有时刻意隐瞒自己基督徒的身份不同，蒋介石信教后即公开参与基督教会的活动和会议。1938 年 4 月 16 日，蒋介石开始了面向全国基督徒的公开证道，这是孙中山终其一生都没有做过的宗教活动。在他的证道词《为什么要信仰耶稣?》中，将耶稣描述成为复兴民族重担的英雄，将宗教与中国政治斗争结合起来，赋予基督教以"革命"的含义，"基督教是革命的宗教，而真正信仰基督教的人，也一定就是革命家"。耶稣俨然已经成了"民族革命的导师""社会革命的导师""宗教革命的导师"。② 在蒋介石后来多次面向全国的证道中，还多次讲到这个观点。虽然称耶稣为革命家是基督教会一直的观点，并非蒋介石个人独创，但毕竟通过这位国民政府最高统治者的证道分享昭告天下，不但表明了作为基督徒的蒋介石的态度，也表明了国民政府对基督教的态度。他甚至认为用基督教来取代佛教，更可有助于中华民族的奋斗目标，与欧美争平等，"中国宗教应以耶教代佛教，方可与欧美各民族争平等，而民族精神之发扬与固有德性之恢复，亦能得事半功倍之效"③。蒋介石的基督教证道一直延续到台湾，不仅全台教会要聆听，甚至台湾军队官兵也要聆听。④

　　新生活运动也让宋美龄崭露头角，宋美龄也努力将自己与中国政治外交和美国宗教达成一体，成功地走上政坛。她亲笔将《新生活运动纲领》译成英文，分送给在中国的外国传教士，由他们寄给本国的差会传道部，通过教会刊物转载。⑤ 她不断向外宣传新生活运动，在《美国论

---

　　① 争议主要焦点是孙中山与女性的关系。孙为与宋庆龄结婚，与原配夫人卢慕贞离婚，当时的基督教会对离婚持否定态度，认为结缘夫妻乃上帝的意志。且孙中山与多名女性有关系，违背了基督教一夫一妻准则。

　　② 《以博爱精神与牺牲决心求人类永久和平：蒋委员长昨晚广播演讲勉基督徒向十字架迈进》，《申报》1938 年 4 月 17 日第 2 版，本报道有演讲全文；《蒋委员长演讲〈为什么要信仰耶稣?〉》，《大公报》（汉口版）1938 年 4 月 17 日第 2 版，本报道简略。

　　③ 《蒋介石日记》，1936 年 2 月 15 日，美国斯坦福大学胡佛研究所藏。

　　④ 周联华：《蒋公夫妇的基督教信仰》，见王成勉主编《补上一页欠缺的历史：蒋介石夫妇的基督教信仰》，台北：宇宙光全人关怀机构 2013 年版，第 83 页；刘维开：《作为基督徒的蒋中正》，《史林》2011 年第 1 期。

　　⑤ 邓述堃：《宋美龄—基督教—新生活运动》，《文史资料选辑》（合订本）第 32 卷，中国文史出版社 2011 年版，第 51 页。

坛》1935 年 6 月号上发表《中国的新生活运动》,在纪念新生活运动两周年时,应在上海的英文报纸《字林西报》邀请发表《新生活运动》,反复解释新生活运动的动机和意义。这些英文的宣传介绍后来都被翻译成中文结集出版。

宋美龄也更多回馈了基督教会的合作和支持。她尽量安排基督徒去各种活动和机构中任职,"在蒋夫人看来,基督徒在这些人当中起的是发酵剂作用"。① 她一有机会就讲基督教的好话,不断转告大家蒋介石对基督教的称赞,希望传教士们接受这些赞美的诚意。在《颂基督教的英勇精神》(1938 年 4 月 1 日)、《告基督教教友》(1938 年 4 月 6 日)、《美国基督教女青年会全国大会广播词》(1938 年 4 月 25 日) 等一系列讲话中,力颂传教士的种种贡献,在教育、医药、实业及农业各方面的帮助,称其拯救了我国数十万的难民,"蒋委员长要我告诉你们,他对于你们帮助我国人民的工作,极加赞美。我请你们接受这个诚意的感谢"。②

除了赞美感谢外,她还切实地为教会提供帮助,取消在 20 年代"非基督教运动"中政府颁布的禁止学校将宗教列为必修科的命令,"如今蒋委员长已发现有取消以前禁必要,以后立案的各教会学校,可以教授宗教课程了"。③

1937 年 5 月 6 日,宋美龄出席了在上海召开的中华基督教协进会第十一届年会。在会上,她大力赞扬基督教与新生活运动合作取得的成绩,包括乡村建设事业、合作国民健康事业、成立妇女祈祷会为国家命运和领袖祈祷为"表现爱国思想之一种特殊方式"等,希望他们通过奉献牺牲来改善人们的物质生活做出努力。还特别代表蒋介石表达"深感不忘"教会与政府的合作,为黎川实验区带来的服务工作,"若能赋予再生之生命,是真天国之降临矣"。在会上再次以蒋宋夫妇的热忱,"邀请西方教

---

① ［加］文忠志:《出自中国的叛逆者:文幼章传》,李国林等译,四川人民出版社 1983年版,第 199 页。
② 宋美龄:《告基督教教友》,《蒋夫人言论集》,国民出版社 1939 年版,第 38 页。
③ 宋美龄:《告基督教教友》,《蒋夫人言论集》,国民出版社 1939 年版,第 43 页。

会，参加新生活运动，作更密切的合作"。①

1943 年 5 月，蒋介石、谷正纲等出席在重庆召开的中华基督教协进会大会，蒋介石再次鼓励基督教与国民政府合作，高度评价传教士的活动，称"我们仍然需要传教士和欢迎从各国来的具有同情和献身精神的基督徒。不要感到你们是我们的客人，你们是拯救我们人民和建设一个新国家与我们一起工作的同志"。美国《基督教世纪》周刊引用了蒋介石的话后，欣喜若狂地写道："我们在基督教历史中，从未见过非基督教国家的领袖对于传教士有这样热烈欢迎的表示。"②

这些长年在华生活的外国传教士，他们的观察、言论和态度都一定程度上影响到本国的政治外交军事等非宗教领域，他们是本国关于中国问题的最重要消息和知识来源。20 世纪以后，"传教士处于一个对影响美国外交政策的公众舆论的特别有利的地位"，他们"是美国驻外官员主要的关于共产党情报的来源"③。

通过这些长年在中国的西方传教士以及后代和各种人脉渠道，蒋介石夫妇在西方的形象被更多宣传化、改善化，更多地走进了西方世界的视野。可以美国著名媒体《时代》周刊为例。传教士二代、出生于山东蓬莱并在中国生活过 14 年，《时代》周刊和《生活》周刊的创办人亨利·卢斯（Henry Robinson Luce），于 1931 年 10 月 16 日和 1938 年 12 月 1 日，两次将蒋介石夫妇选为《时代》周刊的封面人物，第二次还是 1938 年的年度封面人物，可谓给予了特殊的荣誉和声望。

基督教会与国民政府的联系密切了。许多原本普通的传教士和基督徒却从此改变了命运，逐渐进入了国民政府的政治舞台，成了热闹的政治人物。新生活运动促进总会和中华基督教协进会联合成立了"战时服务委员会"，陈文渊为主任委员，黄仁霖为副主任委员。中华基督教会全

---

① 蒋宋美龄：《基督教与新生活运动》，《新运导报》第 7 期，1937 年，第 2、3、4 页。她的讲话在多种基督教会刊物中都有全文转载，如宋美龄《基督教应与新生活运动合作》，《兴华》第 34 卷第 18 期，1937 年；宋美龄：《基督教应与新生活运动合作》，《圣公会报》第 12 期，1937 年；蒋宋美龄：《愿新生活运动与教会合作推进》，《福音光》第 13 卷第 6 期，1937 年等。

② 顾长声：《传教士与近代中国》，上海人民出版社 1981 年版，第 404 页。

③ ［美］福克斯·巴特菲尔德：《传教士对中国共产党的看法（1936—1939）》，鲁娜译，见章开沅、马敏主编《基督教与中国文化丛刊》第三辑，湖北教育出版社 2000 年版，第 369 页。

国总会还在重庆成立了"基督教员负伤将士服务协会",孔祥熙任会长等。基督教青年会总干事余日章作为蒋介石的私人代表到美国寻求政治和经济帮助;基督教青年会总干事梁小初在面见蒋介石后,在蒋介石的特别资助下,成立了"青年会军人服务部",让青年会的力量参加到抗战军人的战时服务工作。美国传教士司徒雷登多次拜见蒋介石,后成为美国驻华大使;美国传教士毕范宇策划成立了"部队生活辅导团",在国民党军队中派遣随军牧师,让基督教的势力进入国民军队中。在励志社任总干事多年的黄仁霖被任命为新生活运动总干事。这位留学美国、熟练操着上海话和英语、蒋宋证婚人余日章的女婿,最终成了蒋宋的大内总管,为蒋宋贴心忠诚服务长达48年。国民政府号召基督教会、基督教青年会在全国各地成立了大量的新生活服务团,都是吸收基督教进入新生活运动的标志。

基督教传入中国的契机和传入之后的历史,一直与政治有着割不断的联系。晚清时期,传教士们不仅在中国传播基督教,而且在中国的中央政府或是地方政府的政治外交经济事务中,在传教士派出国的政治外交军事经济文化事务中,经常可见传教士的身影和作为。

20世纪20年代爆发的"非基督教运动"对基督教会刺激很大,它并不类似晚清时因一地一事具体群体事件引发的激烈"教案"局面,而是影响遍及全国,尤其是引发了知识阶层对民族主义、外来文化与文化侵略、宗教与殖民主义、中国传统文化的重新定位和重新思考。基督教会在反驳批评、回应思考的同时,也在努力调整自身同民族主义、帝国主义、本土文化与中国社会的关系,可以说,这时的基督教会与中国政治的联系在淡化中、远离中。"非基督教运动"直接导致的教会学校必须在中国政府立案、非宗教学校不得教授宗教相关课程、外国传教士撤回等一系列取消教会特权和规范限制基督教的政策,让教会感到很大压力。而新生活运动给教会带来了新的转机。

新生活运动将政治权力的关心和社会治理落实到人们日常生活各个细微之处。运动将精神当作社会动员的根本力量,把日常生活细节改变的移风易俗与"民族国家复兴"相联系。梦想中国社会经济基督化、相信与政治力量联手有助于基督教传播的教会和传教士们,忧虑着宗教和政治之间的边界,最直接亲历者牧恩波牧师甚至真切地盼望,"新生活运动不会变成任何党派控制的政治工具，它只属于人民"。[1] 但基督教会不愿意失去这次难得的机会，相信借助于国民政府和政治领袖的力量，是让基督教重新上升的新机会。

在宋美龄积极邀请和中华基督教协进会协调促成下产生的新生活运动一部分的江西黎川实验区，其性质与以往基督教乡村建设大不相同。江西是国共两党争夺的最重要战场，黎川实验区的成立与发展是国民政府高层和基督教会高层密切合作的产物，是基督教会各团体机构联合支持的产物。作为国民党对共产主义挑战的回应，政治因素与国家政权渗透到基督教在江西的乡村建设之中，黎川因此成为全国基督教乡村建设运动中唯一由教会掌握当地政府行政实权的实验区，基督教乡村建设从而转型为基督教会参与新生活运动的重要方式和途径。

再度互动共享的基督教和政治，通过基督教社会服务活动和参与国民政府政治社会活动，帮助了基督教在中国的社会正面形象提升和传教领域拓展。国民政府也通过新生活运动等各种措施和活动，将曾经拥有许多治外法权的基督教，逐渐纳入其政治体系中，为其新政治体系和社会治理提供助力。蒋宋积极参与宗教活动，更是从最高层面打开了基督教在中国的传播大门，是基督教在中国历史上的唯一现象，中外基督教会也给予了积极的相应回报，努力将这位西方世界能够接受的基督徒领袖夫妇推向了国际舞台。

最后，融入了新生活运动和基督教乡村建设多重力量和希望的黎川乡村社会，作为检验基督教能战胜共产主义的一个例证的黎川实验区，不仅"旧生活"的命运没有什么本质改变，而且中国半殖民地半封建社会的性质也未有实质变化。基督教没能战胜共产主义，甚至国民党都退出了大陆。参与新生活运动的教会人士，却因对国共两党政治认同的差异，在教会内部逐渐产生了差别，成了基督教会和传教士内部的区分界，成了他们国共内战结束后政治归属的选择线。

---

[1]　George W. Shepherd, "Church and New Life Movement", *The Chinese Recorder*, May 1937, p. 280.

第 九 章

田野调查与美国汉学研究

最早将社会学研究中的田野调查方法带到中国的是美国人步济时（John Stewart Burgess，1883—1949），他也是燕京大学社会学系、中国现代社会学的奠基人之一，本章将就其人其作以及在美国汉学研究中所表现出来的转型性意义做一些探讨。

一　中国现代社会学奠基人

步济时出身于美国一个城市平民家庭，父亲是基督教长老会的长老，基督教男青年会的积极分子，纽约州监狱改革的倡议者。步济时在普林斯顿大学读书时，是学生志愿海外传教运动（Student Volunteer Movement for Foreign Mission）的积极参与者。步济时 1905 年毕业于普林斯顿大学社会学系后，曾在奥伯林神学院和纽约协和神学院短期学习。很快他到了日本，在京都教授英语并为基督教青年会工作。1905 年，步济时与在日本传教的 Henry Day Fisher 的女儿 Stella Fisher（1881—1974）结婚，与基督教会的关系因此更加密切起来。① 1907 年到哥伦比亚大学学习，1909 年获得硕士学位。

这时的步济时受到基督教会"唤醒中国青年的挑战"的吸引，于 1909 年来到北京，任北京基督教青年会干事。1911 年他组建了隶属青年会学校部的北京社会实进会（Student Social Service Club），后来发展到有 600 名学生参加。这一组织主要在北京社会开展社会慈善性、救济性活

---

① 　燕京研究院编：《燕京大学人物志》第 1 辑，北京大学出版社 2001 年版，第 178 页。

动，"开办贫民夜学、演说、调查及孩童游戏诸工作"。1914 年，"得政府正式立案"①。他还把进行社会调查、从事社会研究列入自己和社会实进会的工作计划。② 最重要的是，他在青年会的活动中与北京众多学生有了接触，试图将学生们改革社会的热情与基督教的社会服务性工作结合起来。

　　1919 年，在北京的中外基督徒组织了北京证道团，他们认为"深知基督教是改良中国社会唯一的需要"，"又深知在现今的时候，传布基督教又必得按近今科学、哲学的概念，解除现代人种种的误会及疑惑"。③中国人有李荣芳、梅贻琦、丁淑静、吴耀宗、李天禄、徐宝谦，外国人有司徒雷登、步济时、博晨光（L. C. Porter）、苏尔慈（P. A. Swartz）、柴约翰（J. L. Childs）等，都是在燕京大学或男女青年会工作的人。还于1919 年 10 月创办了"一本基督教思想与实践的刊物"《生命月刊》④，步济时是主要撰稿人之一。1926 年《生命》与《真理》月刊合并，改名为《真理与生命》，成为基督教三大权威刊物之一⑤。

　　通过北京基督教团契证道团，"他和燕京大学建立了联系"⑥，1919年开始在燕京大学宗教学院教授社会学。1922 年，为了给美国在中国设立的社会团体及社会福利培养社会服务工作人员，美国普林斯顿—北京基金会（后改为普林斯顿—燕京基金会）派他在燕京大学倡议成立了社会学系。步济时任系主任，6 名教师均系美国人，这是我国成立最早的社会学系之一⑦。当时分为理论社会学和应用社会学两个学科，以美国教材为主，主要教的是宗教学、社会服务工作、社会调查等。1924 年起聘请

---

① 徐宝谦：《北京社会实进会》，委九十四，见中华续行委办会编《中华基督教会年鉴》（1916 年），上海 1916 年版。
② Shirley Garrett, *Social Reformers in Urban China*, *the Chinese Y. M. C. A.*, *1895 - 1926*, Cambridge：Harvard University Press, 1970, pp. 133 - 136.
③ 王毓华：《北京基督教史简编》，北京市基督教三自爱国运动委员会办公室、北京市基督教教务委员会办公室内部印刷，第 149 页。
④ 《生命月刊》于 1921 年 10 月创刊。
⑤ 徐以骅：《教会大学与神学教育》，福建教育出版社 1999 年版，第 100 页。
⑥ 燕京大学校友校史编写委员会编：《燕京大学史稿，1919—1952》，人民中国出版社1999 年版，第 1112 页。
⑦ 董天民：《燕大社会学系简史》，《燕大文史资料》第 8 辑，北京大学出版社 1994 年版，第 65 页。

中国教师许仕廉、陶孟和、李景汉等，他们分别讲授"社会学原理""社会调查与研究方法"等课，男女青年会、盲童学校、医院、慈善机构等是学生的实习场所。1925 年，社会学系改称"社会学与社会服务学系"，课程由十几门增加到三十多门，增加的主要是有关社会学理论和社会调查等方面的课。

步济时首先将社会学研究中的田野调查带到了中国，1918 年前后，他与普林斯顿同学甘博（Sidney David Gamble，1890—1968）合作，运用田野调查方法对北京社会状况进行了广泛深入的调查，包括历史、地理、人口、政治、卫生、教育、经济、生活、社会问题等，于 1921 年在美国出版了《北京社会调查》（Peking：A Social Survey），这是高等学校城市社会调查的开始。[1] 1928 年，他又在田野调查的基础上撰写出版了这本关于北京行会的书，这些都成为中国社会学调查中值得一提的具有里程碑性质的事件。

1926 年，因孩子的健康问题，步济时带全家回到美国，1928 年获得哥伦比亚大学社会学博士学位。1928 年至 1929 年他又回到燕京一年。1930 年至 1933 年，他在 Pomona College 教书，然后到费城的天普大学（Temple University）任社会学系主任和教授，直到 1948 年退休。他开设了婚姻和家庭以及宗教社会学课程。他于 1938—1943 年还主持了威尔斯利学院的社会进步项目，帮助建立了费城成人教育协会和费城不同种族基督教青年会。他还是美国民主行动（American for Democratic Action）的成员，他的夫人也是费城的一名社会工作者，将他们的成人教育和种族问题的努力作为"燕京动力的继续"[2]。1949 年，步济时逝世于美国。

二　田野调查视野下的传统行会

行会是商人和手工业者带有社会性和互助性职能的组织，其形式中

---

① 韩明谟：《中国社会学调查研究方法和方法论发展的三个里程碑》，《北京大学学报》1997 年第 4 期。

② 燕京研究院编：《燕京大学人物志》第 1 辑，北京大学出版社 2001 年版，第 179 页。

外皆有。中国的行会究竟始于何时，见解不一。一些散见的史料表明，迟至 8 世纪末，唐代已有行会组织的雏形存在。宋朝以后，随着工商业的逐渐发展，行业组织的规模日益壮大。明代嘉靖、万历年间，北京就有由外省商人兴建的名为会馆的建筑物出现，这表明商业各行对内对外事务已日益复杂。

行会虽然是中国从古至今都存在的一种经济组织形式，但在传统重农抑商社会中，关于它的中文资料和研究却非常少。其考察研究已有百余年的历史，但最早进行的却是外国传教士和学者。首先是美国浸礼传道会传教士玛高温（Daniel Jerome MacGowan，1814—1893）于 1883 年和 1886 年发表的《中国的行会及其行规》（Chinese Guilds and Their Rules）[①]和《中国的行会》（Chinese Gilds or Chambers of Commerce and Trades Unions）[②] 两篇文章，《中国的行会及其行规》严格说来还称不上是真正的论著，除简短的前言外，主要是辑录了有关行会的行规；《中国的行会》将当时的中国行会分作商会（Chambers of Commerce）和工会（Trades Unions），即商人行会和手工业者行会。玛高温通过实地考察，不仅简略介绍了宁波、温州两地工商行会的基本情况，还涉及有关行会的起源、行会内部的管理、功能与作用、行会与政府的关系、行会与外商的关系，这些在行会研究领域具有开拓性作用。

美国人马士（Hosea Ballou Morse，1855—1934）出版了《中国行会考》（The Gilds of China：With an Account of the Gild Merchant or Co - hong of Canton）[③]，该书将中国行会分为手工业行会、商人会馆和商人行会三个部分加以考察，其中关于手工业行会的论述较为详细，包括手工业行会的起源、成员、与政府的关系、收入来源、行业崇拜等多方面。

步济时的《北京的行会》1928 年由纽约 AMS Press 公司出版，是

---

① 原文载《中国评论》（China Review），Vol. XII，1883，中译文见彭泽益主编《中国工商行会史料集》上册，中华书局 1995 年版，第 51—57 页。

② 原文载《亚洲文会杂志》（Journal of North - China Branch of the Royal Asiatic Society），Vol. 21，No. 3，1886，中译文见彭泽益主编《中国工商行会史料集》上册，中华书局 1995 年版，第 2—51 页。

③ 《中国行会考》初版于 1909 年，1932 年再版。主要内容的中译文见彭泽益主编《中国工商行会史料集》上册，中华书局 1995 年版，第 57—90 页。

在对北京 42 个行会的成员、组织、集会、财务、功能进行田野社会调查的基础上，全面地介绍了行会的起源、历史、经济、慈善和宗教活动以及未来趋势，全书共 270 页（14 章），即研究的方法和范围；行会的起源和历史；北京 3 个行会的描述性研究；行会的数量、行会会所和行会事务所；行会成员；行会组织；行会会议；行会经济；学徒制度；行会的慈善事业；行会的宗教活动；行会的作用；行会的现代趋势和未来；问题和可能性；附录 2 个，即行会问卷和一些行会的历史数据；表格 19 个。全书既有综合性的论述，也有具体的个案考察，以中西方行会的比较研究见长。该书还大量引用介绍了当时中国社会经济转型过程中对社会经济社会的研究著作，尤其集中了学术界、基督教界对此的关注。

许多年来，中国学者只有 30 年代出版的全汉升的《中国行会制度史》（上海新生命书局 1934 年版）。50 年代开展有关中国资本主义萌芽讨论以来，行会问题才逐渐引起人们的关注。但早在 20 年代，作为一名基督徒和社会学家的步济时，将传统中国人所轻视的中国人的历史从地上拾起来，用当时中国人几乎是完全不知的现代科学观点加以分析观察，尽量还其本来面目，探讨作为古老中国的基本社会组织存在千年的原因，并且讨论了如今的行会是如何在现代条件下逐渐消失，以及如何恰当适时地转变为新型大工业条件下的新型工业和社会组织的可能性。

步济时希望通过对古老中国的社会组织的了解和研究，"得到古老国家发生得如此之快的巨大改革的一些尺度"，"一些基础性理解"。他希望这次初步调查能引发进一步的研究，而"进一步研究最好是由受过特殊研究培训的中国人开展"。[1] 在经过北京多年的社会调查和研究后，他认为西方社会学的一些观念和结论太狭隘了。早在 1917 年他就说："涉及到早期社会调查领域，大部分社会学著作在结论上都忽视了至少一半人类。"[2] 历史为这位西方学者提供了认识东方社会的机会，他并没有一叶障目地想当然地认为，将西方社会对东方的认识当作放之四海而皆准的

---

① ［美］步济时：《北京的行会》，赵晓阳译，清华大学出版社 2011 年版，前言。
② 燕京研究院编：《燕京大学人物志》第 1 辑，北京大学出版社 2001 年版，第 178 页。

标准，而是在科学的田野调查研究的基础上形成自己的认识和观念，将西方传统社会学视野之外的东方社会纳入自己的视野之内。他对中国社会组织的认识理解给我们带来了认识自身的角度和契机。在整个中国社会、历史文化处于变革、修正的历史大时代，寻找如何更好地接受并改变古代思想习惯和社会组织形式，作为中国社会经济组织网络联结点，以及突出行会具有的重要意义，正是本书的价值所在。

该书已由申镇均翻译为日文，牧野巽校阅，1942 年由日本生活社刊印，书名《北京のギルト生活》。赵晓阳将本书译为中文，2011 年并由清华大学出版社出版，题名《北京的行会》。

三　美国汉学研究专业化转型

美国汉学虽然起步较晚，但发展速度很快。如果从源流上考察，美国现代中国学可以说是在反欧洲传统"汉学"的境况下诞生的。[①]所谓欧洲传统"汉学"对中国的认识主要源于来华传教士的各种报告、著述、书简中描述出来的一幅中国的历史图景，他们对中国历史进行了带有迷幻赞美色彩的"想象式建构"[②]。

美国汉学最早只能推溯到 19 世纪中叶。1829 年美国传教士随着美国首批来华商船在广州登陆，从这些来华传教士中培养出了美国最早的汉学家，如裨治文（Elijah C. Bridgman，1801—1861）、卫三畏（Samuel Wells Williams，1812—1884）、丁韪良（William Alexander Parsons Martin，1827—1916）等。

1842 年美国传教士和外交官正式成立了美国东方学会，比美国历史学会成立的日期还早。1848 年出版的卫三畏的《中国总论》（*The Middle Kingdom*），标志着美国汉学研究的开始。1851 年陆续出版了《美国东方学杂志》《美国东方丛刊》和《美国东方学翻译丛刊》。美国东方学会创

① 周勤：《本土经验的全球意义——为〈世界汉学〉创刊访杜维明教授》，《世界汉学》1998 年创刊号，第 9 页。
② Benedict Anderson, *Imagined Communities*: *Reflections on the Origin and Spread of Nationalism*, New York: 1983, pp. 1 - 9.

办的目的是健全组织体系，加强研究队伍，有系统地进行东方学的研究，最早的会员就是裨治文、顾盛（Caleb Cushing）等来华传教士和外交官，但"美国东方学会从一开始就有一种与众不同的使命感"①。

美国早期汉学研究主要由非职业化的传教士、外交官和商人承担，仍然遵循欧洲汉学研究的传统，其著作一般偏重于对中华历史文化的研究，这些研究有助于西方世界了解中国的传统文明。研究出于中美双边关系以及研究者本人的职业和兴趣的需要，在对中国历史进行总体研究的同时，更加突出对中国政治史、法制史和外交史的研究。他们是没有受过训练的职业研究人员，研究是为了更多地了解中国，而达到其外交和传教的目的。

第一次世界大战以后，欧洲在华势力下降，美国大力扩张在中国的势力。由于政治、经济、文化发展的需要，美国汉学从欧洲古典模式向现代转型，把研究的关注点对准了中国的近现代问题，汉学研究变成美国全球化总体战略支配下的"区域研究"的一个组成部分，带有相当强烈的对策性和政治意识形态色彩。

出于国际形势和美国对策略的需要，美国政府和美国企业集团都日益重视对中国的研究，并给了研究中国问题的机构以支持和赞助，一系列的汉学研究机构的成立②，标志着美国汉学研究的专业化和科学化。尤为重要的是逐步形成了一支科学的、专业化的研究队伍，他们所从事的微观汉学研究在学术上取得了重要的成果，而学生志愿海外传教运动（Student Volunteer Movement for Foreign Mission）则为美国早期汉学研究的转型、从传统走向现代奠定了人员基础。

学生志愿海外传教运动是美国基督教会于19世纪80年代形成的奋兴高等教育人员的宗教精神和安排他们到国外传教的运动，它将传教范围

---

① ［美］费正清：《70年代的任务：研究美国与东亚的关系》，《费正清集》，林海、符致兴等译，天津人民出版社1992年版。

② 如1911年建立的纽约卡内基基金会，1913年建立的洛克菲勒基金会，1936年建立的福特基金会，都曾大力资助过中国研究。1925年成立美国太平洋学会、1928年成立哈佛燕京学社、1927年建立美国国会图书馆中国部。

从美国国内扩大到国外，传教人员从基督教内部扩大到基督教以外。① 传教成员不仅是受过神学训练的传教士，更多的是受过高等专业技术训练的大学生。② 从美国对中国的认识和研究来说，这些调查和研究促使了由传教士、外交官为主的非职业化的美国早期汉学队伍向科学化、专业化的职业汉学家的转型，这些汉学家在专业上受过训练，而且有在中国实际生活工作的经历，故而使美国对中国的研究在第二次世界大战后发展迅速，终领世界汉学之前列。

步济时就是通过参加学生志愿海外传教运动而来到中国的，他的研究从另一个角度验证了这个现象。我们还可以举出几位于 1906 年至 1923 年通过学生志愿海外传教运动被派到中国的最早的专业中国研究专家，如赖德烈（Kenneth Scott Latourette，1884—1968）于 1910 年以浸礼会教士身份来华，1910—1917 年任长沙雅礼学校老师，后任耶鲁大学教授。他侧重于基督教史的研究，开拓了许多新的研究领域，著述甚多，他的学术成就使他于 1948 年当选为美国历史协会主席。宓亨利（Harley Farnsworth MacNair，1891—1947）于 1912 年来华，任圣约翰大学历史学系和政治学系教授，并为《密勒氏评论报》的特约编辑。1926 年任华盛顿州立大学、芝加哥大学教授，是美国研究中国外交屈指可数的人物之一。卜凯（John Lossing Buck，1890—1962）于 1915 年来华，任金陵大学农学系教授，他关于中国农业的研究无人能及。葛学溥（Daniel H. Kulp，1888—1980）于 1913 年以浸礼会传教士身份来华，1915 年在上海沪江大学创立社会学系并任教授。1918—1919 年指导学生在广东潮州市潮安县归湖镇调查有 650 人的凤凰村，并据调查著有《华南乡村生活：家庭主义的社会学，第一卷，广东潮安凤凰村》（*Country Life in South China*，*the Sociology of Familism Vol. 1*，*Phenix Village*，*Kwangtung*，*China*），是高等学校乡村社会调查的先驱，至今仍是华南地区乡村生活的代表作。恒慕义（Arthur William Hummell，1884—

① Paul A. Varg，*Missionaries*，*Chinese*，*and Diplomats*，*The American Protestant Missionary Movements in China*，*1890 – 1952*，Princeton University Press，1958，p. 55.

② 1886 年至 1936 年的学生志愿海外传教运动中，有 5 万名大学生参加，其中 1.3 万人到国外传教，占美国全部海外传教士人数的一半。1886 年至 1918 年，学生志愿海外传教运动派往外国的传教士达 8140 人，其中近三分之一，即 2524 人被派到中国。

1975）于 1915 年以公理会教士身份来华，1924 年任北京华北协和华语学校中国史教师，1927 年任美国国会图书馆亚洲部主任。他主编的《清代名人传略（1644—1912）》（*Eminent Chinese of the Ch'ing Period, 1644—1912*）被费正清认为是"我们研究现代中国早期的一个重要里程碑"。

第十章

解放妇女：由乡入城潮流
中的女工夜校

20世纪20年代，随着工业体系在中国的引入和逐渐形成，引发了以城市为中心的所有现代病——童工、超长工时、夜工、无休假、低工资、普遍低劣的工作条件、缺乏住房等，劳工问题迅速成为备受关注的社会问题，各党派、各团体、学术界等莫不以自己的方式来提出解决问题的方案，对劳工问题有过从舆论到实践、到研究的强烈关注。

如何面对社会上层出不穷的"违反基督宗旨"的工业与经济制度问题的新挑战，基督教界并非置身事外、无动于衷，认为不能触动那些与基督教原则背道而驰的行为做法，基督教会就会失去吸引力，[①]基督教不能"尽力改良"，发挥作用，社会的基督化如何可能积极应对劳工问题。[②]

无论是当时社会各界积极应对的实践与研究，还是今日对历史过程的考察和重审，学术界都有颇多研究，成果丰硕，但却普遍忽视了基督教界的回应和参与。本书试图以中国教会最直接涉及劳工问题的——基督教女青年会为研究对象，通过该会对劳工问题的关注与实践来考察基督教界的思考与实践，增加学界对于当时解决劳工问题的努力之多面性与复杂性的认识；并分析基督教会思考内容和侧重层面、思考与实践之间的距离，以及中国教会的局限性。

---

① F. Rawlinson, *The Chinese Church as Revealed in the National Christian Conference Held in Shanghai*, Shanghai, 1922, p. 463.

② 中华全国基督教协进会编：《基督教全国大会报告书》，协和书局1922年版，第307页。

一　女青年会劳工事业的初成和转变

　　1910 年代后，中国陷入了军阀混战之中，外国势力渗透和工业发展迫使大量农民来到城市。外国控制的制造业和贸易在沿海地区的增长造成了传统手工业的崩溃，农作物商业化、乡村缺乏自足、资金从农村乡村流向城市都带来了相应的乡村危机，旱灾和水灾等空前自然灾害造成广大民众的痛苦和不满。虽然乡村危机影响到 80% 的人口，但位于权力中心的工业问题和劳工问题得到了更多的社会和政治关注。1922 年 5 月 1 日至 6 日在广州召开了中国第一届全国劳工大会，从 12 个城市来的 180 名代表宣布代表来自约 200 个机构的 30 万工人，劳工在中国迅速成为城市里一个有影响力的政治和社会力量。

　　面对这样的社会问题和社会灾难，只有"缺乏基督精神才使得教会仍然自鸣得意"[1]。早在 1918 年，中国基督教领袖人物已觉悟到教会应当联合起来来改良经济生活、提高农工程度。[2] 1920 年中华续行委办会（中华基督教全国协进会前称）举行妇女大会，规定社会服务股应包括帮助解决女童和女工问题。1921 年春季中华续行委办会决定，在 1922 年召开的全国基督教大会上，"教会将来之工作"应包括"教会与中国的经济及工业问题之关系"。

　　中华基督教女青年会已有一百多年历史，是本着基督的精神服务社会的宗教团体。1890 年，传教士司徒雷登（John Leighton Stuart）的母亲和毕范宇（Frank Wilson Price）的母亲在杭州弘道女中组织了中国第一个学校女青年会。1899 年，中华基督教青年会在上海召开第二届全国大会时，指定了一个由中西妇女各半组成的中华基督教女青年会筹备委员会。同年，女青年会全国委员会在上海成立，负责对外联络及事工拓展。1900 年，世界女青年会总干事、美国人安妮·雷诺兹（Annie Reynolds，1894—1904 年任总干事）来华考察，请求女青年会全国委员会向她提交

---

① Y. T. Wu, Our Message, *The Chinese Recorder*, August 1923, p. 489.
② 陈其田：《基督化经济生活运动》，见中华全国基督教协进会编《中华基督教会年鉴》（1928 年），中华全国基督教协进会 1928 年版，第 65 页。

了一份由 200 名上海女工签名的呼吁书，并请求世界女青年会关注中国的女工问题。① 雷诺兹对中国女工的悲惨状况深感震惊，1901 年②（一说 1903 年③）派已在中国做传教士的美国人贝宁格（Martha Berninger）来上海，回应此次呼吁，在纺织女工中组织了查经班。1906 年贝宁格因病回国，以后多年也未在劳工中开展事工④，但中华基督教女青年会的事工是从劳工事业上开始的。

1906 年美国人顾恩慈（Grace Coppock）⑤ 受世界女青年会派遣来华时，世界女青年会和美国女青年会都建议她特别关注工业工作。⑥ 1921 年在总干事顾恩慈和会长朱胡彬夏⑦的支持下，女青年会恢复了劳工工作，以提倡社会舆论为主，希望引起社会上对女工的同情，争取改善女工状况。在中国女青年会向世界女青年会请求下，伦敦经济学院福利工作系教师、伦敦经济学院社会经济研究的组织人、和平主义者、圣雄甘地的朋友韩励生（Agatha Harrison）于 1921 年 5 月 21 日来到中国。⑧ 女青年会劳动部随即宣告成立，她组织的反对童工、保护女工的运动成了女青年会劳动部持续几年的工作重点。⑨

传教士对中国女性的早期关注是从教育入手的，通过创办女校来传

① Nancy Boyd, *Emissaries: The Overseas Work of the American YWCA*, *1895 - 1970*, New York: The Woman's Press, 1986, p. 132.

② Nancy Boyd, *Emissaries: The Overseas Work of the American YWCA*, *1895 - 1970*, New York: The Woman's Press, 1986, p. 132.

③ 《中华基督教女青年会全国协会简史》，见中华基督教女青年会全国协会编《享受奉献：中华基督教女青年会全国协会成立 80 周年纪念集》，中华基督教女青年会全国协会 2003 年内部印刷，第 1 页。

④ Nancy Boyd, *Emissaries: The Overseas Work of the American YWCA*, *1895 - 1970*, New York: The Woman's Press, 1986, p. 134.

⑤ 顾恩慈（1883—1921），1906 年来华，1908 年创办上海女青年会，任总干事。

⑥ Nancy Boyd, *Emissaries: The Overseas Work of the American YWCA*, *1895 - 1970*, New York: The Woman's Press, 1986, p. 133.

⑦ 朱胡彬夏，朱庭祺夫人。曾留学美国和日本，获得威尔斯利大学学士学位，留日女学生共爱会和上海女权运动同盟会发起人，《妇女杂志》主编，中华基督教女青年会第一任会长。

⑧ Adelaide M. Anderson, *Humanity and Labour in China*, *A Industrial Visit and Its Sequel*, *1923 to 1926*, London, Student Christian Movement, 1928, p. 108.

⑨ Emily Hong, "Christianity, Feminism, and Communism: The Life and Times of Deng Yuzhi", in Daniel H. Bays eds., *Christianity in China*, *from the Eighteenth Century to the Present*, Stanford University Press, 1996, p. 255.

播福音、皈依教徒，虽然也涉及中国女性生活最受压迫的方面，如小脚和婚姻，但学校教育提供了女性走向自由的机会和能力，使女性获得自己职业的可能性，获得了可能摆脱受压迫的能力。韩励生的到来是女性传教事业的巨大转折，标志着传教工作更加紧密地联系中国现实，而不仅仅只是关注基督教教育。①

1921 年 6 月，女青年会全国协会通过建议案，女青年会应通过舆论介绍宣传劳工问题，开展劳工情况调查，设法"使厂主及工人双方均能得到更大的利益，及造成一种舆论，以制定一种劳工的律例"。② 当时上海的工厂大部分是英国办的，韩励生的身份也有利于工作。她利用在上海的英国报刊发表文章，呼吁社会关心劳工，调查女工的工作生活状况，宣传介绍工厂的具体情况，邀请英美知名人士甚至一些厂主和经理亲自到车间体验恶劣的工作条件，以唤起对女工和童工的同情。与她一起工作的有女青年会童工委员会委员宋美龄。10 月，女青年会还派书报部干事程婉珍③参加在日内瓦召开的国际女子劳动大会和国际劳动大会，并取道英国去日内瓦，在英国参观了一些工厂，与会代表都关切地询问中国是否执行了上届华盛顿会议的决议，一切表明女青年会的劳工工作是通过舆论来达到改良的目的。

1922 年在上海召开基督教全国大会，首次以"中国教会"为主题，重点讨论了中国的传教、教育、出版、慈善、妇女等方面的问题。作为四个常设委员会之一的工业和社会关系委员会重点讨论了如何将基督教原则运用于中国的工业环境中。④ 韩励生主要提出了劳工问题，认为中国目前的工厂制度"已经建造在一个很坏的根基上"，如 14 岁以下的童工

---

① Emily Hong, "Christianity, Feminism, and Communism: The Life and Times of Deng Yuzhi", in Daniel H. Bays eds., *Christianity in China, from the Eighteenth Century to the Present*, Stanford University Press, 1996, p. 255.

② 华景侠、夏秀兰等编纂：《中华基督教女青年会干事手册》，中华基督教女青年会全国协会 1926 年版，上海市档案馆 121 - 0 - 1，第 19 页。

③ 程婉珍，1922—1926 年任女青年会全国协会劳工部干事。1921 年代表中国参加国际妇女劳工大会。

④ *The Church in China and the Industrial Problem*, Industrial Reconstruction ser., No. 2, Shanghai: Industrial Committee, National Christian Council of China; Jun Xing, *Baptized in the Fire of Revolution*, *The American Social Gospel and the YMCA in China: 1919 - 1937*, Bethlehem: Lehigh University Press, 1996, p. 56.

每天工作时间长达 12 个至 14 个小时，除了吃饭几乎没有任何工资，所有工人都在"大伤人道"的环境中工作。她发人深省地警告，难道教会能够容忍西方悲惨与残酷工业历史在中国重现吗？"教会果然赞成这种情形吗？赞成蹂躏人权吗？……我们的责任在哪里呢？若是基督教不去干涉这些反对基督教博爱之道的情形，基督教对这些人还能有什么威力吗？"①美国传教士舒美生（A. M. Sherman）谴责雇用童工无异于"对儿童的屠杀"，建议大会"通过决议，以表示我们对中国工厂雇用童工的强烈反对"。②韩励生还提出目前解决问题的办法，即采用 1919 年在华盛顿通过的各国政府代表所规定的国际标准，但在目前工作刚开始、实行众多的标准困难太多的情况下，先选出三项请求大家赞成；1. 不得雇佣未满 12 周岁的幼童；2. 七日中休息一日；3. 保护工人健康，例如限制工作时间、注重工厂卫生等。正是在韩励生和舒美生等人的推动下，全国大会通过了这三项有关工业问题的决议，并通告全国基督教机构，同心协力来改良劳工问题，"以期促成合乎基督教理想的工业状况"③，并指出"解决劳资关系是当前形势下教会的特殊责任和机会"，"教会和其他基督教团体必须设法填补劳资之间的鸿沟"。④ 与会代表甚至提出今后基督教会的任务是："把教会置于劳资双方调停者的地位，设法缓解劳资双方的情绪，使他们在向对方提出要求时采取较温和的立场；成为工人的代言人。……支持工人提出的关于劳动安全、工业保险的要求；以劳工阶级支持者的身份，指出他们道德上的危险和需求，为他们提供各种服务。"⑤

根据全国基督教大会的议决案，在中华基督教协进会下成立了工业委员会，是协进会下属的七个委员会之一，并拨专款支持工作，由上海

---

① 中华全国基督教协进会编：《基督教全国大会报告书》，协和书局 1922 年版，第 306 页。

② F. Rawlinson, *The Chinese Church as Revealed in the National Christian Conference Held in Shanghai*, Shanghai, 1922, p. 466.

③ 朱懋澄：《基督教经济制度的根本原理与实施方法》，见中华全国基督教协进会编《中华基督教会年鉴》（1925 年），中华全国基督教协进会 1925 年版，第 232 页。

④ F. Rawlinson, *The Chinese Church as Revealed in the National Christian Conference Held in Shanghai*, pp. 461, 465.

⑤ F. Rawlinson, *The Chinese Church as Revealed in the National Christian Conference Held in Shanghai*, pp. 468 – 469.

青年会劳工干事朱懋澄、女青年会劳工干事丁门（Mary Dingman）① 和程婉珍、协进会工业干事陈其田和霍德进（Henry Theodore Hodgkin）组成。工作宗旨为在民众中宣传社会及劳工问题；努力让人们了解教会与经济及劳工问题的关系，并实行基督教全国大会所规定的三项标准；帮助培训工人；提倡工业经济的研究；努力实现工会的注册制度；发起劳工及经济等问题的调查；和其他宗旨相同的机关合作等。② 同时与国际劳工组织，如国际联盟的劳动部、美国基督教社会研究所等保持着密切关系，邀请国际劳工专家华德博士等来华演讲等。③ 还与基督教教育大会达成协议，要求教会大学的神学专业设立普通课程，使神学学生了解工业问题的背景与常识；要求一些大学专办社会工业调查工作；还特别设立工业干事培养学习名额。④ 1925 年与纽约的社会宗教调查社等成立了社会经济调查社，挂在中华教育文化基金委员会之下。工业委员会发行专门讨论基督教工业问题的不定期刊物《工业改造》，中华基督教协进会还出版许多讨论经济关系基督化的书籍，如《基督化经济关系大会报告》《工业中的人道观》《地方与工业》《教会与工业》《劳工标准》《工厂制与劳动法》《英国工厂法略史》《近世工业史观》《何谓国际劳工机关》《教会与经济工业之关系》《北京地毯工业之调查》《教会与现代工业问题》《教会与近世工业》《工业改造地方会议》等。

　　在基督教会回应劳工问题的新挑战、认识到自身在工业领域的责任以及改革手段和目的方面，美国青年会亚洲部干事艾迪（Sherwood Eddy）起到了关键性作用。他曾 9 次来华，通过举行全国性旅行布道、发表与时代社会紧密结合问题的演讲对中国基督教思想产生了深远的影响。1922 年再次来华时，以在基督教全国大会上提倡"工业界应以尊重人类的价值"⑤ 而再次引起轰动。他在 24 个大城市专门演讲"基督教与劳工

---

① 丁门，美国女青年会干事。1924—1925 年任女青年会全国协会劳工部干事。

② 李则灵：《中华全国基督教协进会三年以来之回顾》，见中华全国基督教协进会编《中华基督教会年鉴》（1925 年），中华全国基督教协进会 1925 年版，第 95 页。

③ 钟可托：《中华教会概况》，见中华全国基督教协进会编《中华基督教会年鉴》（1925 年），中华全国基督教协进会 1925 年版，第 15 页。

④ 李则灵：《中华全国基督教协进会三年以来之回顾》，见中华全国基督教协进会编《中华基督教会年鉴》（1925 年），中华全国基督教协进会 1925 年版，第 96 页。

⑤ 夏秀兰：《基督教协进会工业委员会的历史和工作》，《工业改造》第 13 期，1927 年。

问题"，鼓吹劳资合作，提倡阶级调和，介绍美国在更大范围内以福利资本主义方式所进行的改革工作，号召"将基督教福音用于中国的工业化环境中"，美国青年会提出"劳动者不是商品"这样的社会福音观念，进入了中国教会的劳工改革领域的词汇里。① 他还提醒警告中国人，中国一天天地在走向工业化，中国工人在逐渐觉悟和成熟，西方的各种社会思潮日益进入中国，难道中国也要再蹈西方前车之辙吗？难道中国也要像西方国家一样罢工不断、劳资纠纷四起吗？还是防患于未然呢？② 他到处演讲并进行工业情况的调查，在上海、天津、烟台等地甚至到工人家庭调查劳工生活，与资本家一起讨论如何平息工潮，寻求雇主与雇工"合作"的办法，探求"改良工业的办法"，进而达到改良工业的目的，还于1925 年由青年协会书局出版了《艾迪博士与劳工问题》。

基督教机构中积极响应协进会号召并有具体事工的是基督教男女青年会，它们均在 1921 年开始或恢复了劳工工作，聘请专任干事办理。1920 年召开的青年会第八次全国大会只略微涉及了劳工工作；1921 年青年会全国协会建立了职工部，聘请英国格拉斯哥大学毕业生朱懋澄任主任干事；1923 年青年会第九次全国大会上通过了有关工业领域的具体工作和计划的 14 项决议③，确定青年会劳工事业宗旨为"一面灌输基督化于工业中，以革新经济发展之程序，造成公正合作善利之工业制度于将来；一面用妥切适用之计划，服务职工，改良现状，以促现有工业之进步"。④ 1924 年，在艾迪的鼓励下，朱懋澄到欧洲和美国开始了广泛的旅行，尽可能地学习许多东西，向青年会全国协会提交了一份全面"建设性"的工业工作计划。无论是他设计的工业计划还是主持的名噪一时的青年会劳工事工——浦东新村，都是模仿了美国青年会劳工改革的治疗

---

① Jun Xing, *Baptized in the Fire of Revolution*, *The American Social Gospel and the YMCA in China*: 1919–1937, Bethlehem: Lehigh University Press, 1996, p. 56.

② 顾长声：《传教士与近代中国》，上海人民出版社 1981 年版，第 307 页。

③ 《青年会扩充程序组委员会之建议案》，《中华基督教青年会第九次全国大会》，1923 年 10 月，上海档案馆 U120－0－4，第 4—5 页。

④ 朱懋澄：《基督教经济制度的根本原理与实施方法》，见中华全国基督教协进会编《中华基督教会年鉴》（1925 年），中华全国基督教协进会 1925 年版，第 232 页。

性政策，将重点放在了劳工事业的人性方面，而不是在制度方面。①

　　长期以来，中国女青年会一直也是美国女青年会最重视的海外机构。1920 年女青年会共有 126 名干事，其中外国干事占 84 人，主要来自美国。1923 年美国向中国派遣了 47 名干事，而当时女青年会北美协会派往海外的干事总数也不过 115 人②。1921 年美国女青年会海外部派到中国的经费是 130928 美元，占海外部经费的三分之一，是第二受款国日本的两倍。③ 女青年会劳工事工无论从观念上，还是从行动、人员、经费上，都受到美国女青年会的积极支持，正是 1925 年美国女青年会捐款的专项劳工事业经费开始了中国女青年会的劳工事工。④

　　1923 年 10 月在杭州召开女青年会第一次全国大会，108 名代表出席了大会。⑤ 大会认为劳工事业存在许多问题，女青年会"负有发展这种生活的责任"，用"基督教改造社会""解决中国的社会和劳动问题"⑥。决议举办劳工事业，劳工部的具体职责是"协助中华基督教协进会工业委员以改良劳工状况，并协谋雇主和劳工间的谅解"⑦。

　　女青年会劳工工作随之开展起来。国内事务方面：女青年会继续依靠舆论发表文章、举办演讲，在社会上宣传中国近代工业情况，引起社会关注工业问题；努力与各地调查中国社会及经济机关合作，搞清情况，如长沙女青年会组织教师和学生，从事当地女工情况调查；烟台、天津女青年会进行女工调查；成都女青年会举行周日服务劳工界的活动；在大学里开设劳工课程，程婉珍曾任教于齐鲁大学，丁门任教于圣约翰大

---

　　① Jun Xing, *Baptized in the Fire of Revolution*, *The American Social Gospel and the YMCA in China*：*1919 - 1937*, Bethlehem：Lehigh University Press, 1996, p. 114.

　　② Nancy Boyd, *Emissaries*：*The Overseas Work of the American YWCA*, *1895 - 1970*, New York：The Woman's Press, 1986, p. 131.

　　③ Nancy Boyd, *Emissaries*：*The Overseas Work of the American YWCA*, *1895 - 1970*, New York：The Woman's Press, 1986, p. 131.

　　④ 《五年简述（1923—1928）》，中华基督教女青年会 1928 年版，第 37 页。

　　⑤ Adelaide M. Anderson, *Humanity and Labor in China*, *A Industrial Visit and Its Sequel*, *1923 to 1926*, London, Student Christian Movement, 1928, p. 109.

　　⑥ 《中华基督教女青年会第一次全国大会记录》，女青年会全国协会书报部发行、亚洲印书馆印 1924 年版，上海档案馆 121 - 0 - 5，第 181 页。

　　⑦ 张振铎：《全国基督教女青年会概况》，见中华全国基督教协进会编《中华基督教会年鉴》（1925 年），中华全国基督教协进会 1925 年版，第 264 页。

学；派干事单德馨①、袁荷莲、夏秀兰（Lily K. Haass）②到伦敦经济学院和美国学习研究劳工问题。1923 年秋，程婉珍到浙江等地访问了解劳工状况；1924 年至 1925 年，丁门到宁波、武汉等地考察劳动界状况，尤其注重童工的情况。各地任命了专职劳工干事办理事务，如袁荷莲、陶玲在烟台女青年会；邢德（E. Hinder）③、钱萃阁④、朱钰宝⑤、龚佩珍⑥、卢季卿⑦在上海女青年会劳工部；陶玲与章秀敏（Lydia Johnson）任全国协会驻天津工业调查干事，并积极培养训练工业方面的人才。国际事务方面：1923 年 4 月在英国举行的教会大会上，韩励生提出了东方工业问题议决案；1923 年 12 月英国著名工业调查人安特生（Adelaide M. Anderson）女爵士来华，调查各地的劳工状况，提倡实行工会注册制度，女青年会派韩励生和丁门随之到宁波、苏州调查，并配合其他工作；派遣程婉珍和单德馨出席世界女工联合大会；与美国全国妇女贸易联合会合作，促使其早日开展东方女工问题研究的议决案；与日内瓦的世界工人事务所接洽保持联系；在 1927 年 6 月的世界女青年会大会上宣传介绍中国劳动妇女的情况等。⑧

1923 年 6 月，在女青年会推动下，上海公共租界工部局成立了童工委员会⑨，希望借助于工部局的力量，谋求改善女工和童工的处境，宋美

---

① 单德馨：1924—1925 年任女青年会全国协会劳工部干事。

② 夏秀兰：美国女青年会干事，北京基督教女青年会创始人之一。1924—1932 年任女青年会全国协会劳工部干事。后任女青年会全国协会人事部主任干事。

③ 邢德：美国女青年会干事。1926—1928 年任上海女青年会劳工部干事。

④ 钱萃阁：1926 年任上海女青年会劳工部干事。

⑤ 朱珏宝：1925—1927 年任上海女青年会劳工部干事。

⑥ 龚佩珍：1925—1928 年任上海女青年会劳工部干事。

⑦ 卢季卿：1927—1928 年任上海女青年会全国协会劳工部干事。

⑧ 华景侠、夏秀兰等编纂：《中华基督教女青年会干事手册》，中华基督教女青年会全国协会 1926 年版，上海市档案馆 121－0－1，第 23 页；丁淑静：《全国基督教女青年会概况》，见中华全国基督教协进会编《中华基督教会年鉴》（1927 年），中华全国基督教协进会 1927 年版，第 176 页；《五年简述（1923—1928）》，中华基督教女青年会 1928 年版，第 33、36 页；丁淑静：《一年来全国女青年会概况》，见中华全国基督教协进会编《中华基督教会年鉴》（1928 年），中华全国基督教协进会 1928 年版；朱胡彬夏：《中国女青年会小史》，上海，1923 年，上海市档案馆 U120－0－1，第 12 页。

⑨ 华景侠、夏秀兰等编纂：《中华基督教女青年会干事手册》，中华基督教女青年会全国协会 1926 年版，上海市档案馆 121－0－1，第 22 页。

龄为委员会主席，韩励生任委员会委员。主要采用演讲和在《女青年会报》《字林西报》上发表文章，宣传童工委员会保护童工的提案，但提案始终未能在公共租界纳税人会议上通过①。五卅惨案后，女青年会认为在民族主义高涨的时期，女青年会这样的中国机构"不便提在租界内的立法"②。女青年会这种依靠舆论，甚至借用外国力量来宣传促使保护女工、童工的立法没有取得结果。

　　1924 年 2 月，韩励生回国，世界女青年会派丁门继任女青年会劳工干事③，同时协助协进会工业委员会工作，开始了女青年会与协进会工业委员会的合作关系。广州、济南、杭州和南京等女青年会，都有干事充任工业委员会的委员④。在劳工问题上，女青年会与全国基督教协进会始终保持着紧密的合作关系。

　　1927 年秋，在上海召开了全国女青年会劳工干事会议，出席者共 11 人，除一人外，均为劳工干事。她们认为面对中国日益膨胀的劳工运动，除继续舆论宣传政策外，培训女青年会劳工服务型人才是当务之急；还讨论应该建立"适合中国情势"的劳工部，"谋求工业上正当的发展"⑤。大会提出在女青年会会员家中以基督教原则待遇仆役；家庭用款合乎基督徒精神；家庭与社会经济的关系，当以基督教的原则为准则的新倡导。⑥ 1928 年召开女青年会第二次全国大会，"深深感觉到劳工事业使命的重大"，会议议决在保持舆论工作的同时，通过了"由教育入手，使散乱的劳动界渐进于有组织、有系统、有目的的正当的劳工运动……能循序渐进于基督教社会的程序"⑦。会上重申了女青年会的性质，认为对层

　　① 《中华基督教女青年会全国协会简史》，见中华基督教女青年会全国协会编《享受奉献：中华基督教女青年会全国协会成立 80 周年纪念集》，中华基督教女青年会全国协会 2003 年内部印刷，第 15 页。

　　② 郁裕志：《蓝三角形下的劳工事业》，《女青年月刊》第 10 卷第 4 期，1931 年，第 77 页。

　　③ Adelaide M. Anderson, *Humanity and Labor in China*, *A Industrial Visit and Its Sequel*, *1923 to 1926*, London, Student Christian Movement, 1928, p. 108.

　　④ 丁淑静：《全国基督教女青年会概况》，见中华全国基督教协进会编《中华基督教会年鉴》（1927 年），中华全国基督教协进会 1927 年版，第 176 页。

　　⑤ 《五年简述（1923—1928）》，中华基督教女青年会 1928 年版，第 37 页。
　　⑥ 《五年简述（1923—1928）》，中华基督教女青年会 1928 年版，第 38 页。
　　⑦ 《五年简述（1923—1928）》，中华基督教女青年会 1928 年版，第 39 页。

出不穷的妇女及社会问题进行回应是女青年会不应推卸的社会责任，并将农村妇女及劳工妇女确定为女青年会的两大主体而非仅仅是服务对象。① 女青年会不仅应本着"基督教自由博爱平等的原则"对劳动妇女"有深厚的同情"，认识到她们也应该有合理的生活，而且"更须努力地促其实现"②。20 年代后期，女青年会劳工工作从舆论宣传转向了具体实际工作，尤其强调以教育方法面向劳动妇女，提高妇女进入社会的能力；将女青年会的工作服务对象从上层妇女扩大到包括劳动妇女在内的整个妇女界。

女青年会强调用教育的方式来开展劳工工作，也是顺应当时整个社会提倡平民教育的潮流，将女青年会第一次全国大会决议提倡平民教育③落实到了具体事工上。1922 年基督教青年会首倡平民教育，认为中国文盲太多，不具备现代国民的基本知识，无法体现和体会公民的权利与责任④，对公民的教育必须从基本的识字入手，编辑了《平民千字课》4 册。

20 世纪初期，世界基督教会也在寻找着宗教与世俗结合的契合点，如何能在人间实现上帝之国。1927 年 3 月 24 日至 4 月 8 日在耶路撒冷召开的世界基督教大会极大地促进了这种寻找的转变，"福音社会化"正是大会的主题。"世俗和宗教之间的距离正在非常迅速地缩小。宗教要想在现代世界中得到见证，必须将帮助创建公正的经济社会秩序与寻找创建丰富的奋兴历程同时进行。因此，经济和种族关系必须基督化。"⑤ "上帝之国的到来取决于人类精神和心灵的皈依，心灵和精神完全皈依的人需要寻找外部的修正。……自从我们坚定了这些信仰后，我们相信教会必

---

① 《中华基督教女青年会全国协会简史》，见中华基督教女青年会全国协会编《享受奉献：中华基督教女青年会全国协会成立 80 周年纪念集》，中华基督教女青年会全国协会 2003 年内部印刷，第 14 页。

② 《五年简述（1923—1928）》，中华基督教女青年会 1928 年版，第 38 页。

③ 《中华基督教女青年会第一次全国大会记录》，女青年会全国协会书报部发行、亚洲印书馆印，1924 年，上海市档案馆 121－0－5，第 180 页。

④ Yui, *Characte*, *China's Hope*, New York：Foreign Division, YMCAs of the United States and Canada, 1924, p. 3.

⑤ *The Chinese Recorder*, Jan. 1928.

须真切地关注中国民众的世俗利益。"①

　　1927 年 4 月，协进会工业委员会协同其他机构召集了地方工业会议，专门研究工资和童工等问题。② 1927 年 8 月 18 日至 28 日，基督教协进会和男女青年会在上海召开了全国基督化经济大会，中外与会代表 50 余人，包括日本著名劳工改造运动家贺川丰彦，主张基督教与社会改造的霍德进博士，广州青年会劳工干事李应林，上海青年会劳工干事，主持浦东新村的朱懋澄，女青年会劳工干事夏秀兰等。大会主题是城市经济、农村经济和社会思想，力图促进教会的责任心和青年教徒的思想，是"基督教第一次大规模地向经济问题下总攻击"③。会议讨论了工业问题、农村经济问题、国民党的乡村政策、教会与工业关系、经济问题与国际关系、社会思潮与国际合作、日本的社会运动。决议案 50 余条，包括劳动问题、乡村经济问题、基督教与经济问题、基督徒的经济问题和耶路撒冷建议案五项，提出了工人有组织、集会、出版的自由；有最低工资要求；将来达到 8 小时工作；7 日休息 1 日；联系适当的大学培训劳工服务人才等。其中涉及女工和童工的有：禁止雇用 12 岁以下的童工；不让妇女做夜工；妇女有 4 周产假，工资照发。④ 规定了全国基督化经济生活委员会的八项工作方法，即调查、出版、会议、训练、外宾、立法、试验和联络等。⑤

二　女工夜校的艰难历程

　　女青年会分别在上海、烟台、天津、武汉、重庆、广州、太原和香

---

　　①　F. Rawlinson, *The Chinese Church as Revealed in the National Christian Conference Held in Shanghai*, p. 461.

　　②　丁淑静：《全国基督教女青年会概况》，见中华全国基督教协进会编《中华基督教会年鉴》（1927 年），中华全国基督教协进会 1927 年版，第 179 页。

　　③　陈其田：《基督化经济生活运动》，见中华全国基督教协进会编《中华基督教会年鉴》（1928 年），中华全国基督教协进会 1928 年版，第 67 页。

　　④　《基督化经济关系全国大会决议案》，《工业改造》第 14 期，1927 年，第 31 页。

　　⑤　陈其田：《基督化经济生活运动》，见中华全国基督教协进会编《中华基督教会年鉴》（1928 年），中华全国基督教协进会 1928 年版，第 67 页。

港等举办了劳工夜校①，其中以上海的女工夜校最为著名、时间最长。1926 年 12 月，上海女青年会劳工部在丝厂较为集中的闸北设立了劳工服务处，办了两个女工平民教育班。1928 年春，上海女青年会已有设立在浦东新村（与基督教青年会合作）、杨树浦沪江大学沪东公社（与沪江大学合作）和虹口启英中学的 3 所女工学校，学生共约 200 人。学生大多是附近烟厂、纱厂和丝厂的女工，课本为当时社会十分常见的《平民千字课》《平民生活常识》等。方式以课堂教育为主，课外活动有游戏、讲时事、唱歌、演戏、春游等。1928 年秋，女青年会全国协会调学生部干事邓裕志②到劳工部工作，负责浦东平民学校的工作，她曾在工人识字班、工人子弟学校教过书，"有志于妇女解放和平民教育等社会工作"③。她积极拓展其他工作方式，如对学完《千字课》的学生教授卫生、算术、书信等新课程，课外活动也增加了演讲、讨论等方式，内容还扩大涉及当时社会问题和经济制度等；增加课外读物供同学阅读参考，由同学自己管理等。浦东平民学校起到了中心学校的作用，也成为女青年会第一所女工夜校的雏形④。1929 年女青年会平民学校改称女青年会平民夜校，1930 年正式定名为女青年会女工夜校。

　　1929 年底，面对社会劳资纠纷日增的局面，女青年会全国协会拨专款支持并派劳工部干事毛韵琴⑤与上海女青年会劳工部共同计划，在女工集中的地方设立一个完全由女青年会自办的劳工服务处，了解更多的女工状况，用教育方法解决女工的需要，训练更多的社会服务人才，并作为女青年会劳工工作的示范点以便在全国推广。1930 年上海女青年会在

---

　　① 夏秀兰：《1935 年的女青年会》，见中华全国基督教协进会编《中华基督教会年鉴》（1934—1936 年），中华全国基督教协进会 1936 年版，第 139 页。
　　② 邓裕志（1900—1996）：1926 年毕业于金陵女子大学社会学系，任女青年会学生部及劳工部干事。1929—1930 年在伦敦经济学院社会服务系进修。1932 年在日内瓦国际劳工局从事妇女、儿童研究。1941 年获美国纽约州立大学社会经济系硕士学位。中国基督教三自爱国运动发起人之一，历任中国基督教三自爱国运动委员会常委、副主席，任女青年会全国协会总干事长达 40 余年（1950—1992 年）。
　　③ 邓裕志：《上海基督教女青年会女工夜校》，《邓裕志先生纪念文集》，中华基督教女青年会全国协会 2000 年内部印刷，第 15 页。
　　④ 邓裕志：《上海基督教女青年会女工夜校》，《邓裕志先生纪念文集》，中华基督教女青年会全国协会 2000 年内部印刷，第 15—16 页。
　　⑤ 毛韵琴：1929—1931 年任女青年会全国协会劳工部干事。

小沙渡路三和里租了两幢房子（今西康路 910 弄 21—23 号），举办沪西女工社，楼下是女工夜校的课堂和课外活动场所，楼上是劳工部干事和教师的宿舍。上海女青年会劳工部干事钟韶琴①和白美丽（M. Bagwell）②一开始就迁入居住，1931 年下半年夏秀兰和邓裕志也先后迁入，30 年代后期劳工部干事耿丽淑（Talitha A. Gerlach）③ 和张淑义④都曾在三和里住过。

女青年会劳工事业进入了实质性时期，"由鼓吹舆论的间接工作阶段，达到服务女工的直接工作阶段了"。⑤ 1930 年女青年会全国协会书报部的《女青年》杂志专辟了工业经济栏，专门讨论研究工业经济问题⑥。1933 年女青年会第三次全国大会觉悟到仅在妇女问题上找出路"是不够的"，"要借这个集团的力量，负起建设新社会的任务"⑦。"本基督的精神，调和劳资双方的冲突"⑧ 这样"一套社会改良"已经不能"得着她

---

① 钟韶琴（1904—2003）：1930 年毕业于沪江大学社会学系，上学期间就关注劳资、劳工、妇女等问题，随即到上海女青年会任劳工部干事直至 1938 年，是最早迁到三和里女工夜校与女工共同生活、学习的两名干事之一。1945 年获美国哥伦比亚大学教育学硕士。参与中国民主同盟美国支部的创立活动，任联合国非政府组织远东地区联络协调员。1956 年回国，任职于北京图书馆。1980 年代，任民盟中央联络委员会委员、全国妇联顾问、第四届全国政协委员。

② 白美丽：美国女青年会劳工部干事，也在美国工会工作过。1929—1933 年任上海女青年会劳工部干事，是最早迁入三和里女工夜校与女工共同生活、学习的两名干事之一。

③ 耿丽淑（1896—1995）：美国女青年会学生部干事。1926 年来华，1928—1930 年任济南女青年会总干事，1930—1933 年任女青年会全国协会学生部主任干事，1938—1947 年任全国协会总务部主任干事和人事训练部主任干事。1952 年再度返华，任英文刊物《中国建设》编辑部顾问，1995 年去世于上海。

④ 张淑义（1914—1994）：出身于基督教家庭，父亲为青年会干事、"税务学堂"三杰之一的张钦士。1936 年毕业于燕京大学社会学系，1936—1939 年任女青年会全国协会劳工部干事，1939 年获甘博奖学金到美国留学，获硕士学位。1943—1944 年在美国各地女青年会访问。1947 年任中共中央外事组翻译。曾任中国人民保卫儿童全国委员会秘书长，全国妇联国际联络部部长。主编《中国儿童》外文版，全国政协第三、四、五届委员，欧美同学会副会长。

⑤ 蔡葵：《女青年会》，见中华全国基督教协进会编《中华基督教会年鉴》（1933 年），中华全国基督教协进会 1933 年版，第 178 页。

⑥ 主要文章有《无锡的妇女劳动界》《上海女工状况报告》《中国女工问题及其解决方法》《天津女工的工作及工资状况》《妇女与作工》等。

⑦ 夏秀兰：《1935 年的女青年会》，见中华全国基督教协进会编《中华基督教会年鉴》（1934—1936 年），中华全国基督教协进会 1936 年版，第 136 页。

⑧ 丁淑静：《一年来全国女青年会概况》，见中华全国基督教协进会编《中华基督教会年鉴》（1928 年），中华全国基督教协进会 1928 年版，第 33 页。

们的满意了"①。

鉴于女工要求上学的越来越多，1931 年、1933 年、1934 年，上海女青年会在劳勃生路裕庆里 13 号（今长寿路 171 弄 13 号）、曹家渡康福里和菜市路（今顺昌路）增办了 3 所夜校。这样，全市共 6 所女工夜校，学生达 600 余人，达到女工夜校的第一次最兴盛时期。② 女工夜校学制 2 年，分初级和高级两班，初级班教授《千字课》等，需要能识字写字；高级班有历史、算术等课程，毕业时相当于小学程度，发上海基督教女青年会女工夜校出具的毕业证书。由于初级和高级班学生程度参差不齐，1934 年劳工部决定增设中级班，学制由 2 年改为 3 年，采用商务印书馆出版和无锡江苏教育学院出版的民众教育课本作为教材，教员讲课时加入一些经济知识和时事介绍。干事和教师有固定的会议制度，研究如何改进教学问题，每一两年集中时间组织进修，学习讨论教材和教学方法等。③ 在陶行知先生的新式教学方法的影响和鼓励下，1933 年增设了特级班，训练毕业学生做小先生。"当初对一班女工的工作只是教她们认识几个字，几年的工夫，她们已经能够研究劳工问题、经济政治问题了。受过几年教育的女工们，自己也来开办女工学校，教导比自己程序低一点的工友们。"④ 为解决特级班的教材问题，女青年会全国协会劳工部与上海女青年会劳工部、沪江大学沪东公社、基督教协进会合作组织了工人教育设计委员会，编辑出版了一套包括《经济学》《经济史》《工会运动概况》《一个女工和一个女大学生的通信》《怎样读报》等女工教育辅导读物。

女工一天十几个小时做工下来，辛劳至极，到夜校读书非常不容易，因家务劳动繁忙、疾病、工作劳累、经济困难等众多原因，学生的流动性非常大。为了稳定学生的情绪，使她们能坚持下去，女工夜校还开展

① 夏秀兰：《1935 年的女青年会》，见中华全国基督教协进会编《中华基督教会年鉴》（1934—1936 年），中华全国基督教协进会 1936 年版，第 137 页。

② 《上海基督教女青年会女工夜校的光辉历程》，见《巾帼摇篮》编委会编《巾帼摇篮：上海女青年会女工夜校师生回忆》，上海人民出版社 2000 年版，第 4 页。

③ 钟韶琴：《30 年代的女工夜校》，见《巾帼摇篮》编委会编《巾帼摇篮：上海女青年会女工夜校师生回忆》，上海人民出版社 2000 年版，第 38 页。

④ 夏秀兰：《1935 年的女青年会》，见中华全国基督教协进会编《中华基督教会年鉴》（1934—1936 年），中华全国基督教协进会 1936 年版，第 139 页。

了个案工作，派干事钱长本①经常进行家访，了解情况，建立学生卡片，及时帮助解决一些力所能及的困难。通过女青年会的关系，介绍女工同学到红十字医院、仁济医院、同仁医院等地免部分费用进行治疗；对失业的女工同学帮助介绍工作，并设有一笔专款予以临时接济等。② 1932年"一·二八"淞沪抗战后，上海有大批工人失业，上海女青年会和上海失业救济会将500多名工人同学介绍入厂，重新找到工作，这件事产生了很大的影响，使许多女工感到还是读书好，促使了更多的女工来报名上学。

除课堂的书本教育外，夜校还通过丰富的课外活动训练女工的自治能力。帮助学生组织了工友团（初始个别夜校称工民团，1937年后统一称友光团），培养学生自己解决问题的能力，由学生自己选举主席、副主席和会计等，每周活动一次，由学生自己主持。"要使她们对自己所处的环境及团结行动的意义，增进了解能力，并有勇气向着最正当的解决问题的大路前进。"③ 劳工干事和教师帮助学生制订活动计划，常以当时形势和女工的切身问题为题目，如"女人应否回到家庭中去？""女工的命真的更苦吗？""女人读书有什么用？""帝国主义与第二次世界大战""做工是不是命苦？""现在的中国政治经济情况"等。采用了唱歌、游戏、介绍国内外形势、请名人演讲、上台演讲自己的经历和想法、出墙报、讨论等多种形式。安娜·路易斯·斯特朗、史沫特莱、斯诺、《中国之声》主编葛贵思女士（G. Grenich）、陶行知、章乃器、金仲华、冯玉祥、罗叔章、沈体兰、吴耀宗等人来女工夜校演讲参观。④ 女工夜校还协助女青年会全国协会人事部培训干事多人，接待来参观访问对劳工问题有兴趣的国内外人士上百次，如世界女青年会总干事、国内各城市女青年会干事和学生等。⑤ 1936年陶行知在英国伦敦第七届世界新教育会议上详细介绍了上

---

① 钱长本：1929—1933年任上海女青年会劳工部干事。
② 邓裕志：《上海基督教女青年会女工夜校》，见《巾帼摇篮》编委会编《巾帼摇篮：上海女青年会女工夜校师生回忆》，上海人民出版社2000年版，第17页。
③ 蔡葵：《女青年会》，见中华全国基督教协进会编《中华基督教会年鉴》（1933年），中华全国基督教协进会1933年版，第178页。
④ 邓裕志：《上海基督教女青年会女工夜校的创办与发展》，见《巾帼摇篮》编委会编《巾帼摇篮：上海女青年会女工夜校师生回忆》，上海人民出版社2000年版，第30页。
⑤ 钟韶琴：《30年代的女工夜校》，见《巾帼摇篮》编委会编《巾帼摇篮：上海女青年会女工夜校师生回忆》，上海人民出版社2000年版，第39页。

海女工夜校学生的学习情况，同学成为小先生普及救国教育的事迹。

女工夜校的活动得到了"左联"的支持，如剧联的田汉、陈波儿、郁风、王为一等帮助女工编排、辅导戏剧活动，音联的孟波、麦新、郁应恺、冼星海、吕骥、刘良模等帮助开展歌咏、编排歌曲等活动，麦新、孟波辅导女工集体创作的《工人自叹》，流传很广，是当时女工非常喜爱的一首歌曲。夜校还定期开展夏令营或春令营活动，安排一些歌咏、演讲、郊游、自排自演晚会等活动。每逢三八、五一、九一八等纪念日，各校友光团都举行纪念活动，提出"做工不忘救国"的口号，演出"放下你的鞭子""街头夜景"等节目，编辑了《大家唱》歌本，组织女工到农村演出，吸引农民来观看。1933 年女青年会召开第三次全国大会时，女工夜校选派十几名女工演出了话剧《往哪里去》，使许多代表更加了解女工的生活状况，加强对女工问题的兴趣和责任感。

1935 年 12 月 21 日，邓裕志与何香凝、史良等人发起成立了上海妇女界救国会，女工同学是成立大会上的主力军，高举"打倒日本帝国主义"的旗帜，高唱《义勇军进行曲》。在上海各界声援绥远抗战、鲁迅葬礼、抗议迫害"七君子"的游行示威斗争中，始终有女工同学的身影。1937 年 9 月中旬，上海慰劳分会负责人何香凝委托曾在女工夜校多次演讲的作家胡兰畦与干事钟韶琴联系，希望在女工夜校动员报名，选出 10 名成员组成上海劳动妇女战地服务团赴前线工作，得到校方的积极支持。10 月 5 日，以胡兰畦为团长的上海劳动妇女战地服务团[①]，出发到国民党第十八军罗卓英部工作，后随军队撤离上海，开始了日行百里的征程，历时 3 年，辗转沪、苏、浙、皖、鄂、湘、豫等省，行程 2 万里，以后服务团大多数团员参加了新四军或赴延安。[②]

1937 年"七七事变"爆发，全面抗战开始，女工夜校大多被迫停课。8 月 13 日，日军进犯上海，上海女青年会劳工部完全转入难民和伤兵工作[③]，

---

① 共有 11 人参加，她们是秦秋谷、任秀棠、胡瑞英、李亚芬、柳秀娟、张定堡、郑惠珍、李惠英、金敏玉、龚琦玮和胡兰畦，除秦秋谷为夜校教师外，其他均为女工学生。

② 秦秋谷：《战火中的青春年华》，见《巾帼摇篮》编委会编《巾帼摇篮：上海女青年会女工夜校师生回忆》，上海人民出版社 2000 年版。

③ 邓裕志：《上海基督教女青年会女工夜校的创办与发展》，见《巾帼摇篮》编委会编《巾帼摇篮：上海女青年会女工夜校师生回忆》，上海人民出版社 2000 年版，第 33 页。

向群众宣传抗日救亡，募集钱物救济难民和支援前线。上海女青年会接受了上海抗日救灾会一笔相当可观的捐款，在愚园路中西女校、圣约翰大学和法租界西爱咸斯路（今永嘉路）的一所学校开办了3个妇孺难民收容所，开展难民救济。女工夜校留在上海的教员和女工骨干同学，几乎都参加了救济工作，有的负责宣传教育，有的承担收容登记，有的安排难民的生活，把母亲、婴儿、学龄儿童分别编班组织起来，进行自我管理和互相帮助。她们还向难民开展时事政治教育，宣传抗日救国、开展扫盲活动，教难民识字学文化、教唱抗日歌曲，普及卫生知识，慰问伤兵等。这是对女工夜校师生的一次考验，也是女青年会劳工部开展的一项新工作。①

半年多后，上海租界的社会秩序逐渐稳定，难民收容所工作也结束了。上海女青年会劳工部开始恢复女工夜校，这时女青年会全国协会已转移到大后方。在上海女青年会劳工部主任干事张淑义的积极努力下，开展女青年会上层人士的工作，争取恢复夜校。经她们四处游说努力，寻找校址，到工部局登记注册，先后在小沙渡路三和里、曹家渡、七浦路桥、杨树浦、菜市路等陆续加强和恢复了5所女工夜校。除三和里为自租的房子外，其他都是借用小学教室上课。1939年，张淑义调到女青年会全国协会劳工兼民众教育部，编写了《友光团手册》《友光团事工设计》等，把上海女工活动的经验介绍到全国各地女青年会。在上海租界沦为孤岛时期，经工部局华人教育处处长陈鹤琴同意，世界书局出版语文、算术、常识、平民识字课本；夜校还组织教师编写了一套工人夜校通俗课本，《什么叫资本主义》《什么是社会主义》《什么是抗日民族统一战线》《中国史话》《中国地理》等。② 1941年12月8日，太平洋战争爆发，日军进占上海全部租界，孤岛时期结束，裕庆里、曹家渡等夜校相继停办，只有三和里夜校仍在艰难地维持。

1945年日本投降后，女青年会全国协会迁回上海，劳工部主任干事

---

① 张淑义：《抗战爆发前后的女工夜校》，见《巾帼摇篮》编委会编《巾帼摇篮：上海女青年会女工夜校师生回忆》，上海人民出版社2000年版，第46页。

② 《上海基督教女青年会女工夜校的光辉历程》，见《巾帼摇篮》编委会编《巾帼摇篮：上海女青年会女工夜校师生回忆》，上海人民出版社2000年版，第12页。

王知津①、干事邢泽②与从成都返回上海的邓裕志一起，再次努力恢复女工夜校，由汤凤美、胡绣枫、金江蘅、钟复光、杨向时等委员组成的上海女青年会劳工委员会亦努力协助。在女青年会全国协会的资助下，上海女青年会分别各以三条半金子（黄金 3 两半），先后买下曹家渡仁和里（今长宁支路 12 弄 3 号）和杨树浦榆林路晋成里（今榆林路 783 弄 16 号、18 号）两处房子，为第二和第五女工夜校③；又租下杨树浦、南市和沪西麦根路等小学校舍办起了第三、第四和第六女工夜校。到 1946 年，恢复女工夜校 6 所，学生增至 1000 余人。女青年会全国协会还与上海女青年会劳工部合作，在曹家渡第二女工夜校举办劳工福利工作实验站，实验项目有培训女工歌咏和戏剧人才，组织校友读书会、编写出版《友光通讯》和友光团活动资料，培养女工中的文化写作人才；设有图书室、娱乐室和卫生室等文化福利设施；为女青年会全国协会训练劳工干事提供实习场所等。因战乱、形势改变等各种原因，女工教材已不全且不适用，全国协会劳工部聘请曾在湖南创办平民学校并任教的黄静汶负责教材编写，成立了由叶圣陶、俞庆棠、方与严、胡绣枫、傅彬然、胡耐秋、王辛南等组成的编辑委员会。教科书定名为《女工读本》，共 6 册，1948 年由女青年会全国协会正式出版，供全国各地女工夜校 3 年期学习使用④。

共产党地下组织也非常关注女工夜校的发展和成长，1938 年江苏省委工委成立了夜校工作委员会，加强对劳工夜校包括女青年会女工夜校的领导，建立了由 5 位党员组成的女工夜校党支部。⑤ 女工中涌现出的一批批积极分子，党员教师及时将她们的情况，经夜校地下党组织转到各工厂党的组织，然后发展入党。如女工裘惠英、卢云林、杨建英 3 位同

---

① 王知津：1944 年毕业于沪江大学社会学系，1945—1950 年任上海女青年会劳工部干事。

② 邢泽：1946—1948 年任上海女青年会劳工部干事。

③ 王知津：《难忘的五年》，见《巾帼摇篮》编委会编《巾帼摇篮：上海女青年会女工夜校师生回忆》，上海人民出版社 2000 年版，第 51 页。

④ 黄静汶：《编写女工夜校教材》，见《巾帼摇篮》编委会编《巾帼摇篮：上海女青年会女工夜校师生回忆》，上海人民出版社 2000 年版。

⑤ 《上海基督教女青年会女工夜校的光辉历程》，见《巾帼摇篮》编委会编《巾帼摇篮：上海女青年会女工夜校师生回忆》，上海人民出版社 2000 年版，第 12 页。

学，配合延安来的红军干部李白在上海架设了 3 座秘密电台。① 1948 年 8 月，哈尔滨召开共产党第六次全国劳动代表大会，上海的国统区 17 名代表出席，4 名女代表中有 3 名是女工夜校同学汤桂芬、钱瑞华、徐明哲，汤桂芬还是上海工人代表团团长，当选为中华全国总工会执行委员，会后随同蔡畅出席在匈牙利召开的国际民主妇联主席团会议。1950 年，汤桂芬当选为有 20 万职工的上海纺织工会主席。② 上海纺织工会有十多位女部长是女工夜校同学，纺织工会竟成了女工夜校的"校友会"，女工夜校对提高女工的觉悟和培养在劳工运动中的女领导上起到长久的作用。③

三 余论

从世界范围来说，女性始终是宗教最强大的支持者和信仰者。在中国，1877 年女基督徒达 4967 人④；1921 年女基督徒达 128704 人，占教徒比例的 37%。⑤ 在民族矛盾日益增长的时代，在社会普遍需要近代启蒙的时代，在男性为中心和主宰的中国社会里，作为近代中国历史上完全以女性为工作主体和服务对象的社会和宗教机构，中华基督教女青年会在推动妇女的社会和政治觉醒甚至女性自我意识觉醒上，扮演了重要角色。作为中国最早接触西方社会和思想、有宗教信仰的女性，女青年会干事们引领着中国女性们去见证她们作为中国人、女性和基督徒的多元认同，

---

① 即著名电影《永不消失的电波》的原型。

② 张菊宝、陈素英、马林轩、朱月华等：《缅怀我们的汤姐姐》，见《巾帼摇篮》编委会编《巾帼摇篮：上海女青年会女工夜校师生回忆》，上海人民出版社 2000 年版，第 500 页。

③ Kwok Pui - lan, Chinese Women and Protestant Christianity at the Turn of the Twentieth Century, in Daniel H. Bays (eds.), *Christianity in China, from the Eighteenth Century to the Present*, Stanford University Press, 1996, p. 206.

④ *Records of the General Conference of the Protestant Missionaries of China, Held at Shaghai, May 10 - 24, 1890*, Shanghai: American Presbyterian Mission Press, 1878, p. 486.

⑤ Stauffer, M. T. eds., *The Christian Occupation of China: General Survey of the Numerical Strength and Geographical Distribution of the Christian Forces in China*, 1918—1921, Shanghai: China Continuation Committee, 1922. 转引自 Kwok Pui - lan, Chinese Women and Protestant Christianity at the Turn of the Twentieth Century, in Daniel H. Bays (eds.), *Christianity in China, from the Eighteenth Century to the Present*, Stanford University Press, 1996, p. 194.

中国妇女和基督教的关系应该在现代中国更宽广的社会和政治变化的背景中被阐释。

劳工问题是 20 年代引起社会各界，包括国共两党始终关注的社会问题。国共合作时期，国民党建立了由国共两党人士共同组成的工人部[1]，1926 年 8 月在广州召开的国民党大会上通过了与劳工运动相关的条例的制定。[2] "四一二" 政变后，共产党以革命、彻底解决社会问题的方式在各地领导了声势浩大的罢工；国民党再次组建了中央工人部，1929 年 10 月 30 日国民政府公布《工厂法》，于 1931 年 2 月 1 日通令施行，其中有关女工和童工的条例。[3] 朱懋澄就这样从在劳工事业上颇有些名气的青年会干事成了国民党政府中处理劳工问题的专家和官员，并作为中国代表参加了 1930 年 6 月召开的第十四届国际劳工大会，当选为大会副主席之一[4]。

女青年会促进了基督教会对劳工问题，尤其对女工和童工问题的关注，引发了基督教会一系列的思考和行动。[5] 正如劳工干事夏秀兰向女青年会董事会解释的那样，"劳工运动是未来我们经济社会的最大因素，它会造成劳工运动认为的世界上的所有差异"。[6] 作为支持中华基督教协进会将 "基督精神运用于工业事业" 的两个直接机构，青年会劳工事业更重视其福利方面，用社会捐款在浦东修建了 24 个配有起居室、卧室、厨

---

[1] 部长先后由廖仲恺、胡汉民担任，秘书为中共党员冯菊坡。领导上海工运执行部的工农部长为于右任，秘书为邵力子，干事为邓中夏、王仲一、王荷波、刘伯伦。

[2] 1. 制定劳动法律；2. 制定一天工作 8 小时的工作制，禁止一天工作超过 10 小时；3. 有最低工资制度；4. 禁止使用童工，成员最低工作年龄为 14 岁；5. 改善现在的学徒制度；6. 当妇女工人生孩子时，提供 6 天的工资；7. 改善工厂的卫生和避免工业事故；8. 工人有集会、演讲和出版的自由；9. 提倡男子投票；10. 促进工人教育；11. 促进团体合作；12. 控制 "契约工作" 的条件或家庭工作人员的工作；13. 重新认识贸易组织的法律地位；14. 有效地帮助组织工人；15. 工人在休息日和假日获得工资。

[3] 裕志：《工业与经济栏》，《女青年月刊》第 10 卷第 1 期，1931 年，第 57 页。

[4] 骆传华：《今日中国劳工问题》，中国青年办会书局 1933 年版，第 140 页。

[5] Kwok Pui-lan, Chinese Women and Protestant Christianity at the Turn of the Twentieth Century, in Daniel H. Bays (eds.), *Christianity in China, from the Eighteenth Century to the Present*, p. 206.

[6] Lily K. Haass to Mary Dingman, 1928-1-5, World YWCA Archives, in Emily Hong, Christianity, Feminism, and Communism: The Life and Times of Deng Yuzhi, in Daniel H. Bays (eds.), *Christianity in China, from the Eighteenth Century to the Present*, Stanford University Press, 1996, p. 255.

房和卫生间的套房，以及一间公共服务室，该服务室可以作为125名工人子女的日校和50名成人工人夜校①，但面对上海几百万劳工②，它所具有的也只有某种社会号召性和象征性意义罢了。女青年会劳工事业更侧重于教育方面，坚持时间更长、服务对象广泛，在社会十分动荡的情况下，20多年的女工夜校静静的、默默无闻的贡献被工人和农民运动的研究者所忽视，也被基督教研究者所忽视。它继承了基督教以教育为主的传统方式，摆脱了仅为个别人或有钱人受教育的限制，使受教育者扩大到普通女性阶层，扩大到提高女性应付社会的能力上，提高了众多普通女工的知识能力和社会能力，甚至影响了部分女工的政治能力和选择取向，改变了许多劳动女性和部分中外干事一生的命运和思想。女工夜校是中国基督教劳工事业上最丰硕和最直接的成果，但面对如此广大复杂的中国社会和劳工民众，在肯定其社会启蒙意义的同时，亦能深深地感叹其渺小无助和杯水车薪。

　　无论青年会侧重于福利方面，还是女青年会侧重于教育方面，其劳工工作始终局限于调理层面上，而没有涉及制度改变。事实上，美国男女青年会因常常被大企业资助而在某种程度上受制于大企业而被称为"商人组织"，青年会与美国重要经济财阀麦克米克集团和洛克菲勒集团的联系，阻碍了它进一步地推动社会方案，特别是劳工方案。③作为美国男女青年会的海外分支机构的中国男女青年会，经济主要来源之一也是社会各工商实业界的捐款，如何能让有钱人捐献财富的同时，又激烈地批评甚至改革他们的挣钱方法或他们企业里存在的不公正呢？

　　20世纪初期是整个中国社会、思想、制度和价值"必须重新估定"的时代，中国基督教亦不能脱离此时代潮流。"基督教究竟是什么？它有什么价值能维持它的竞存？在这个新的时代能供给或应予人类有什么贡

---

① 朱懋澄：《青年会与劳工新村运动》，见中华基督教青年会全国协会编《中华基督教青年会五十周年纪念册》，青年协会书局1935年版，第62—65页。
② 1927年上海有12.5万工人，61%为男工，32%为女工，7%为童工。见邢德《上海工业状况》，《工业改造》第14期，1927年。
③ Jun Xing, *Baptized in the Fire of Revolution*, *Baptized in the Fire of Revolution*, *The American Social Gospel and the YMCA in China*: *1919–1937*, Bethlehem: Lehigh University Press, 1996, p. 14.

献?"①　中国基督教会必须回应时代和社会对基督教存在的理由和意义的质疑，尤其是存在于中国的理由和意义。如果只有诵经礼拜，而不问更多人的实在疾苦，那么基督教就成了少数人能享受的财富，而不是全人类信仰的生命之源。②　中国基督教会力图将基督教精神运用于社会改革、工业改革之中，不仅有经济便利的制度，而且是"公平的制度"，"使基督教的社会原理得有明白的表示与应用"③，希望通过基督教经济制度的实现而"使教会得脱离西人之资助"的"教会自立"④，始终以改良、协调为手段，追求"无宗教区别、无种族阶级国家之别、互相帮助、不尚竞争、能包容新旧、注重实践、提倡教育和建设的方法、绝对反对阶级斗争"⑤　的基督教经济制度。这些思考和理论充满了完美理想主义色彩，在中国社会现实下，极度缺乏操作可能性和现实成就。在中国社会矛盾、民族矛盾如此尖锐，工业问题、劳资纠纷如此严重的状况下，劳工民众、青年学生甚至曾经热衷教会事业并有所成就的优秀分子被其他更有号召力、更彻底、更有现实成就的思想和方式所吸引，甚至离开教会、融入其他社会潮流和思想都成了不难理解的历史现象，那么中国教会对中国社会的影响力始终局限在一个相对狭窄的范围里，也是不难回答的历史问题，也是需要再探讨的问题。

---

①　鲍乃德：《全国经济大会的希望》，《工业改造》第 13 期，1927 年，第 7 页。

②　赵紫宸：《万方朝圣录》，中华全国基督教协进会 1928 年版，第 87 页。

③　赵紫宸：《万方朝圣录》，中华全国基督教协进会 1928 年版，第 98 页。

④　全绍武等编：《基督教全国大会报告书》，协和书局 1922 年版，第 310 页。

⑤　朱懋澄：《基督教经济制度的根本原理与实施方法》，见中华全国基督教协进会编《中华基督教会年鉴》（1925 年），中华全国基督教协进会 1925 年版，第 231—232 页。

第十一章

信仰聚居:山西清徐六合村

在山西太原通往天津港口的货运线路旁,有这样一个村庄,哥特式的天主教教堂双塔高耸,周围是一幢幢整洁的楼房,硬化道路直接通到了全村每户人家的大门口,绿化、减速带、车辆分道线、路灯、垃圾池等也在这里安家落户。2007 年,该村人均纯收入已达 8500 元,是太原附近地区远近闻名的亿元村。它就是中国最大的天主教村庄六合村。

六合村位于太原市以南的清徐县城西南两公里处,全村总人口 8000余人,1800 余户,90% 信仰天主教,是我国人数最多的天主教徒聚居村。清徐县位于山西省中部,晋中盆地西北部,总面积 609.5 平方公里,古称梗阳,始建于春秋。596 年(隋开皇十六年)设置清源县。1189 年(金大定二十九年)在清源县东部设置徐沟县。1952 年 7 月,清源和徐沟两县合并,称清徐县。目前,清徐县辖 4 个镇、9 个乡,即清源镇、东于镇、孟封镇、徐沟镇、马峪乡、西谷乡、集义乡、吴村乡、王答乡、高花乡、杨房乡、柳杜乡、碾展乡。目前,这里的文庙(建于 1203 年,金泰和三年)、狐突庙(建于 1190 年,金明昌元年)均为全国重点保护文物单位。历代名人有撰写《三国演义》的著名文学家罗贯中。名优特产有清徐老陈醋、孟封饼、徐沟豆腐干等。

六合村的天主教信仰可谓历史悠久,最早可追溯到清朝康熙年间,时间已经超过了 300 年。300 多年前,这里还只是一片缺乏耕种的荒芜地,人称梁泉道。到北京经商并信奉了天主教的韩王两姓祖先,归乡后在自家土地上修屋置业。随着时间推移和人口增加,其他地方的天主教徒也迁来这里,逐渐形成了村庄。1919 年,经村民申请、当时的县政府批准,正式建村,以蕴含天地东南西北呈现吉祥如意而取名

"六合"。①

一　天主教传入山西太原

　　天主教在唐朝和元朝曾两次传入中国，但都消失于历史之中。天主教传入中国的时间，一般以耶稣会传教士意大利人利玛窦于 1582 年（明万历十年）进入中国算起。到 2022 年，已经有 441 年的历史了。

　　山西是中国一个远离沿海、位于华北地区的内陆省份，但天主教传入的时间却比较早。天主教传入中国后的第 38 个年头，就传入了山西这个交通不便的内陆省份。到 2022 年，已经有 402 年的历史了。今天的山西省已经是中国天主教徒数量最多、聚居最为集中的几个地区之一，尤以拥有十个超过千人聚居的天主教教友村庄而知名。

　　曾师从明末大学士徐光启、并与传教士相交的山西绛州（今新绛县）举人韩霖、韩云兄弟在北京受洗入教，返乡时将天主教带入家乡山西，成为最早入教的山西人。② 韩霖家族乃绛州当地望族，韩霖是 1621 年（明天启元年）的举人，这种地方望族士人集体信教的行为在很大程度上推动了天主教在绛州的发展，因此，早期天主教的传播主要在山西南部，也是从山西南部开始发展起来的。从那时开始，天主教传入山西已超过四百年历史。

　　天主教进入山西始于 1620 年（明万历四十八年）。在韩霖的邀请下，第一个进入山西的是耶稣会传教士艾儒略③，先后在绛州传教四年，并为韩霖家族 18 人进行了受洗。1624 年（明天启四年），继艾儒略之后，耶稣会传教士金尼阁④由开封来到山西绛州，并建设一座小教堂。这是山西

---

① 郭崇禧：《山西天主教简述》，《山西文史资料全编》第 57 辑，1998 年，第 845 页。
② 郭继汾：《天主教在山西之创始及其发展》，《山西文史资料》第 2 辑，1962 年，第 82 页。
③ 艾儒略（Julius Aleni，1582—1649），意大利人。1610 年（明万历三十八年）来华，先后在北京、开封、山西等地传教。1624 年（明天启四年），告老还乡的宰相叶向高邀其来福州，直至 1649 年在福州去世。艾儒略学识渊博，对天文、历学均有研究，且通汉学，有"西来孔子"之称。
④ 金尼阁（Nicolaus Trigault，1577—1628），比利时人。1610 年（明万历三十八年）来华，先后在南昌、杭州、开封等地传教，1624—1625 年在绛州传教。撰写了语言学名著《西儒耳目资》。

的第一座天主教堂，金尼阁也被称为山西第一位本堂神父。1625 年，耶稣会传教士高一志①来到绛州传教 16 年，在他主持期间，天主教在山西取得了很大的发展。高一志一直坚持利玛窦的天主教本土化路线，广交士绅，提倡基督教义与儒学互通互补。据称他甚至得到绛州刺史雷羽中的支持，雷刺史曾发出告示劝民信教，因而教务大兴，受洗人数达 8000 余人，建立大小教堂 50 处。② 之后，耶稣会士万密克③负责晋南教务。1644 年（清顺治元年），万密克被农民起义军杀于蒲州。

1663 年（清康熙二年），天主教由山西绛州传入太原。耶稣会士金弥格④来到太原，他依天主教本土化路线，入乡随俗，得到太原人的好感，两年内即受洗 200 人，并在太原城内修建了小教堂，成了太原第一位本堂神父。⑤ 这时利玛窦到中国传教已经有 51 年，他本人也已经去世了 23 年。

1696 年（清康熙三十五年），罗马教廷定北京和南京两大教区，同时确定了九个代牧区⑥，山西和陕西是其中之二。山西归耶稣会管理，陕西归方济各会管理。山西首任代牧主教是意大利耶稣会士张安当（1702—1705 年在任）⑦，1705 年（清康熙四十四年）张安当在太原去世。当时山西天主教徒约 3000 人，分属太原和绛州两个堂口。张安当去世后，山西空缺主教之位达 11 年之久。1716 年（清康熙五十五年），罗马教廷将山西和陕西两个代牧区合并为山陕教区，归方济各会管理，

---

① 高一志（Alphonsus Vagnoni，1566—1640），意大利人，原名王丰肃。1584 年 10 月 24 日入耶稣会初学院，1605 年（明万历三十三年）来华，先在南京、韶关传教。1616 年南京教难时被逐出境，1624 年底返回中国，改名高一志，至山西传教，1640 年 4 月 9 日卒于山西绛州。

② 郭崇禧:《山西天主教简述》,《山西文史资料全编》第 57 辑，1998 年，第 849 页。

③ 万密克（Micheal Walta，1606—1643），德国人，1623 年加入耶稣会，1638 年（明崇祯十一年）来华，即来山西，被高一志派往蒲州传教。高一志去世后，负责晋南教务。

④ 金弥格（Michael Trigault，1602—1667），比利时人，系金尼阁的侄子。1617 年加入耶稣会，1630 年（明崇祯三年）来华，先在西安传教。1631 年来绛州，继而奉高一志派遣到太原传教，1667 年去世于广州。

⑤ 郭崇禧:《山西天主教简述》,《山西文史资料全编》第 57 辑，1998 年，第 850 页。

⑥ 代牧区属于天主教会内部教务管理机构的一种，通常设立于还未达到成立教区资格的传教地区，目的是用来培养更多的天主教徒，以成立正式的教区。虽然是临时性机构设置，但时间上可能会持续一个世纪，甚至更久。在神权上，代牧主教和正权主教是一样的。

⑦ 张安当（Antonius Posateri，1640.4.30—1705.1.18），意大利人，1657 年加入耶稣会，1676 年（清康熙十五年）来华，先后在广东、山西、陕西、甘肃传教。1705 年去世于太原。

直至 1844 年，历时 128 年。在这 128 年间，有 124 年处于清政府的禁教时期。

1720 年（清康熙五十九年），"礼仪之争"导致禁教。1724 年（清雍正二年），开始在全国实行禁教，天主教在中国的发展遇到重创。1842 年，清政府与法国等签订了不平等条约，道光帝被迫废除了禁教令。1844 年，五口通商地区开始弛禁，1860 年后在全国弛禁。

1844 年（清道光二十四年）二月，山陕教区再分为山西代牧区和陕西代牧区。方济各会士意大利人杜嘉弼（Gabriel Grioglio，1845—1862 年任期）为山西教区主教，当时山西全省天主教徒达 57470 人。此后，经历了江类思（Aloysius Moccagatta，1870—1891 年任期）①、艾士杰（Gregorius Grassi，1891—1900 年任期）② 为山西主教，他们均为意大利方济各会士。③ 艾士杰任主教期间，太原教区修建了洞儿沟方济各会院、河西圪瞭沟天主堂、清源县六合村天主堂、阳曲县板寺山圣母堂、修道院、天主教中小学等。

1890 年（清光绪十六年），罗马教廷撤销原山西教区，将山西省划为北境、南境两个教区，北境教区的主教座堂设立在太原，也称作太原教区，太原教区由此开始建立，教徒 13000 余人。南境教区主教座堂设立在潞安，也称潞安教区，教徒 9000 余人。④ 后来，太原教区还有一定程度的调整变化，但清徐县一直都属于太原教区。1898 年（清光绪二十四年），罗马教廷任命方济各会士富格辣（1898 年 8 月 24 日至 1900 年 7 月 9 日任期）⑤ 为北境（太原教区）助理主教，这时北境有天主教徒 1.7 万

---

① 江类思（Aloysius Moccagatta，1809—1891.1.6），意大利人。1826 年加入方济各会，1832 年（清道光十二年）来华，先在山东传教，1844 年任山东代牧助理主教，1848 年任山东主教。1870 年任山西教区主教，此时他已年迈，诸事多由艾士杰副主教主持。后去世于太原。

② 艾士杰（Gregorius Grassi，1833—1900），1860 年（清咸丰十年）来华，先在山东传教五年，后转入山西。1876 年 9 月 19 日升为山西教区的副主教，代替年老多病的江类思主教负责全省的教务。1890 年，山西分为南北两个教区，1891 年 1 月 6 日，江类思主教病故，于是艾士杰正式担任山西北境教区主教。

③ ［意］林茂才：《山西陕西天主教传教简史》，山西省天主教友爱国会译，山西省天主教友爱国会 1961 年版，内部刊物，第 57—63 页。

④ 郭崇禧：《山西天主教简述》，《山西文史资料全编》第 57 辑，1998 年，第 849 页。

⑤ 富格辣（Franciscus Focolla，1838—1900），意大利人。1856 年加入方济各会，1867 年（清同治六年）来华，1868 年来到太原传教 32 年，1900 年在太原去世。

人。据统计，1900 年义和团运动前山西天主教徒约 57470 人。① 1924 年，北境教区再改名为太原教区。之后，太原教区再划分出汾阳教区、榆次教区等。

1902 年（清光绪二十八年）后的太原地区，又经历了凤朝瑞（1902—1909 年、1916—1940 年任期）② 和希贤（1910 年 2 月 15 日—1916 年 7 月 7 日任期）③、李路嘉（1940—1951 年任期）④ 三任外国籍主教。

山西天主教的开教传教士来自耶稣会，耶稣会特别注重发展学术和教育，尤其是高等教育和科学技术。后期主持太原地区的传教士来自方济各会，属于托钵修会，非常注重神贫生活和宣道。但无论开教还是后期多位主教都是意大利人，可见山西天主教与意大利天主教之间的深刻渊源和联系。

中国天主教有正式教区始于 1946 年。1946 年 4 月 11 日，罗马教宗宣布在中国实行"圣统制"，在中国划分了 20 个总主教区、79 个主教区、38 个监牧区、138 个教区。通过圣统制的建立，将原来的代牧区都升格为正式的教区。天主教传入山西的 400 年里，山西天主教教区从建立到合并、再分离，无论如何变化调整，清徐县一直属于太原教区。

1924 年，罗马教廷派刚恒毅（Celus Costantini）为宗座驻华代表，在上海徐家汇天主堂召开了第一次全国主教会议。1926 年，教宗比约十一

___

① 中国第一历史档案馆、福建师范大学历史系合编：《清末教案》第三册，中华书局 1998 年版，第 605 页。
② 凤朝瑞（Agapitus Fiorentini，1866.9.27—1941.8.22），意大利人。1882 年 7 月加入方济各会，1895 年（清光绪二十一年）3 月启程来华，先在湖北传教。1902 年 3 月 1 日为山西北境主教，1910 年辞职返回意大利。1916 年再任山西北境教区主教，直至 1941 年在太原去世。
③ 希贤（Eugenius Massi，1875.8.13—1944.12.10），意大利人。1890 年 8 月 15 日加入方济各会。1903 年来山西北境教区，在朔州传教八年。由于凤朝瑞主教辞职，1910 年 2 月 15 日任命希贤为山西北境教区主教，1916 年被调任为陕西中境（今西安）教区主教，1925 年调任汉口教区主教。
④ 李路嘉（Lucas Capozi，1899.3.9—1991.12.30），意大利人。1915 年 8 月 15 日参加方济各会，1928 年来太原传教。1940 年 4 月 14 日，李路嘉任主教。1953 年 2 月被驱逐出境。

祝圣首批 6 位中国籍主教①，中国籍神父地位有所提高。这首批 6 位中国籍主教中，就有一位是山西汾阳教区的陈国砥。

至 1948 年年底，中国天主教有教徒 327.474 万人，主教 139 人（中国籍 23 人、外国籍 116 人），神父 5788 人（中国籍 2698 人、外国籍 3090 人），修士 1107 人（中国籍 632 人、外国籍 475 人），修女 7463 人（中国籍 5112 人、外国籍 2351 人）；天主教会办的大学 3 所、中学 156 所、小学 2009 所、医院 216 家、诊所 847 家、育婴院 273 所。② 到 2011 年，中国天主教有教堂 6300 余座，全国约 600 万天主教徒，共设 97 个教区，12 所神哲学院，十余所修院。

1957 年 7 月 15 日至 8 月 2 日，中国天主教第一次全国代表大会在北京召开，成立了中国天主教全国委员会。太原教区又经历了郝甦（太原市杏花岭区大北门村人，1951—1955 年任期）、李德华（太原市杏花岭区大北门村人，1955—1970 年任期）、张信（太原市尖草坪区南固碾村人，1981—1994 年任期）、李建唐（太原市晋源区洞儿沟村人，1994—2017 年 8 月 13 日任期）、孟宁友（太原市晋源区高家堡村人，2010 年任助理主教）几位主教。

1982 年，山西省天主教教务委员会将山西划分为十个教区，太原教区只限于太原市行政区域以内的县区，包括古交市、阳曲县、娄烦县、清徐县及太原市内的迎泽区、小店区、万柏林区、杏花岭区、尖草坪区、晋源区，共十个区域。目前，太原教区共有 29 个堂区，有教堂 110 座，朝圣地 2 处，神父 61 人，天主教徒 8 万余人。③

二 晚清民国年间的六合村

根据刘安荣对山西全境天主教地域分布的研究可知，山西全境山地

---

① 首批 6 位中国籍主教是海门教区的朱开敏（耶稣会士）、蒲圻教区的成和德（方济各会士）、汾阳教区的陈国砥（方济各会士）、宣化教区的赵怀义（遣使会士）、台州教区的胡若山（遣使会士）、安国教区的孙德桢（遣使会士）。

② 罗渔、吴雁编著：《中国大陆天主教四十年大事记》，台北：辅仁大学出版社 1986 年版，第 6 页。

③ 2015 年 5 月笔者在山西调研时，太原教区助理主教孟宁友神父提供资料。

占 40%，丘陵占 40.3%，河谷、盆地占 19.7%，而山西人口的 60% 集中居住在这个面积不到 20% 的盆地上。而六合村是天主教聚居 33 个堂口中，居住在平原地区的 14 个村落，占总数的 42.4%。[①]

虽然山西天主教是从南部绛州一带开始，随着时间的推移，天主教徒逐渐聚集到了山西中部盆地一带，尤其以太原市为中心而居住。今天太原教区为山西教徒最多的地区，天主教徒们聚居生活，形成了全村绝大多数村民皆信教的村庄，成为中国天主教版图的著名"教友谷"。目前太原教区的几个著名天主教村庄是，太原市小店区刘家堡乡的西柳林村，全村 6000 余人，天主教徒占 60%；太原市晋源区西南部的洞儿沟村，全村 1300 余人，天主教徒占 98%；太原市万柏林区的圪僚沟村，全村 3000 余人，天主教徒占 90%；太原市北阳曲县东黄水镇的红沟村，全村 1600 余人，天主教徒占 90%。其中太原市以南清徐县清源镇的六合村是占地面积最大、人口最多的天主教村庄。

清初年间，六合村所在之地为城外荒滩，没有形成村庄，只有一条清源县城通往东、西梁泉的大道，人称"梁泉道"。据《清徐县志》记载，天主教在六合村扎根的最早记录在清康熙末年，"清康熙末年，王贵信、王贵礼兄弟在外地入教，回乡后定居梁泉道，以黑城、六合两村为基地"。[②] 这里最早居民以韩王两姓为主，因信仰天主教受到邻里和族亲的排斥，他们便到这里开荒种地，后外地一些逃荒难民亦移居到此，也有一些在其他地方信仰天主教的信徒移居到此，村庄由此逐渐形成起来。

清中叶禁教时期（1720—1842 年），六合村家族传承式的宗教信仰仍然代代延续。当时没有外国籍的传教士，也没有中国籍的神父，没有经书，全凭口耳相传的家族内部发展，传教方式较为隐蔽。

1717 年（清康熙五十六年），六合村一带已有天主教徒 200 余人，还没有正式教堂，只有几间房屋作为念经祈祷的活动场所。后来信徒越来越多，狭小的场所无法容纳。直到 1818 年（清嘉庆二十三年），村里的天主教徒们共同集资购买了一块土地约 15 亩，修起了一座东西朝向的小

---

① 刘安荣：《本土化进程中的山西天主教、教徒及官教、民教关系》，山西大学，博士学位论文，2008 年，第 107 页。

② 杨拴宝主编：《清源古城》，北岳文艺出版社 2008 年版，第 187 页。

堂，修建了祭台、更衣所和神父住房。

1895 年（清光绪二十一年），村中教徒再次集资修建教堂，于 1897 年落成，乃为平面十字形的哥特式大教堂，长 35 米，宽 15 米，钟楼高 24 米，房屋 24 间。后因教徒人数增多，在原教堂的基础上向南扩建 15 米，堂全长 50 米，有钟楼 2 座，高 24 米。

1902 年，村中居民不断增多。"1919 年，此处居民发展到 600 余口。由村长王宜庆联络赵家园、刘家园、圪梁、滩区、丁字头、梁泉道等处居民，向清源县政府提出立村申请。后经当时县令续道坎征得太原府同意，正式批准成立六合村。续县令鉴于该村散居大体为六处，遂借六合之内皆兄弟之成语，命名为六合村。"① 六合村正式立村，以最初的韩王两家为主发展，其中仍以王氏最多。

1924 年，首位外籍传教士任六合堂区的本堂神父。至 1955 年，共有 5 位意大利籍神父在六合村担任神职，他们是艾士杰（1924—1927 年，本堂）、柏茂林（1927—1928 年，本堂）、雷警世（1929—1948 年，本堂）、李晋德（1936—1940 年，副本堂）、高志远（1948—1955 年，本堂）。1955 年之后，由出生于洞儿沟村的中国神父张永鸽（1955—1965 年）任本堂神父。1965 年之后，堂区没有神职人员。"文化大革命"期间，教堂被毁。

与中国其他地区的天主教传入有所不同，六合村的天主教传入传播并不是始于外国传教士到某地传教之后才开启了某地的基督教信仰。六合村起源于县城外的荒滩，相对太原教区的天主教核心区域来讲，六合村处于边缘地带，多年一直没有专职的神职人员管理。它始于出外经商时在外地入教，回乡后对家族或亲戚之间的内部传教，将宗教信仰带入原籍，在经历了漫长的禁教岁月后，仍将宗教信仰坚持保存下来。

很长时间六合村里并没有带领天主教徒的神职人员，大多时间是由父母口传面授给子女等家族内部成员，常年处于自养自立自传状态，也可以讲是在很封闭的状态下。"200 多年前就有教徒，直到 19 世纪晚期，有 200 多位教徒，但神父不常来，只是每年下一次会，间或送来一台弥

---

① 杨栓宝：《清源古城》，北岳文艺出版社 2008 年版，第 187 页。

撒。日常教务由会长负责。"① 天主教父母在家中口头传授经语，祈福免灾。父母不识字，只是一句一句地教，儿女们就一句一句地背，上一辈就这么传下一辈。从小随着父母做弥撒，星期五不吃肉，礼拜天要罢工休息，春节元宵节等中国传统节日简单过，四大瞻礼各种天主教的节日要隆重庆祝，结婚要先进教堂婚配再择日迎娶过门，不允许离婚等，教徒去神父的墓地祈祷，求他们保佑，求他们去病免灾等。

可以说在很长时间里，六合村天主教徒们对天主教信仰的认知水平是很局限的。但在没有神父等神职人员的照顾带领下，教徒们只是凭着自己的认知和坚持，几百年都保存着宗教信仰，可以说是非常真诚的，更可以说是非常虔诚的。

作为一种制度性宗教，基督宗教的乡村属性和城市属性有着很大区别。乡村更为封闭和保守，更依赖家族制的传承和保护，尽量不与教外人通婚，努力保持着自成一体的生活环境和价值观念。宗教乡村呈现出强烈的血缘和地缘交织的性质，呈现出很强的稳定的社会关系网络、伦理道德。太原教区的六合村、洞儿沟、红沟等天主教徒村的形成和扩大，都是因为听说这些地方有天主教徒，便相继从别的地方迁来聚居。

2000 年 12 月，清徐县召开了天主教第一届代表大会，成立了清徐县天主教爱国会。②

三　天主教氛围中的乡村生活

今天的六合村，北临仁义村，南接大北村，西靠马峪乡，东临西关村，交通便利，四面通达。属暖温带大陆性季风气候，季风显著，四季分明，日照充足，年平均气温 9.3 度，冬季晴朗，干冷，夏季炎热，日温差大。据秦格平的《太原教区简史》可知，六合村教友 1900 年以前为 200 余人，1949 年以前为 1200 余人，至 1955 年为 1400 余人，至 1964 年为 2000 余人，目前为 6000 余人。

2016 年 10 月，笔者专门到清徐县六合村进行了实地调研和观察。

---

① 郭崇禧：《太原天主教史略》，《太原文史资料》第 17 辑，1992 年，第 164—166 页。
② 瞿曰仁主编：《清徐政协五十年》，清徐县政协委员会 2001 年版，第 465 页。

目前六合村里，居住着近万人。万人大村，在华北地区是很少见的，在中国也是很少见的。其中本村人约七八千人，天主教徒6500多人，占全村总人口的90%，且大多数为世代奉教。加上外来打工人员和外来买房子人员，全村就近万人了。

在生产经营上，六合村已经是太原市著名的菜篮子和亿元村。耕地1108亩的六合村很早就打破了种植单一常见蔬菜的格局，取而代之的是利用蔬菜大棚种植南方特有蔬菜为主。除了传统种植业以外，村民最早将致富眼光投向了运输业，共同开展长途货运。在太原通往天津港口的货运线路上，六合运输队经常以百余辆车的规模经营，成为这条线路上最独特的风景线。

在日常生活中，六合村的确是个天主教气氛非常浓厚的村庄。与华北地区一般传统乡村村口竖立着牌楼的格局完全不同的是，六合村村口矗立着纪念天主教圣西满、圣伯多禄和圣玛窦的圣徒雕像，基座上雕刻着三位圣人的行传事迹。道路两边的居家或商店门面上，到处贴着"荣归于主""荣主益人""天降恩典主赐平安""沐浴主恩"等含有天主教教义的对联，随处可见包含十字架图案的照壁、串灯或板报。

教堂修建：改革开放后的1980年，太原市率先开放了10个天主教聚居的大堂区，六合即为其中之一。六合村中有一巨大的天主教堂，教堂大厅宽敞明亮，无一根支柱，一次可容纳6000人同时礼拜。笔者在中国境内看到过许多教堂，容纳教徒最多的教堂竟然在华北地区的一个乡村里，让人十分感叹。室内椅子和跪板都比较简陋，但十分整齐干净。教堂旁边有二层小楼，乃神父办公室、图书馆、会议室等。教堂西侧是有西洋装饰的雕刻建筑围廊。教堂地下室是全体教徒开展非宗教活动的地方，可供大家做饭和吃饭，尤其在朝圣日时，各地仰慕前来的天主教徒都会聚在这里，更是热闹。教会还经常组织节目庆祝、圣体游行等，对天主教徒来讲都是感染力很强的活动。图书馆里收藏了许多天主教相关书籍，村民甚至邻村的人都可以前去借阅，教徒家中基本上是人人有圣经，和一些提高灵修的书籍或音像资料。

弥撒和礼拜：六合村天主教徒人数众多，这里的乡村教堂竟然有两位神父，一位本堂神父，一位副本堂神父，这一点是很少见的。周一至周六，教徒每天要去教堂望两台弥撒，每次约一小时。时间一早一晚，早上五点教堂响头钟,五点半再次响二钟。晚上六点再响头钟,六点半再次响二钟。天主教徒的祷告并不会随着弥撒的结束而结束,在饭前饭后都会念经,感谢天主赐予他们丰盛的美食。星期天为主日,没有特殊事情都要休息,进教堂做礼拜,做到名副其实的"礼拜天"。进行重要事情前也会内心里默默祷告,祈求天主庇佑保护。心中如有苦闷痛苦,也会向天主诉说,以求天主的启示开解。在他们心里,天主不但是全知全能的,而且是慈爱的,活在每一个教徒的身边和心中,离他们的生活很近。耶稣的受难日是星期五,为纪念耶稣为代人赎罪所受的苦难,教徒们守斋一日,体会耶稣受苦,感谢他的救恩。

婚姻:天主教徒一般只和教徒结婚,可选择的范围相对较小,六合村天主教徒集中,本村内部或邻村天主教之间的婚配现象很多。天主教徒家的闺女,父母很希望嫁到教徒家里。在传统的天主教规定中,教徒一般不能和外教人结婚。但如果真的要与教外人士结婚,神父只会给予祝福,不会做婚配弥撒。在天主教徒看来,教堂是神圣之地,只有去了教堂进行了婚配弥撒才算正式结婚,而且请天主确定了的婚姻,是不能再分开的。在天主教的婚姻观中,"忠贞专一性"是最为强调和突出的。通过婚姻弥撒,普通婚姻便有了神圣的意义,是天主教徒七件圣事之一,圣神是两位婚姻者结盟誓约的印记。之后几天,再举办婚宴,婚宴与一般宴会很接近,但其中也会看到张贴圣像、唱颂歌等宗教内容。中国天主教徒婚姻礼俗也与当地传统习俗进行了调和,除去了拜天地、跨火盆等内容外,保留了聘礼、穿红衣(非西方穿白色婚纱)、贴红双喜字(有十字架图案)、放鞭炮、闹洞房、送红包等标志性民间习俗。

葬礼:天主教信仰和生活中,对逝后葬礼不像传统文化那么重视和费力费金钱。如果家里有人去世,非天主教徒都是哭天抹泪的,但天主教徒们就戴着黑纱,默默地走着送葬,不怎么哭喊,默默悼念。一般村民在清明时节都会烧香上坟,而天主教徒则不上坟。当地人接受不了火葬,本地村民还是土葬,这点上全村人都基本如此,信教和不信教也没有什么区别。

圣诞节和春节:

天主教是特别注重礼仪的宗教,教会本身即是一个崇拜天主、以典礼为生活中心的信仰团体。天主教礼仪繁多,最普遍、最重要的是感恩祭和圣体圣事。感恩祭日常的每日弥撒，是祭献天主的大礼。圣体圣事是指圣洗、坚振、感恩（圣体）、和好（忏悔）、傅油（终傅）、圣秩（神品）、婚姻（婚配）七件圣事。

天主教徒家中墙上都贴着太原教区颁布印刷的 2016 年瞻礼单，上面印好了一年的天主教节日，尤其是四大瞻礼的时间。[①] 在这四大节日中，天主教徒最重视的、参加人最多的是圣诞节，六合村的圣诞节是非常重要的节日，往往要持续热闹一周，从 12 月 20 日一直到 25 日。他们会置办年货，准备过节，还举办类似传统庙会一样的物资货运会和交流站，方便大家购物。因为信仰天主教，为了避免使用"庙"字（佛教含义），他们称自己办的这项活动为"超会"。这时六合村中还会出资邀请晋剧团或地方戏团来村里演出，一般会演出 3—5 天。这时正值冬天农闲时节，不但当地天主教徒参加，周围附近的邻里乡村的村民们，也都呼亲唤友前来看热闹。

教徒家庭都会准备一桌丰盛的晚餐，有的还要贴上对联，只是对联的内容有很多教义教理的含义。然后看戏、放架火（当地民俗）、望弥撒，这已经成了六合村独特的风景，届时还会引来许多慕名而来的游客聚集在村中，感受六合村独特的天主教圣诞节文化，以至于清徐县城不得不于下午就开始戒严。相比圣诞节，六合村的春节显得比较冷清些。也会家人团圆吃饭、放鞭炮、走亲访友，但没有了大型热闹的庆祝活动。其他传统节日，如清明节、中秋节，庆祝和热闹程度，都不如天主教的四大节日。

朝圣：六合村天主教徒还很重视的另一个节日，即圣母升天节。

离六合村较近的太原阳曲县板寺山，是中国北方地区远近闻名的天主教朝圣山，与南方上海佘山圣母堂一南一北而齐名，是国内最有名声和影响的圣母堂。8 月份，圣母升天节日前后，六合村的教徒们都会去板寺山朝圣。天主教徒们会在板寺山下下车，徒步爬山上去，途中经过十四处苦路，立着十四座圣像，每到一处，教徒们会跪拜在圣像前，念玫瑰经朝拜，十四处苦路上去就是圣母堂。12 点开始在教堂内望弥撒。沿

---

① 四大瞻礼，即耶稣复活瞻礼（春分后第一个月圆后的第一个星期日）、圣神降临瞻礼（耶稣复活后第 50 日，即五旬节）、圣母升天瞻礼（8 月 15 日）、耶稣圣诞瞻礼（12 月 25 日）。

途下来，十分辛苦，但教徒认为这是体验苦难，这已经成为六合村天主教徒的一个独特习俗，成为村中一件很大的事情。从天主教徒用圣像圣物治病、祈祷、求雨、盼晴、治病、生子、婆媳关系、父子孝顺等，天主在他们心中如同其他宗教一样，是可以帮助解决一切世俗问题的"神灵"。信仰主要功能是为了祈福免灾，满足现世生存需求，拯救灵魂、追求永生对于乡村的天主教徒来讲，是比较抽象、较为遥远的事情。

六合村民们很自豪地告诉笔者，村民中有多人蒙"圣召"，成了神父，有人在比利时学习神学，有人在北京王府井天主教堂任神父，事隔一年多后，笔者竟然还认识了这位神父，与他谈起对他家乡的观感。

对广大信教民众来讲，他们不需要懂得深奥的救赎、原罪、三位一体以及它们之间的内在联系，他们需要的是祈祷福至、因果报应、告解宽恕，有位温暖、爱他们的天主和圣母。

从这些对日常生活的观察和描述中，我们可以看出，正如其他地区的天主教本土化一样，六合村这个天主教村的形成过程，也走向了与当地民间传统和习俗结合的道路，吸引和融合了许多当地民俗。其次是这个村庄强烈的天主教自传自立自养的道路和历史，是与中国传统的家族身份、宗族身份的认同和维护紧密结合在一起的，也是依靠家族力量来维系和传承的。这里的宗教认同和实践来自所在地域的家庭家族信仰传统、人际关系生存环境和自身周围环境。

第十二章

移民与宗教流动：山东乡民
形成的陕西基督教村庄

在紧临陕西省会西安的村庄里，有个因移民而传播宗教、延续宗教信仰和故乡习俗达百余年的基督教村庄，它就是三原县的福音村。今天的福音村位于三原县东部，徐木乡东南塬下，与西安市阎良区接壤，106省道从村旁穿过，交通较为便利。这里下辖6个村民小组，390户，1530人，多数人信仰基督教，全村耕地面积134公顷，以种植蔬菜和养殖为主，蔬菜种植面积107公顷，2008年全村总收入近7000万元，人均5500元，超过2008年陕西省农民人均纯收入的4100元。至今村中大多还是山东移民的后裔，通过口耳相传、寻根访祖，仍然对家族的山东移民历史较为熟悉，有着山东人后裔的强烈文化认同感。

正因为山东移民的迁徙，才将基督教传入三原一带，至今已经一百多年了，这也是基督教传入关中的开始。三原基督教会的诞生和发展，直接影响到陕西的基督教发展，甚至这里被称为"西北基督教的发祥地"。在世界宗教传播史和移民史上，在基督教传播世界的过程中，因移民而导致宗教传播并不为奇，但在中国基督教历史上，三原县福音村却是目前唯一所知的一例。

三原县古称池阳，位于陕西关中平原中部，因境内有孟侯原、丰原、白鹿原而得名，地理条件优越，素有八百里秦川"白菜心"的美誉。它地处关中平原腹地，地势北高南低，清峪河、浊浴河和赵氏河三大水系穿境而过。海拔362—1409米，地势平坦，平原广阔，水利发达，为陕西重要的粮棉菜果产区。三原为古京畿之地，自北魏太平真君七年（446）

置县，至今已有 1500 年多的历史，素有"衣食京师、亿万之口"美誉。三原今天仍是关中人口众多的富庶之地，2011 年，三原县人口总户数 131047 户，总人口 406658 人，共有 10 个镇、4 个乡、205 个行政村、9 个居委会、815 个自然村。① 三原也是国民党元老、著名爱国诗人、书法大师于右任先生的故乡。

一　基督教传入陕西的历史

天主教在唐朝和元朝曾两次传入中国，但都消失于历史之中，仅留下一些历史文物遗迹。天主教第三次传入中国的时间，一般以耶稣会传教士意大利人利玛窦（Matteo Ricci）1582 年（明万历十年）进入中国算起，到 2018 年已有 436 年了。

基督教传入中国的时间，一般以英国伦敦会传教士马礼逊（Robert Morrison）1807 年（清嘉庆十二年）来中国的时间算起，到 2018 年也有 211 年的历史。鸦片战争后，国门被迫打开，基督教在中国的每个省区都留下了传播足迹。

陕西是中国一个远离沿海、地处西北的内陆省份，因此基督教的传入时间也比较晚。1860 年后，依据《天津条约》第二条所规定，"允许英法传教士深入内地传教"，各国传教士从沿海各省纷纷向内地推进，1876 年（清光绪二年），基督教传入陕西省。到 2018 年已经有 142 年历史了。今天的陕西省是西北地区基督徒最多的省份，其中著名的三原县福音村，其历史已经长达 130 余年。

基督教传入陕西的路线图，基本以南、中、北三路进入陕西省境内，以传入陕西南部为最早。

南路：即基督教进入陕南地区的路线，它是以湖北武汉为根据地不断派遣传教士，沿着汉水而下进入陕西南部的。主要有两个差会，即内地会和内地会系统的挪华盟会。

---

① 参考三原县人民政府网站：http：//www. snsanyuan. gov. cn/。

　　1. 内地会。1876 年（清光绪二年），内地传道会①派传教士鲍康宁②
与金辅仁③自汉口出发，进入陕西境内。这被认为是基督教进入陕西的开
始。④ 后两人回到武汉。不久，金辅仁又与巴德（Budd）和两名中国
助手由上海出发到达西北，他们遍游陕西省各地，直到 1879 年，金
辅仁开始在汉中创立了第一所教堂。汉中位于陕西南部，是汉水上游
的重要商埠。

　　2. 挪华盟会⑤。1901 年，挪华盟会派传教士王耀基⑥由武汉来陕南，
在丹凤县设立教堂，以商县、雒南为中心。

　　中路：即基督教进入陕西关中地区的路线。关中地区是陕西省的政
治经济文化中心，也是人口最为密集的地区，有 5 个差会传入关中地区。

　　1. 英国浸礼会。1885—1887 年，英国浸礼会属下的山东青州移民在
三原等地设立聚会处，1891 年传教士从山西来到三原，于 1901 年发展到
西安、延安等地。

　　2. 北美瑞挪会⑦。1892 年，美国从上海派传教士美籍瑞典人傅仁颂
等先后在西安、兴平、乾县一带传教，之后沿泾河向西到达甘肃平凉。

　　3. 瑞华会⑧。1894 年，瑞典瑞华会从山西运城派传教士符历恺⑨以大

　　① 内地传道会（China Inland Mission），由英国传教士戴德生（James Hudson Taylor）1865
年创办的超宗派的跨国家的基督教差会组织，总部在上海。它是最早进入陕西的基督教差会，在
汉中形成了以南郑为中心的汉中基督教会。

　　② 鲍康宁（Federick William Baller, 1853—1922），英国内地传道会传教士，汉学家。1875
年来华，在西安等地传教，后调到烟台。他还是圣经和合官话本的翻译成员之一。他著述丰富，
最有名的是《英华词典》《普通话初级读本》《新约辞汇分析》《文理教程》。后去世于上海。

　　③ 金辅仁（George King），英国内地传道会传教士，1875 年来华。

　　④ 中华续行委办会调查特委会编：《1901—1920 年中国基督教调查资料》，蔡詠春、文庸、
段琦、杨周怀译，中国社会科学出版社 2007 年版，第 436 页。

　　⑤ 挪华盟会（Norwegian Alliance Mission），1884 年在挪威成立，1899 年开始来华，1900 年
进入陕西，主要在陕西南部，包括商县、山阳、洛南、商南、镇安等地传教。

　　⑥ 王耀基（K. Vatsaas），瑞典人，1900 年来华。

　　⑦ 北美瑞挪会（Scandinavian Alliance Mission），属于内地传道会系统，总部设于美国芝加
哥，在中国没有统一的领导机构，行政经济独立，是在中国影响较小的差会。

　　⑧ 瑞华会（Sweden Mission in China），属于内地传道会系统，总部在山西运城，主要传教
区域为山西西南部、河南西北部及陕西东部渭河以北的三角地带。

　　⑨ 符历恺（Erik Folke, 1872—1939），瑞典向中国派出传教士的机构——瑞华会的创始
人。1887 年 1 月 27 日以独立传教士身份来华，1887 年成立瑞典瑞华会。先在内地传道会的安庆
汉语学校学习中文，1888 年 11 月来到山西运城传教。

荔为据点,在合阳、韩城、白水、华阴、华县等地传教。之后还派有瑞典传教士伯信诚、胡林德、宋益廉、吴周泰等人加入。1920 年,有教徒200 多人。①

4. 美国基督教复临安息日会②。1915 年,美国基督教复临安息日会派传教士在西安、三原、蒲城等地传教。

5. 英国圣公会。1916 年,英国圣公会派传教士葛培六和中国人浦化人在西安、咸阳、宝鸡等地传教。

北路:即基督教进入陕西北部的路线,基本是从山西北部跨过黄河而来。1917 年,美国公理会由山西汾阳派传教士进入陕北绥德、榆林、清涧一带传教,以绥德为中心,向四周发展。

综述可知,在陕西传播基督教的主要有英国、美国、挪威和瑞典四个国家,宗派有浸礼会、内地会(含挪华盟会、北美瑞挪会、瑞华会)、信义会、复临安息日会等。基督教在中国传播的大宗派,如美以美宗、监理宗、长老宗均没有在陕西进行过传教工作。大宗派圣公会在陕西的传教工作影响也比较小。

到 1921 年中华基督教会进行统计时,陕西境内已经有 11 个差会,管理着 61 个县的基督教徒和传教事务。这时,陕西已建有正式教堂 176 个,外国传教士 126 位,其中 1/3 驻于西安,2/3 驻于其他 29 处。各差会人数达 1.2 万人,受餐信徒有 7081 人,80% 是 1915 年以后增加的。其中又以瑞华会在韩城、英国浸礼会在三原、北美瑞挪会在兴平的传教事业最发达。③ 由此可知,经过 40 余年,基督教在陕西已经获得了相当的发展。其中北美瑞挪会有传教士 47 人,占全省传教士的 1/3 以上,分驻于 14处;英国浸礼会传教士 31 人,约占 1/4,分驻 3 处。④ 全陕西省每 1283

---

① 大荔县志编纂委员会编:《大荔县志》,陕西人民出版社 1994 年版,第 963 页。

② 基督教复临安息日会(Seventh Day Adventist Church),总部在美国华盛顿,1902 年进入中国。1934 年成立基督教复临安息日会中华总会,下设若干省区会。

③ 中华续行委办会调查特委会编:《1901—1920 年中国基督教调查资料》,蔡詠春、文庸、段琦、杨周怀译,中国社会科学出版社 2007 年版,第 547—554 页。

④ 中华续行委办会调查特委会编:《1901—1920 年中国基督教调查资料》,蔡詠春、文庸、段琦、杨周怀译,中国社会科学出版社 2007 年版,第 552 页。

人中平均有信徒 1 人，比例较山西省略高。①

义和团期间，各地掀起"反洋教"浪潮，迫使一部分传教士离开了陕西。但总体来讲，陕西的传教工作受损较小，主要是陕西布政使、代理巡抚端方"保护外人不遗余力……有自愿出境者，端方均派兵护送至汉口"。② 当时在山西太原的英国浸礼会传教士李提摩太也可证明此经历。"为了浸礼会传教士们的安全，我立即把路透社的电讯稿通过电报发给陕西省首府西安……陕西巡抚派出卫队，护送传教士离开陕西，逃亡汉口。"③

抗战期间，许多传教士和信徒为躲避战乱而涌入陕西，有信义会、基督徒聚会处、以马内利会、传道会等各分支派别。

1950 年 8 月，中华基督教会陕西大会在三原召开第八届大会，改组选举常华光为理事长，冯葆光为监事长，王道生为执行干事。经过多次反复协调，终于在 1951 年 2 月 12 日，陕西基督教会接收了英国浸礼会在陕西的全部房地产权。1958 年，陕西基督教会第一届代表大会召开，成立了全省基督教组织——西安基督教三自爱国运动委员会。1983 年，召开的第三届代表会议上，更名为陕西省基督教三自爱国运动委员会。

在陕西影响最大的基督教派别是内地会和重点叙述的英国浸礼会（Baptist Missionary Society）。浸礼会是基督教的主流教派之一，因其入教仪式为施浸礼，故名。它于 1792 年由英国传教士威廉·克里（William Carey，1761—1834）创建，是欧美各国第一个向海外传教的团体，也是英国基督教的第一个海外传教团体，对英国的国外传教事业影响很大。

鸦片战争后的 1846 年，浸礼会派传教士胡德迈④到达通商口岸浙江宁波，但传教效果不好。1861 年，又派夏礼⑤夫妇到达山东烟台，开始了

---

① 中华续行委办会调查特委会编：《1901—1920 年中国基督教调查资料》，蔡詠春、文庸、段琦、杨周怀译，中国社会科学出版社 2007 年版，第 557 页。当时每 1 万人中平均有受餐信徒 7.8 人，以福建的平均数为最高，达 22.6 人，四川的平均数为最低，为 2 人。

② 中华续行委办会调查特委会编：《1901—1920 年中国基督教调查资料》，蔡詠春、文庸、段琦、杨周怀译，中国社会科学出版社 2007 年版，第 549 页。

③ ［英］李提摩太：《亲历晚清四十五年：李提摩太在华回忆录》，李宪堂、侯林莉译，天津人民出版社 2005 年版，第 279 页。

④ 胡德迈（Thomas H. Hudson，1800—1876），英国浸礼会传教士，1845 年来华，在宁波传教。

⑤ 夏礼（Charles J. Hall， —1862），英国浸礼会传教士，医生。1859 年来华。

在山东的传教工作。1870 年，英国浸礼会最著名的传教士李提摩太①来华，先在山东烟台传教。

由于效果不佳，1875 年李提摩太离开烟台转赴山东青州府开辟教区。他注意结交政府官员和秘密社会的首领，在当地努力培养本土布道员，在"丁戊奇荒"（华北地区特大旱灾）中又利用赈灾传教，基督教得以迅速扩大影响。至 1886 年（清光绪十二年），"已设立支堂 40 余所，教友 700 余人"。② 1877 年山西旱灾，他又去太原赈灾，由此开辟了太原传教站。"到 1889 年，英国浸礼会在华有 34 名传教士，19 名中国职员，信徒 1429 人。到 1915 年，英国浸礼会在华有 108 名传教士，491 名中国职员，7520 名信徒。"③

英国浸礼会在中国有三个主要传教地区，即山东、山西和陕西。从时间顺序来看，山东最早，山西次之，陕西最晚，陕西是由移民到陕西的山东人传入三原县开始的。英国浸礼会来陕西的传教士有 45 人，基本在关中地区，如西安、临潼、长安、渭南、咸阳、三原、泾阳、高陵、彬县、富平、铜川、耀县等，还有陕北的延安、黄陵、洛川、甘泉、延长。到 1950 年，英国浸礼会教徒共计 7000 余人，渭北有 5000 余人，渭南 1000 多人。④ 1952 年，英国浸礼会撤出中国。

二　移民形成的基督教村庄

清同治年间以来，陕西相继受到天灾人祸的重创，人口锐减。据研

---

① 李提摩太（Timothy Richard，1845—1919），英国浸礼会传教士，是来华传教士中著名的人物。1870 年来华，初在山东青州传教，1876 年赴山西太原，1887 年到北京从事文字及编辑工作，1891 年赴上海任同文书会（广学会前身）总干事。义和团运动后，他利用义和团时期一些外国传教士被杀为事由，强迫山西出钱办山西大学堂。他著述多本，如《留华四十五年记》（Forty – five Years in China Reminiscences，1916）、《华夏诸神表》（Calendar of the Gods in China，1906）、《万众皈依》（Conversion by the Million in China，1907）等。

② 《陕西浸礼会历史》，《神学志》第 11 卷第 4 期，1925 年，第 164 页。

③ 中华续行委办会调查特委会编：《1901—1920 年中国基督教调查资料》，蔡詠春、文庸、段琦、杨周怀译，中国社会科学出版社 2007 年版，第 833 页。

④ 李西园：《回忆英国基督教浸礼会在陕西传教的概况》，《陕西文史资料》第 16 辑，1984 年，第 251 页。

究，陕西人口累计减少约 710 万。① 其中尤其以关中和陕北的人口减少为
最严重，关中渭北平原因连年旱灾而田园荒芜，人烟稀少，以致良田无
人耕种。故此，光绪年间陕西当地政府不得不设法招徕外地平民进行耕
作，尽快恢复生产。

1876—1879 年间，华北的山东、河北、山西、陕西、河南等省发生
了历史上罕见的特大旱灾，史称"丁戊奇荒"。1878 年（清光绪四年），
原籍山东青州人的焦云龙在三原任知县，发现人烟稀少的三原自然条件
很好，遂向朝廷提出从山东等省向陕西移民的建议。灾民迁往关中，既
能解决灾民出路，又能开发关中，增加朝廷收入，稳定社会发展。他还
回到青州府家乡，劝解家乡亲友移民陕西，迁移到三原一带居住生活。
他还努力为愿意来陕西者提供了很优厚的条件：每户给地百亩，牛一头，
三年不纳公粮。于是，众乡亲一唱百和，纷纷前来。② 这时的山东也爆发
了饥荒，迁徙陕西也成了人们逃避四处逃荒的一条出路。山东是著名的
黄泛区，每当黄河泛滥，难民往周边省份移民已成惯例。

山东青州的移民们，一部分到了三原县的阎家滩，即今天三原县安
乐乡荣和村一带，一些到大程附近的荆山之间建立了新的居民点，即今
天的大程乡太和村和徐木乡的福音村。到 1890 年，先后由山东迁移到三
原地区的农民有 6000—8000 户之多，形成了关中地区著名的"山东庄"，
"简直成了一个小山东了"。③

移民人群中有一些基督徒，基督教信仰由此被带入了三原地区，这
也是基督教进入关中地区的开始。为了表明自己的基督教信仰，他们甚
至给自己居住的村庄命名为"福音村"。④ 这些山东基督徒移民大致分为
两派，一派属于美国长老会，多居住在今天三原县木塔寺一带，代表人
物如孙香圃牧师；一派属于英国浸礼会，多居住在今天三原县东 50 里的
福音村、太和村一带，领头人物是刘汗青、刘丹芝父子、王左泉、郑有
能、孙云航等。⑤

---

① 曹树基：《中国人口史》（清时期）第 5 卷，复旦大学出版社 2001 年版，第 601 页。
② 张冠儒：《三原县中华基督教会简史》，《三原文史资料》第 7 辑，1990 年，第 51 页。
③ 诚静怡：《福音村收成大会纪实》，《兴华》第 32 卷第 2 期，1935 年，第 26 页。
④ 汤清：《中国基督教百年史》，香港：道声出版社 1987 年版，第 411 页。
⑤ 冯葆光：《三原基督教的由来》，《陕西文史资料》第 16 辑，1984 年，第 252 页。

先有基督徒，再有传教士，这是三原基督教会的非常特别之处。当时英国浸礼会尚未进入陕西境内，因此也没有牧师或传教士在那里。随着教徒的不断增多，集中居住在三原县"福音村"的山东信徒们，经孙汉卿、刘丹芝、王源、孙香圃、聂鸿儒、郑有能等联络，邀请山东青州英国浸礼会来陕西牧养。经英国浸礼会的协商安排，从山西太原派出了几名传教士，先后到三原。①

从 1891 年（清光绪十七年）开始，英国浸礼会在山西太原的传教站陆续派传教士到三原，他们是邵涤源②、敦崇礼③、莫安仁④，在三原建立了在陕西省的第一所英国浸礼会传教站。1892 年，英国浸礼会再派传教士进入离三原不远的陕西省府西安，设立了教堂。⑤ 这时，基督教内地会系统的"瑞华会"也来三原传教，但一直没有开展起来，后转去大荔、蒲城一带，因此，三原县基本是英国浸礼会的教区了。浸礼会以福音村为基地，向四周扩展传教区域，东至关山镇，西至三原县城，南到高陵县，北至耀县，周围百余里地，都成了传教区域。⑥ "乃更于西安、三原、耀县同官等城内，各买房屋，设堂布道。"⑦

基督教在关中地区的传入和深入是与英国浸礼会和山东移民紧密相连的，范围的扩大和人数的扩张更是和山东移民密不可分。移民成为其传教空间扩大的主要驱动力和扩张方式，又因灾荒背井离乡到外地谋生，将基督教传入了延安地区。英国浸礼会范围从原来的三原以北扩展到陕

---

① 中华续行委办会调查特委会编：《1901—1920 年中国基督教调查资料》，蔡詠春、文庸、段琦、杨周怀译，中国社会科学出版社 2007 年版，第 549 页。

② 邵涤源（A. G. Shorrock），英国浸礼会传教士，1887 年来华，先在太原传教，1891 年来陕西，一直在陕西。

③ 敦崇礼（Moir Duncan，1861—1906），英国浸礼会传教士，1888 年来华，先在太原传教，1891 年来陕西，一直在陕西。

④ 莫安仁（Evan Morgan，1860—1941），英国浸礼会传教士，1884 年来华，先在太原传教，1895 年来陕西。庚子年后，他去上海广学会工作，主办《大同报》，未回陕西。

⑤ 李西园：《回忆英国基督教浸礼会在陕西传教的概况》，《陕西文史资料》第 16 辑，1984 年，第 247 页。

⑥ 李西园：《回忆英国基督教浸礼会在陕西传教的概况》，《陕西文史资料》第 16 辑，1984 年，第 248 页。

⑦ 王云白：《陕西浸礼会的过去及现在》，《真光杂志》第 32 卷第 5 期，1933 年，第 54 页。

北的米脂、延长、延安一带，又是由移民而形成。关中地区在韩城的瑞华会、三原的英国浸礼会和兴平的北美瑞挪会最为显著，而山东庄即是英国浸礼会的传教范围。

义和团运动是英国浸礼会在陕西传教事务的转折点，以前传教多在渭河以北的乡间，以后则注重在城市和渭河以南地区。由西安东到临潼、渭南两县，西至户县，北至延安，重点放在西安，次为三原及延安，但"福音村为着传教策源地，始终未曾放弃"。[①] 三原这样一个偏僻的西北小县城，竟然成了基督教的传教中心地点，先后在三原传教的传教士竟然达数十人，其中较知名的有莫安仁、祈仰德、司慕德、路司、钟约翰、慕德、武德逊、客良玉、荣安居、钟维理、钟瑶真、苏罗维、德尔立、耿维廉等人。[②]

到1930年代，英国浸礼会以福音村为中心，"东至关山镇（麟游、凤县），西至三原县，南至高陵县，北至耀县，周围百余里之间，皆为其传教活动之区域"[③]。三原县内有上马、三原、荣和、安乐、福音五个堂会，20多个支会，信徒千余人。[④] 为了加强对教会的领导，他们选举了孙汉青、刘丹芝为牧师，王源为长老，成了当地第一代中国教牧人员。"陕西三原福音村之五年奋进，一次有教友683名及学友866名之收成。"[⑤]

福音村村民与山东老家也一直保持着联系。1935年，在英国浸礼会传入陕西五十周年时，中华基督教会陕西分会在三原县福音会举行隆重的纪念活动，山东浸礼会还特别派遣了严修明牧师出席会议。[⑥] 同时，"还在福音村召开了收成大会，七八百名基督徒从各地赶到福音村，住了

---

① 李西园：《回忆英国基督教浸礼会在陕西传教的概况》，《陕西文史资料》第16辑，1984年，第249页。
② 张冠儒：《三原县中华基督教会简史》，《三原文史资料》第7辑，1990年，第52页。
③ 李西园：《回忆英国基督教浸礼会在陕西传教的概况》，《陕西文史资料》第16辑，1984年，第248页。
④ 张冠儒：《三原县中华基督教会有关资料》，《三原文史资料》第7辑，1990年，第142页。
⑤ 力宣德：《中国教会合一》，《中国基督教会年鉴》第13期，广学会1936年版，第14页。
⑥ 张冠儒：《三原县中华基督教会简史》，《三原文史资料》第7辑，1990年，第53页。

四天，进行大聚会。"①

从 20 世纪 20 年代开始，基督教大力推行合一运动。1927 年，在上海成立了中华基督教会总会，英国浸礼会也积极参加了倡导本色教会、主张教会合一的中华基督教会。1929 年，山东浸礼会加入了中华基督教会，并与山东的其他差会一起成立了中华基督教会山东大会，下辖青州、邹平、周村、北镇四个区会。1930 年在无锡召开了中华基督教会首届会议，陕西的英国浸礼会派英国传教士武德逊和三原福音村华人长老王云白列席了会议。此后，已经参加中华基督教会的陕西浸礼会和山东浸礼会，不再以英国浸礼会的名义在社会上公开发挥作用。1933 年，成立中华基督教会山西大会，下辖太原、忻州、代县三个区会；成立中华基督教会陕西大会，下设西京区会、渭北区会、陕北区会三个区会，渭北区会办事处设在三原县东关油坊道（东关教堂），范围包括三原、泾阳、高陵、富平、耀县、铜川等市县和渭南、临潼一部分地区，共设教堂 80 余处，时有教徒 7000 余人。

这些从山东过来的村民们，初到一地，人地生疏，生活不易，互相之间比较团结，对宗教信仰也很有热情。不久，他们集资在太和村盖了三间草房，作为礼拜用房。英国传教士来到三原后，首先在福音村建立了礼拜堂，作为传教和教学之用。后来又先后在三原东关和西安购地建立教会，并于 1915 年建立了三原教堂——救世堂，即今天三原县油坊道东关教堂。

英国浸礼会的传教策略也是从教育和医疗入手进行传教活动的。晚清民国时期，随着浸礼会在福音村立足，当地教会通过医疗、教育、赈灾等多种手段迅速开展宣教工作。

新式学校：1896 年（清光绪二十二年），浸礼会在福音村创建了教会学校——崇真书院（男生）和美丽书院（女生），除了宗教课外，还开设了英语、音乐、语文、史地、数学、中西文学等课程，"实开西北新文化之先河"②。书院有许多自己特别的规定，如男生不准留辫子，女生不准

① 诚静怡：《福音村收成大会纪实》，《兴华》第 32 卷第 2 期，1935 年，第 26 页。
② 《陕西基督教浸礼会福音村崇美学校复兴记》，《真光杂志》第 31 卷第 34 期，1932 年，第 116 页。

缠足。当时女生读书极其少见，因此早期女生基本上来自基督徒家庭。开始有 30 多人，后增加到 60 多人。① 教会学校一般将中西两种教育方式结合起来，带有新式学堂的风格，如兴办女校，提倡男女平等，女子应享有与男子同等受教育的权利，增加新式教材教育内容等。

　　1922 年，在早年就读于崇真书院、青年时期参加国民革命的王子元主持下，将崇真书院和美丽书院合并，兼取两校之名，创建了崇美中学，成为三原县最著名的中学。这里也是陕西省第一所男女生同班的学校。当时陕西省只有"九所教会高级小学，其中四所小学属于英国浸礼会"。② 可见英国浸礼会对教育的重视和努力。

　　1926 年，刘镇华镇嵩军围困西安，关中各县区无不受其折磨，渭北的三原县一带尤甚，福音村甚至沦为战场。数十年之经营的福音村崇美中学，学校校舍仪器荡然无存，多年之功废于一旦。③ 1932 年，崇美中学努力复校，④ 直至 1949 年后由政府接管，现为三原县徐木乡的徐木中学。

　　此外，1908 年英国浸礼会传教士包赍恩在三原县东关油坊道街还创办了崇德小学，"服务教会之老职员，强半为该二书院之毕业生"。⑤ 1925年前后，英国女传教士客良玉和阎美英还为妇女开设了"妇女道学班"，培养妇女义工人才。此外还设立了鸦片禁烟会（禁吸、禁种、禁运）和放足会（劝妇女放缠足）。⑥ 1934 年，在英国传教士包赍恩、中国人朱晨声、王道生、张文化等倡导下，在三原及渭北各地的教会里，还办起了平民教育学校。

　　民国年间，落后的西北地区各类学校都很少，甚至基督教会的力量

---

① 三原县志编纂委员会编：《三原县志》，陕西人民出版社 2000 年版，第 983 页。

② 中华续委办会调查特委会编：《1901—1920 年中国基督教调查资料》，蔡咏春、文庸、段琦、杨周怀译，中国社会科学出版社 2007 年版，第 560 页。

③ 王云白：《陕西浸礼会的过去及现在》，《真光杂志》第 32 卷第 5 期，1933 年，第 40 页。

④ 《陕西基督教浸礼会福音村崇美学校复兴记》，《真光杂志》第 31 卷第 3/4 期，1932 年，第 116 页。

⑤ 王云白：《陕西浸礼会的过去及现在》，《真光杂志》第 32 卷第 5 期，1933 年，第 54 页。

⑥ 李西园：《回忆英国基督教浸礼会在陕西传教的概况》，《陕西文史资料》第 16 辑，1984 年，第 248 页。

也很弱，相比之下，更能呈现出三原基督教会办学的意义。

> 本省教会小学极少，多数布道区无教会教育设施。全省共有初级小学学生1949人，高级小学学生274人，男生占80%。全国仅甘肃、广西、贵州、云南四省之小学学生人数较少于本省。[①]

西医院：早在三原教会成立初期，就创办了西医诊所，开始基本上只为信徒看病。1911年，英国浸礼会在三原南郊购地，开办了附设护士学校的英华医院。1923年扩建医院，成为当地医院之冠，后因军阀混战而停办。1935年，将英华医院财产转给当地地方政府，改名为"三原卫生院"，三原籍名人、著名书法家于右任先生亲笔为医院题写了院名。今天的三原县医院，就是在这里的基础上发展起来的。

西北农工改进会：1930年，基督徒李海峰捐出自己购置的3000亩地，创立了西北农工改进会。几年后又冠以"中华基督教"五字，称为"中华基督教西北农工改进会"。"此会责任会员，须正式教友方合资格。"[②]改进会主要从事以下事业：1. 改良农业；2. 提倡工业；3. 兴办乡村教育；4. 兴办乡村医药卫生事业；5. 兴办救济孤苦事宜；6. 提倡宗教道德。改进会为当地的社会服务事业做出了贡献和努力。

三 移民性和宗教性并呈的福音村

1950年4月，中国基督教三自爱国运动发起，三原基督教会人员积极响应，在三原召开中外代表大会，改组教会，选出华人理事9人，将教会事务交与华人管理。1951年2月12日，接受了英国浸礼会的房地产权。1952年，包括英国浸礼会在内的外国传教士先后返回本国，结束了外国基督教会在中国的作用。[③] 这时，渭河南北有基督徒7000余人，其

① 中华续行委办会调查特委会编：《1901—1920年中国基督教调查资料》，蔡詠春、文庸、段琦、杨周怀译，中国社会科学出版社2007年版，第560页。

② 王云白：《陕西浸礼会的过去及现在》，《真光杂志》第32卷第5期，1933年，第57页。

③ 三原县志编纂委员会编：《三原县志》，陕西人民出版社2000年版，第983页。

中渭北 5000 余人，渭南 1000 余人。1958 年，三原基督教会加入陕西省基督教三自爱国会。"文化大革命"期间，三原基督教会停止了活动。福音村的村名也改为"社教村"。

1983 年秋，三原基督教召开代表会议，正式成立了三原县基督教三自爱国运动委员会和三原县基督教教务委员会。2000 年前后，按照村民意愿，将村名又重新改回了"福音村"。

福音村是由山东信仰基督教的信徒移民至三原后形成的，与周围其他村庄相比，百年之后这个关中村庄的最大特殊之处就是宗教性和移民性。多年以来，他们基本持守山东人嫁山东人的习俗，移民后代要学会山东老家方言，在家中要用山东方言进行交流，要学会山东面食做法，风俗礼节都要按山东老家规矩来办等，这些日常生活习俗坚持了近百年，直到改革开放后才有所改变。信徒去世后，葬礼仪式与民间传统葬礼没有太大区别，但盖棺布、寿衣寿帽、墓碑上都有十字架，平日清明不上坟不烧香不磕头，邀请教会的乐队及唱诗班来参加追思会和礼拜。逢年过节也会呈现出一些基督教性质，如对联"举世信徒庆圣诞，各族同道贺佳节；苦尽甜来是古语，黄金试炼更宝贵"等。

今天的福音村是远近闻名的蔬菜种植专业村，全村 450 户村民以蔬菜种植为主，种植面积达 1600 余亩，主要以菜花、芹菜、白菜为主，规模大，销路广，经济效益突出。2006 年全村主导产业人均纯收入达 5000 元，占人均纯收入的 83%。[①] 可以说，福音村十几年前就实现了全村脱贫。

直到今天，绝大部分村民还经常与山东家乡保持交流，回老家探亲和祭祖。近些年，回老家又增加了学习蔬菜种植技术的内容。毗邻山东青州的寿光市是中国著名的蔬菜种植地，是北京等华北地区最大的蔬菜供应基地，青州老家在蔬菜种植方面也有很强的能力和先进技术。福音村主要发展大棚蔬菜种植，其主要技术来源为山东寿光和青州，老家与移民之间又增加了新的联系纽带和渠道。

---

① 郑发村：《姹紫嫣红总是春》，《咸阳日报》2007 年 11 月 24 日第 3 版。

第十三章

西学东渐与民众命运：山东
潍坊韩氏家族

山东是最早受基督教影响的北方省区，韩氏家族是山东潍县最早入基督教的家族之一，是最早到山东的美国传教士狄乐播亲自受洗的中国基督徒之一。家中二子韩立民、三子韩叔信均因信教、受现代教育而走上了与传统中国人完全不同的道路，因此也改变了整个家族的命运。他们的后代子女也都从事了因西方文化、知识等进入中国后而产生的新型职业——眼科医生、英文教师、口腔科医生、护士、地质学者、英美文学教师、物理学教师、工程师、工商业管理等，这些都是最具现代化特色的专业职业，改变了传统社会乡村人的命运。

一　新式职业与国际服务：韩立民

韩立民，原名仲信，1896 年农历三月十七日出生于一个基督教家庭，山东潍县（今潍坊）草庙子村人。草庙子村在潍县的城东南，虽是个非常小的村子，但却离潍县最早建立教堂的李家庄和乐家庄，以及与 1904 年通车的胶济铁路非常近。草庙子所处的地理位置，对韩立民的成长至关重要。韩立民的父亲是个细活木匠，做了件当时许多人都不愿意、却比较挣钱的活——帮助传教士修建教堂。赚钱后，他在乡下买了几间瓦房及前后两个庭院。韩立民的父亲在修教堂时受传教士的影响，曾送二儿子和三儿子去了当地的教会学校——广文中学①，而将大儿子送到了中国私塾里读书。

---

① 1883 年美国长老会传教士狄乐播（Robert M. Mateer, 1853—1921）在城东李家庄购地创建了乐道院，并附设"文华馆"。辛亥革命后，先后改名文华书院、文华学校、文华中学，1928年将文华、文美、培基合并为广文中学，即现在潍坊市第二中学。

许多年后，韩立民还曾任广文中学校董。① 1919 年，韩立民毕业于齐鲁大学医学院，是医学院第一届毕业生，也是该届四名毕业学生之一。②

韩立民随即到北京协和医院进修，通过山东老乡的关系，他认识了在北京中学工作的教师，也就是他未来妻子——李玉珍，山东泰安县安驾庄人。泰安县是美国基督教美以美会的重点传教区，安驾庄是最早接受基督教的村庄③，李家也是最早接受基督教的人。受传教士影响的李家人，没有给女儿缠足，还送她去美以美会在北京的学校——慕贞女中接受了新式教育。经过当时还不多见的自由恋爱，他们于 1920 年在北京结婚，共生有四女三子，其中一子病故。

1921 年，基督教会送韩立民到英国留学，他于 1924 年获得剑桥大学公共卫生博士学位和伦敦大学热带病学博士学位。④ 1924 年，韩立民绕道美国回到中国，齐鲁大学医学院聘请他为公共卫生学教授。1887 年，各国来华传教医生创办了博医会，设有出版、翻译、公共卫生、医学教育等专业委员会。1921 年，博医会济南编译部创办了《齐鲁医刊》季刊⑤，主要反映国外医疗技术和齐鲁大学医科的研究成果，是山东最早的医学刊物，在国内医学界有一定影响。《博医会报》和《齐鲁医刊》是博医会最主要的刊物，它们首倡并推行中译医学名词的统一，成为中国科学名词审查会的最早参加组织之一。《齐鲁医刊》编译部设在齐鲁大学医院里，孟合理（P. L. Meall）任编译部主任，韩立民、侯宝璋、冯兰洲等任编译。

1931 年 12 月，成立了中华医学会济南支会，侯宝璋任会长，齐鲁大学医学院院长江清为书记。1933 年支会改选，韩立民任会长，江清再任

① 韩同文：《山东潍坊广文校谱》，作者自费印刷，本书中有韩立民任校董时的照片一张。今天潍坊第二中学校史展览室内，仍有一张韩立民照片悬挂于墙上。

② 王鉴：《原齐鲁大学医学院的历史沿革》，《济南文史资料选辑》第 1 辑，1983 年，第 230 页。

③ 陶飞亚：《中国的基督教乌托邦：耶稣家庭 1921—1952》，香港：香港中文大学 2004 年版，第 35 页。

④ 《齐鲁大学医学院校友调查表》，齐鲁大学档案，山东省档案馆 J109 - 01 - 320。

⑤ 1932 年，《齐鲁医刊》与《中华医学杂志》合刊，1938 年停办。

书记。① 1925 年，全国发起收回教育主权运动，1929 年公布《私立学校规程》规定，教会学校校长必须由中国人担任，外国人任董事的名额不得超过三分之一。齐鲁大学改选，韩立民当选为齐鲁大学董事会董事，董事长为孔祥熙。② 李玉珍的堂哥李天禄，1919 年毕业于美国范登比尔特大学，获得教育学博士学位③，于 1929 年任齐鲁大学第一任中国人校长。但因被认为有亲美嫌疑，很快就辞职离任了。④

1928 年，韩立民辞去齐鲁大学的教职⑤，在济南的繁华地区（济南市卫生局现址）开设了"立民医院"，在内政部登记做开业医生，"部证号数"为"医 1079"⑥。医院有 3 层楼房，约 20 张病床，内外科医生 2 人，护士数人。韩立民医术精湛、善于交际，在济南受到上层人士的信任，有较高的社会地位。据《全国登记医师名录》可知，当时全国开业的医生是很少的，共 2919 人，其中留学人员 367 人，而留学英国的只有 15 人。这 15 人分别是毕业于剑桥大学 8 人、伦敦大学 3 人、爱丁堡大学 3 人、皇家医学院 1 人。从籍贯上来看，山东开业医生有 166 人，其中男医生 152 人，女医生 14 人。

1920 年，潍县乐道院的大夫、文华馆及齐鲁大学医科毕业生、广文中学校董张执符及其嫂张纫秋，张执符的外甥、齐鲁大学毕业的广文中学校董魏子宜三人，合资在潍县东关办起了惠东大药房，经营代销、进口药品，是山东最早经营西药的药房之一。由于经营有道，发展良好，后来还设立了惠东制药厂，生产全治水、小儿瘫痪药、胃强灵、目特灵、阿司匹林等近 1400 种药品。惠东大药房在济南、成都、烟台、青岛、天津、兰州等七个城市设有分部，号称"华北第一家"。到 1937 年，惠东已成为年创利 20 万元的大企业了。1929 年，韩立民与张执符议妥，出资 7000 元建立了惠东药房分部——山东惠东大药房济南营业部。山东省政

---

① 车吉心、梁自絜、任孚先主编：《齐鲁文化大辞典》，山东教育出版社 1989 年版，第 374、377 页。

② 王神荫：《"七七"事变以前的齐鲁大学》，《文史资料选辑》第 1 辑，山东人民出版社 1982 年版，第 201 页。

③ 兴亚宗教协会编：《华北宗教年鉴》，兴亚宗教协会发行所 1944 年，第 605 页。

④ ［美］郭查理：《齐鲁大学》，陶飞亚、鲁娜译，珠海出版社 1999 年版，第 103 页。

⑤ 《校闻》，《齐鲁医刊》第 8 卷第 1 期，1928 年，第 169 页。

⑥ 内政部卫生署编：《全国登记医师名录》（1929—1932），1933 年 1 月，第 67 页。

府主席韩复榘的夫人高艺珍、省警察局长等来往医院和药房，引起济南市军政要人的注目。①

1930 年，为加强卫生管理，中华民国先派人到欧美调查，后设中央卫生设施实验处于南京铜银巷卫生署。这时卫生署下分九股：防疫及检验股、寄生虫学股、环境卫生股、社会医疗救济股、妇婴卫生股、学校卫生股、工业卫生股、流行病学及生命统计股、卫生教育股。1932 年卫生实验处新楼开工，1933 年 8 月落成，各处均大加扩充。

1934 年，成立了全国经济委员会，下设卫生专门委员会、教育专门委员会、卫生专门委员会、七省公路专门委员会、工程专门委员会等。中央卫生设施实验处又划归于卫生专门委员会，改名卫生实验处，下设九系：防疫检验系、化学药物系、寄生虫学系、环境卫生系、社会医事系、妇婴卫生系、工业卫生系、生命统计系、卫生教育系。

1934 年，全国经济委员会为开发西北及江西等地卫生工作，特拨款项，协助各省政府设置卫生处及省立医院县卫生院等，由卫生实验处派人具体指导工作。1934 年 6 月，卫生实验处与甘肃省政府接洽筹备甘肃省卫生实验处，拟定暂行组织条例由省府会议通过，请行政院备案，同时由省政府拨给制革厂房为卫生处址。甘肃省卫生实验处遂于 9 月 1 日正式成立，分设总务科、保健科、防疫科、兽医科，附设省立医院及助产学校，办理一切卫生工作。② 当时全国只有七个省有卫生行政机构③。韩立民被任命为甘肃省卫生实验处处长④，离开山东到西北发展公共卫生事业，奉命于 1935 年 7 月到达甘肃兰州。⑤

1935 年 12 月 6 日，甘肃省第一家也是西北第一家省立医院在兰州成

---

① 毕静波：《济南惠东药房回顾》，《济南文史资料选辑》第 8 辑，山东省出版总社济南分社 1988 年版，第 131 页。

② 全国经济委员会卫生实验处：《全国经济委员会卫生实验处工作报告》，全国经济委员会卫生实验处 1935 年，第 10、26 页。

③ 金宝善：《三十年来中国公共卫生之回顾与前瞻》，《中华医学杂志》第 32 卷第 1 期，1946 年，第 28 页。

④ 《全国经济委员会卫生实验处职员表》，全国经济委员会会刊，1935 年，第 10 页。

⑤ 《甘肃省立医院开幕纪念特刊》，1936 年 4 月 26 日，韩立民题写书名。

立①，位于兰州西关举院内原皮革厂厂址。甘肃省政府主席于学忠、西安绥靖公署驻甘行署主任邓宝珊都到场庆贺。医院有门诊及内科、外科、妇产科等病房，床位 60 张，每月就诊人数达千人以上。护士长为齐鲁医学院护士学校毕业的高静，还开办了护士训练班，招收学生约 20 人，协助护理工作。这在甘肃省是件大事，"为本省设立卫生行政机构，及公立医疗机关，以及举办助产教育的开始"②，此前甘肃省县均没有卫生机构和设备。

1937 年，韩立民通过甘肃省政府主席于学忠的关系，以甘肃省政府的名义，将地方系统的兰州中山医院与甘肃省立医院合并，引起地方人士大为不满，群起攻击。1938 年，甘肃省政府下通缉令，韩立民去了重庆。③

1939 年 8 月 31 日，与丈夫失去联系的李玉珍去世于泰安县美以美会大院里。家庭变故和日军侵华造成了一位名西医的妻子死于这种常见病。可怜的六个孩子，最大的十几岁，最小的五岁，辗转众亲戚及八竿子都打不到的人家——继母前夫的女儿家，每个儿女都只有努力念书，争取第一名获得全额奖学金，才能维持自己的生存。

之后，韩立民还在云南腾冲、昆明的医院里做过医生。1939 年回到公共卫生本业，任滇缅公路卫生处处长。④ 1940 年，韩立民与高静结婚，生有 1 子 1 女，现均在美国。

1943 年，联合国在埃及召开国际救济会议，决定对包括中国在内的国家实施援救，以支持鼓励人民取得抗战最后胜利，尽快恢复战争创伤。事先准备周密的计划，有系统地办理救济善后工作，应该是可以完全避免，至少是可以尽量减轻战争的恶果，提早恢复世界经济和生活。1943年 11 月 9 日，44 个联合国的代表在华盛顿签订了《联合国救济善后公

---

① 甘肃省地方史志编纂委员会编纂:《甘肃省志·大事记》，甘肃人民出版社 1989 年版，第 262 页。

② 甘肃省政府编:《甘肃省之卫生事业》，1942 年 2 月 15 日，第 5 页。

③ 刘毅民:《解放前兰州地区医药卫生状况》，《兰州文史资料选辑》第 1 辑，1983 年，第 172 页。

④ 郑祖佑:《解放前云南西医药卫生简史》，《昆明文史资料选辑》第 8 辑，1987 年，第 261 页。

约》。各国代表随后赴美国大西洋城，举行了第一次联合国救济善后大会，由此产生了"联总"，即"联合国善后救济总署"。中华民国政府为配合"联总"的工作，于1945年2月，设立了"行政院善后救济总署"，简称"行总"，地址在南京鼓楼金陵神学院内，国共两党都分别派人参加。联合国决定派中国驻联合国大使蒋廷黻任联合国驻中国救济总署署长。

1945年8月，世界法西斯宣布投降，联合国救济总署的任务加强了。1945年10月起，"行总"的实际任务开展起来。1945年11月14日8时53分，在重庆市珊瑚坝签订了《中华民国国民政府联合国善后救济总署基本协定》，规定了双方的权利义务与关系，下设农业、工矿、卫生等业务委员会和黄泛区复兴委员会。"行总"是个具体且有实际利益的机构，其物质来源以"联总"为主体，虽然最后只得到原来设计的五分之一（原设计价为美元25亿元），物资总重270万吨，约我国战前三年贸易之总和，相当于我国1947年进口物资价值的一倍①。"行总"先后在浙江、福建、山东等15个省市设立分署，每分署都设振务、卫生、储运、总务四组。韩立民任鲁青分署卫生组主任，地址在青岛市济阳路②。"行总"卫生组的任务范围很广，如由配合遣送难民还乡，防止疫病流行，协助接收复员，恢复应有的卫生机构、医院及药厂、试验所，加强保健工作、促进国民健康、增加国民营养、扩大卫生宣传等等，不一而足。服务对象多是工人农民和一般群众，对就诊者概不收费，所用药品、手术器械等均由分署供给。总之，一面是紧张的医药救济，一面还要顾到卫生事业的善后，奠定以后卫生事业的百年大计。后来，这些卫生工作队停办，许多都就地改为卫生院。③

这时还是国共两党合作时期，救济物资须分配给共产党一部分。经过反复交涉，终于接通了山东的临沂与烟台两区、晋察绥的长治区、张北区及集宁区等。1946年1月，韩立民曾到山东解放区发放救济衣物，

---

① 行政院新闻局：《两年来的善后救济》，1947年11月，第6、9页。
② 傅森：《在解放区烟台救济总署工作》，《烟台文史资料》第13辑，1990年，第84页。
③ 徐模之：《善后救济总署概述》，《潍城文史资料》第4辑，1989年，第12页。

得到共产党领导陈毅的接见，称"开明人士"①。同时经陈毅特别批准，从山东根据地省政府所在地临沂，将已经参加革命的四个孩子带回，希望他们能继续完成学业。1947 年 10 月，总署、分署先后结束，业务移交国民党政府社会部与善后事业保管委员会。韩立民赴南京卫生署任简任技正。

1947 年底，韩立民赴香港九龙，在国际难民组织远东局任医生②。1948—1952 年在菲律宾的世界卫生组织工作。1952—1956 年在德国慕尼黑、瑞士日内瓦的世界卫生组织工作。1956 年，受埃塞俄比亚皇帝海尔塞拉西一世的邀请，韩立民来到了埃塞俄比亚首都亚的斯亚贝巴，协助埃塞俄比亚发展公共卫生事业。在他们的支持下，成立了全国性卫生组织，在每个地点成立地区性卫生机构，至少由三个人组成，一名全科医生、一名助产士、一名水质量和环境安全监察员。③

今天埃塞俄比亚也是世界上最落后的国家之一。当时在那里的中国人只有六人，全国才一万辆汽车。但首都亚的斯亚贝巴在非洲和世界上起着非常重要的作用，联合国和非洲的许多重要机构都设在这里。因此，埃塞俄比亚虽不发达，亚的斯亚贝巴的有钱人却很多。在埃及时，听说埃塞皇帝塞拉西要建立一所大学，在朋友的引荐下，见到这位自称"非洲之狮"的皇帝并得到欣赏，韩立民在古城刚德尔建立由联合国援建的卫生学院，这是埃塞俄比亚第一所公共卫生学院，经过几十年的发展，现在这里已经可以招收硕士研究生了。1967 年 6 月，塞拉西皇帝在塞拉西大学（现亚的斯亚贝巴大学）毕业典礼中将奖章颁发给韩立民，以奖励他为埃塞俄比亚公共卫生事业做出的贡献。退休后，他在亚的斯亚贝巴开了一家最大的、有 30 张餐桌的中餐馆。

20 世纪 70 年代，因埃塞俄比亚发生政治事变，排外浪潮日高。1978 年，韩立民离开埃塞俄比亚，去美国与子女生活。1981 年 8 月 21 日晚 10 点半，因糖尿病、高血压，韩立民病逝于美国加利福尼亚州核桃溪约翰慕瑞纪念医院，享年 85 岁。1983 年前后，高静因心脏病去世。

---

① 韩立民三女韩锦秋口述，2008 年 10 月 9 日，陕西西安。
② 《齐大华籍人物简介》卷 5，齐鲁大学档案，山东省档案馆 J109 - 01 - 670，第 75 页。
③ 韩立民三子韩永棣口述，2009 年 7 月 10 日，浙江杭州。

作为山东地区最早信仰基督教的人，韩立民成了最早接受西方教育的人。他的人生经历的改变，直接影响到他的家庭命运的改变。他的八个子女均接受了现代大学教育，大女儿毕业于北京大学，眼科医生；二女儿毕业于无锡的江南大学，英文教师；三女儿毕业于成都的华西大学，口腔科医生；四女儿毕业于北京的中国地质大学，地质学教师；五女儿毕业于美国，政府职员，曾任美国内政部助理部长；大儿子毕业于天津大学，工程师；二儿子毕业于陕西师范大学，政府职员；三儿子毕业于美国麻省理工学院，公司职员。

二　现代教育与人才培养：韩叔信

韩叔信，1903 年出生于山东潍县（今潍坊）草庙子村的基督教家庭。1926 年进入教会大学燕京大学学习，1931 年毕业于燕京大学历史系[①]。经燕京大学历史系教授洪煨莲先生推荐，到天津南开中学教书。因长于行政管理，做事认真负责，1935 年张伯苓校长任命他为南开中学副教务主任，肩负起了学生的训导责任。

1930 年代，为了扩大影响，张伯苓迈出了将南开办到全国的宏伟计划，同时眼见日本侵略天津和华北的危险形势，决定"在国内其他地区创设南开分校以应变"[②]。1935 年底，张伯苓选定在重庆另建中学，初期计划规模为学生五六百人。1936 年 2 月，天津南开中学主任喻传鉴等三人到重庆，在沙坪坝购地建楼，5 月开始破土动工。韩叔信被选为开办负责人之一，与同去的教职员 12 人，携家眷于 1936 年 8 月 12 日到达重庆基督教青年会。1936 年 9 月正式开学，共 218 名学生，9 月 10 日开学典礼。重庆当地把南开办事誉为"神速"，这时的校名为南渝中学。张伯苓任校长，喻传鉴任主任，韩叔信任副主任兼教导主任。

南渝中学位于嘉陵江畔，很快就获得了"四川优良中学"的美誉。1937 年 7 月 29 日、30 日，天津南开大学和中学被日军炸毁，师生大举内

---

① 燕京研究院编：《燕京大学人物志》第 1 辑，北京大学出版社 2001 年版，第 258 页。

② 梁吉生：《允公允能，日新月异——南开大学校长张伯苓》，山东教育出版社 2003 年版，第 130 页。

迁。沦陷区也有大量学生内迁,远近钦慕南开名声,争相报考,学生来源非常充足。1938 年,校舍全部建成,学生总数近 2000 人。1938 年易名为重庆南开中学。1942 年 10 月,美国总统罗斯福派代表威尔基来中国访问,专门参观了重庆南开中学。回国后撰写了《天下一家》,高度评价了张伯苓的办学成就。①

自贡是传统的产盐之地,一年千万的盐税使其成为四川南部的富庶之地,距重庆 280 余公里,教育亦比其他地区发达。20 世纪 30 年代,自贡小学生每年毕业人数很多,蜀光初级中学难以接纳,当地亦无高中,使初中学生失去了继续升学的机会。自贡士绅一直都有扩充蜀光初中、增加高中部的意愿。

1937 年春,四川盐务管理局局长缪秋杰建议创建蜀光初级中学,邀请重庆南渝中学来自贡代办蜀光中学,“南开是全国名牌中学,蜚声中外,又在重庆新办了南渝中学,就近请他们来校为方便”②。自贡蜀光学校创办于 1924 年,是当地创办最早、规模最大的中学,由自贡盐商捐款创办,分设男、女初中两部,各有学生 200 余人。同年 7 月,缪秋杰陪同张伯苓到自贡参观了当地教育事业以及蜀光初级中学,学校校董代表及师生千余人列队欢迎。8 月,蜀光中学等各位校董及当地士绅再请缪秋杰局长转托张伯苓校长代办蜀光中学。张校长认为请辞诚恳,于秋天再到自贡考察。1937 年 8 月,蜀光初中校董会邀请张伯苓代办蜀光中学,张校长亦同意。

张伯苓最终决定代办蜀光中学。议定在自贡伍家坝购地三百亩,修建新校舍,扩充班次,增加男、女高中部,使其成为完全中学。待新校舍建成时,张伯苓请国民党元老、著名书法家于右任题写了“私立自贡蜀光中学”的校名③。

1938 年 5 月,蜀光中学聘请喻传鉴为校长,韩叔信为教务主任兼训导主任。一般情况下,张伯苓在蜀光兴办开始之时,或有重大要事时才

---

① 张岂之:《“张伯苓与重庆南开问卷调查”述评》,见丁润生主编《张伯苓与重庆南开》,香港:香港天马图书有限公司 2001 年版,第 309 页。

② 陈著常:《我和蜀光中学》,载于《情系蜀光》,转引自蜀光中学编《蜀光校史》,四川人民出版社 2004 年版,第 43 页。陈著常乃蜀光中学第三任校长。

③ 蜀光中学校编:《蜀光校史》,四川人民出版社 2004 年版,第 29 页。

去视察，喻传鉴主要主持重庆南开中学，一般每年去蜀光三四次，且每次都只待半个月时间。他不在期间，完全由韩叔信主持校务，通过函电与重庆南开中学保持密切联系。如同南开在全国各地建立的学校一样，蜀光中学一直坚持发展，存在至今，是最早命名的四川省属重点中学。

在蜀光中学工作多年中，韩叔信完全秉承南开的"公""能"校训，借鉴南开的规章制度、办学模式和管理方法治校，一切均仿效南开办学。[1] 他认真贯彻由张伯苓提出并经校董会的教育方针，努力实现喻传鉴提出并经校董会赞同的《三年改进计划》。在拟定校规、扩充校舍、课程设置、管理学生、招聘教师等各个方面，将南开的精神宣传、深入到了西南边陲地区。

1943 年 8 月，经张伯苓校长推荐、蜀光校董会同意，韩叔信接替喻传鉴任蜀光中学第二任校长，并兼蜀光小学校长。1947 年，韩叔信在蜀光中学服务满九年，按例带薪休假一年。经校董事会决议，资助韩叔信到美国考察教育。1948 年 1 月，韩叔信到达美国纽约，进入哥伦比亚大学师范学院，主修中学教育。1949 年获得硕士学位，即返回国，任重庆南开中学校务主任。1950 年 1 月，因部分学生借题发挥，向这位刚从美国回来的教务主任发难，他在万般无奈的情况下被迫辞职，但张伯苓校长始终未准他的辞呈。

经中央教育部介绍，韩叔信进入华北革命大学政治研究所学习，1951 年初服从分配，先在西北军政委员会教育部工作，主管中学教育，后调入陕西师范大学历史系任教。1965 年 7 月，因患糖尿病和肝硬化症，医治无效在西安去世，终年 62 岁。

作为近代中国历史上私人办学的最著名代表，张伯苓对近代中国的教育事业有着卓越的贡献。他不仅创办了存在发展至今的南开大学、南开中学，走出了一套私人办学，而且是从小学、中学到大学整个教育系统的路子，并取得了非凡的成绩。在他整个教育事业中，他顺应了时代的发展，利用时代的各个机遇，并发展创造出新的机遇，为新式教育在近代历史的创建和发展做出了贡献。韩叔信毕业初到南开工作时，不到

---

[1] 陈著常：《我和蜀光中学》，载于《情系蜀光》，转引自《蜀光校史》，四川人民出版社 2004 年版，第 44 页。

30 岁。韩叔信一生中最美好、最有成绩的岁月是在南开、在张伯苓的培养下度过的。正是张伯苓的培养教育,韩叔信不仅成为张伯苓的得力工作助手,而且将南开精神和影响扩大到全国,并做出自己的努力和贡献。

三 余论

韩氏家族仅是一例。其实这样的例子还有许多,但因政治和社会原因,这种情况至今还不为广大社会所知晓和认同。如史学大师陈垣,作家老舍、冰心、茅盾,教育家张伯苓,医生林巧稚,抗日名将张治中、抗日烈士佟麟阁,人口学家马寅初,几乎没有人知道他们是基督徒。如平民教育家陶行知、晏阳初及作家许地山,或许有人知道他们是基督徒,但几乎没有人关注和讨论基督教对他们人生和事业的影响。

这里只是写了近代史上两个非常微小的人物,但由于基督教信仰使他们的人生与当时绝大部分中国人有着截然不同的命运和人生轨迹,对中国社会由传统向近代的转变过程中,起到了微薄的作用。只想通过这两个家族性人物起到一点抛砖引玉的作用,希望有更多的更学理、更学术的近代史上著名人物的基督教信仰的论著出现。这些有关平信徒社会作用的论著,还要以更学术性、更客观性的形式出现,这样的论著才能更大范围地进入整个社会的阅读视野和关注范围,才能丰富和修正社会对基督宗教在近代社会转型过程中所起作用的认识。在对近代中国向西方学习、从传统向现代转型的历史认识大框架下,基督宗教是西方文化的重要组成部分,对基督教的信仰并不是与现代社会相矛盾的,而可能是有助于对现代西方社会的认同和追求的。希望以后能够通过一个个具体、实证、鲜活、生动、客观地对现代化进程产生巨大作用的平信徒例子,向社会更多地宣传和论证基督教信仰对社会转型、向西方学习的意义和价值。

过去大量基督教研究论著基本上是以著名的传教士、传道人、牧师为对象,他们的确为基督教在中国的传播起到了最重要的作用。但同时这些论著将基督教有意无意中限定到了某一种范围或圈子里,社会认识也觉得基督教就只有传教士、传道人、牧师,忽略了基督教对整个社会的影响,因此缺少对整个社会的历史认识的影响和建构。其实,基督教界并不仅有宗教职业者，还有更多的从事某种现代新型专业的平信徒。缺乏对那些对整个社会的现代化进程产生重要影响的平信徒的介绍，其结果是社会都非常承认他们的专业成绩、社会作用，但却忘记、或许不知道这些成绩背后是有基督教信仰产生了巨大的精神作用或实际操作性作用，致使整个社会对基督教在现代化进程中的作用缺乏认识。只有让社会更多地认识到历史上或现在社会中，有许多非常熟悉的专业和社会领军人物都是基督徒，社会才能更多地承认基督教对中国社会的作用，认识到基督教的传播与社会的现代化之间并无矛盾。

现在可以潘光旦为例再来讨论一下。一朋友研究潘光旦多年，询问他是否关心潘光旦是基督徒。他知道，但仍然不介意，因为他并不认为信仰基督教对潘光旦曾起到过什么作用。问他如果一个人信仰共产主义，是否觉得对这个人的人生道路和价值观念等有影响呢？他回答是肯定的。那么政治信仰会影响一个人，宗教信仰怎么就不会影响一个人呢？他无言以对，但仍不以为然。我逐渐认识到，这是因为在他的认知体系和历史观念中，基督教是如何引导和影响了一个人物，至今仍然没有看到有说服力的研究，而广大基督徒的社会作用也是不被人知的。从历史角度来看，这些基督徒是中国最早接触西方文化的人，最早具有国际性和现代性的人，国际的教育、国际的视野、国际的语言、国际的旅行，近代中国的历史是走向国际、走向世界的历史，是不可能缺少这些最早走向世界和国际历史的中国基督徒。

因此，这需要从事基督宗教研究的学者更多地挖掘，更多地向社会做以宣传和传播、介绍，这样才能在社会中建立这样一种历史认识，一种社会的共识，基督宗教与中国社会的现代化有很大的关联。基督宗教是西方文化中的一部分，在传统中国社会转型的过程中，在近代社会向西方学习的过程中，基督宗教起过一定的现代性作用。

人名译名对照表

艾德敷（Dwight W. Edwards）

艾迪（Sherwood Eddy）

艾士杰（Gregorius Grassi）

安澜（Arthur J. Allen）

安妮·雷诺兹（Annie Reynolds）

安特生（Adelaide M. Anderson）

白美丽（M. Bagwell）

白芝浩（Walter Bagehot）

白德斐（Kenyon L. Butterfield）

鲍乃德（Eugene E. Barnett）

贝德士（Miner Searle Bates）

贝宁格（Martha Berninger）

毕范宇（Frank Wilson Price）

裨治文（Elijah Coleman Bridgman）

博晨光（L. C. Porter）

博德（R. H. Porter）

卜凯（John Lossing Buck）

步济时（John S. Burgess）

查尔斯·G. 芬尼（Charles G. Finney）

柴约翰（J. L. Childs）

戴德生（James Hudson Taylor）

戴乐仁（J. B. Tayler）

狄德莫（C. G. Dittmer）

丁门（Mary Dingman）

丁韪良（William Alexander Parsons Martin）

杜嘉弼（Gabriel Grioglio）

法兰德（Livingston Farrand）

冯乐怡（Federica Ferlanti）

甘博（Sidney David Gamble）

甘霖格（Lerning Sweet）

刚恒毅（Celus Costantini）

高鲁甫（George Weidman Groff）

戈登（Adoniram Judson Gordon）

格拉登（Washington Gladden）

葛贵思（G. Grenich）

葛兴仁（Lloyd R. Craighill）

葛学溥（Daniel Harrison Kulp）

耿丽淑（Talitha A. Gerlach）

顾恩慈（Grace Coppock）

顾盛（Caleb Cushing）

郭仁风（J. B. Griffing）

郭士立（Karl Friedlich Gutzlaff）

韩励生（Agatha Harrison）

韩慕儒（Roscoe M. Hersey, Sr.）

韩仁敦（D. T. Hungtington）

亨利·卢斯（Henry Robinson Luce）

胡本德（Hugh Wells Hubbard）

华伦（S. W. Warren）

霍德进（Henry Theodore Hodgkin）

霍德兰（Y. W. Hedland）

江类思（Aloysius Moccagatta）

金克敦（D. F. King）

柯克（O. F. Cook）

克特斯（W. M. Curtiss）

赖德烈（Kenneth Latourette）

乐灵生（Frank Joseph Rawlinson）

雷伯恩（J. R. Raeburn）

黎伯勒（Frederic le Play）

利玛窦（Matteo Ricci）

林查理（Charles Henry Riggs）

路易士（A. B. Lewis）

罗炳生（E. C. Lobenstine）

洛夫（H. H. Love）

马礼逊（Robert Morrison）

马士（Hosea Ballou Morse）

马雅思（C. H. Myers）

玛高温（Daniel Jerome MacGowan）

迈儒尔（E. D. Merrill，一译梅里尔）

麦奎利（J. Macquarrie）

满恩（A. R. Mann）

孟嘉德（Arthur S. Mann）

宓亨利（Harley Farnsworth MacNair）

明恩溥（Arthur S. Smith）

牧恩波（George Shepherd）

穆德（John R. Mott）

穆迪（Dwight L. Moody）

裴来（L. H. Bailey）

裴义理（Joseph Bailie）

佩里·米勒（Perry Miller）

皮尔逊（Arthur T. Pierson）

祁家治（G. E. Ritchey）

清恒理（Henry Kingman）

饶申布什（Walter Rauschenbusch）

芮思娄（J. H. Reisner）

塞缪尔·霍普金斯（Samuel Hopkins）

赛珍珠（Pearl S. Buck）

尚爱物（Edward Hartman Munson）

史德蔚（A. N. Steward）

史迈士（Lewis S. C. Smythe）

史文格（W. T. Swingle）

舒美生（A. M. Sherman）

司德敷（Milton Theobald Stuffer）

司徒雷登（John Leighton Stuart）

苏尔慈（P. A. Swartz）

威廉·克里（William Carey）

卫三畏（Samuel Wells Williams）

魏更斯（R. G. Wiggans）

吴伟士（C. W. Woodworth）

席比义（Warren Bartlett Seabury）

夏秀兰（Lily K. Haass）

邢德（E. Hinder）

约翰·赫西（John Hersey）

约翰逊·爱德华（Jonathan Edwards）

章秀敏（Lydia Johnson）

长孙威廉（William R. Johnson）

参考文献

一　中文研究专著

陈翰笙：《帝国主义工业资本与中国农民》，陈绛译，复旦大学出版社
　　1984 年版。

陈翰笙：《解放前的地主与农民：华南农村危机研究》，冯峰译，中国社
　　会科学出版社 1984 年版。

陈翰笙：《四个时代的我》，中国文史出版社 1988 年版。

陈开科：《巴拉第与晚清中俄关系》，上海书店出版社 2008 年版。

陈新华：《留美生与中国社会学》，南开大学出版社 2009 年版。

丁润生主编：《张伯苓与重庆南开》，香港：天马图书有限公司 2001
　　年版。

费旭、周邦任编：《南京农业大学史志》，南京农业大学出版社 1994
　　年版。

顾长声：《传教士与近代中国》，上海人民出版社 1981 年版。

顾长声：《从马礼逊到司徒雷登：来华新教传教士评传》，上海人民出版
　　社 1985 年版。

侯精一主编：《现代汉语方言概论》，上海教育出版社 2002 年版。

黄光壁主编：《中国近现代科学技术史》，湖南教育出版社 1997 年版。

黄俊杰编：《面对历史的挑战：沈宗瀚与我国农业近代化的历史》，台北：
　　幼狮文化事业公司 1984 年版。

兰军：《跨境教育研究》，中国社会科学出版社 2012 年版。

李传斌：《基督教与近代中国的不平等条约》，湖南人民出版社 2011
　　年版。

李长莉：《近代中国社会文化变迁录》（第一卷），浙江人民出版社 1998
　　年版。

梁吉生：《允公允能，日新月异——南开大学校长张伯苓》，山东教育出
　　版社 2003 年版。

林治平主编：《基督教与中国本土化》，台北：宇宙光出版社 1990 年版。

刘家峰：《中国基督教乡村建设运动研究》，天津人民出版社 2008 年版。

罗桂环：《近代西方识华生物史》，山东教育出版社 2005 年版。

罗元旭：《东成西就：七个华人基督教家族与中西交流百年版》，香港：
　　生活·读书·新知三联书店 2012 年版。

牟钟鉴、刘宝明主编：《宗教与民族》（第四辑），宗教文化出版社 2006
　　年版。

彭骄雪：《民国时期教育电影发展简史》，中国传媒大学出版社 2009
　　年版。

邵玉铭：《中美关系研究论文集》，台北：传记文学出版社 1980 年版。

沈君山、黄俊杰编：《锲而不舍：沈宗瀚先生的一生》，台北：时报文化
　　出版事业有限公司 1981 年版。

沈志忠：《近代中美农业科技交流与合作研究》，中国三峡出版社 2008
　　年版。

盛邦跃：《卜凯视野中的中国近代农业》，社会科学文献出版社 2008
　　年版。

史金波、黄润华：《中国历代古文字探幽》，中华书局 2008 年版。

史静寰：《狄考文与司徒雷登》，珠海出版社 1999 年版。

蜀光中学校编：《蜀光校史》，四川人民出版社 2004 年版。

宋林飞：《社会调查研究方法》，上海人民出版社 1990 年版。

孙健：《中国经济通史》，中国人民大学出版社 2000 年版。

汤清：《中国基督教百年史》，香港：道声出版社 1987 年版。

陶飞亚：《中国的基督教乌托邦：耶稣家庭（1921—1952）》，香港：香港
　　中文大学出版社 2004 年版。

王成勉主编：《补上一页欠缺的历史：蒋介石夫妇的基督教信仰》，台北：
　　宇宙光全人关怀机构 2013 年版。

王春来：《基督教在近代韩国》，中国社会科学出版社 2000 年版。

王建朗、栾景河主编：《近代中国、东亚与世界》（下），社会科学文献出版社 2008 年版。

王景伦：《走进东方的梦：美国的中国观》，时事出版社 1994 年版。

王立诚：《美国文化渗透与近代中国教育：沪江大学的历史》，复旦大学出版社 2001 年版。

王毓华：《北京基督教史简编》，北京市基督教三自爱国运动委员会办公室、北京市基督教教务委员会办公室内部印刷。

王运来：《诚真勤仁 光裕金陵——金陵大学校长陈裕光》，山东教育出版社 2004 年版。

王治心：《中国基督教史纲》，青年协会书局 1940 年初版，文海出版社 1970 年再版。

吴雷川：《基督教与中国文化》，青年协会书局 1936 年初版，1948 年再版。

伍昆明：《早期传教士进藏活动史》，中国藏学出版社 1992 年版。

校史编委会编：《南京农业大学史：1902—2004》，中国农业科学技术出版社 2004 年版。

徐以骅：《教会大学与神学教育》，福建教育出版社 1999 年版。

严中平：《中国棉纺织史稿》，商务印书馆 2011 年版。

阎明：《中国社会学史：一门学科与一个时代》，清华大学出版社 2010 年版。

燕京大学校友校史编写委员会编：《燕京大学史稿 1919—1952》，人民中国出版社 1999 年版。

杨拴宝主编：《清源古城》，北岳文艺出版社 2008 年版。

杨雅彬：《近代中国社会学》，中国社会科学出版社 2001 年版。

杨雅彬：《中国社会学史》，山东人民出版社 1987 年版。

姚民权、罗伟虹：《中国基督教简史》，宗教文化出版社 2000 年版。

张公瑾主编：《民族古文献概览》，民族出版社 1997 年版。

张绥：《东正教和东正教在中国》，学林出版社 1986 年版。

张宪文主编：《金陵大学史》，南京大学出版社 2002 年版。

章开沅、马敏主编：《基督教与中国文化丛刊》第三辑，湖北教育出版社 2000 年版。

章开沅：《南京大屠杀的历史见证》，湖北人民出版社 1995 年版。

章楷：《中国植棉税简史》，中国三峡出版社 2009 年版。

章人英主编：《普通社会学》，上海教育出版社 1990 年版。

郑杭生、李迎生：《中国社会学史新编》，高等教育出版社 2000 年版。

中国基督教三自爱国运动委员会、中国基督教协会编：《传教运动与中国教会》，宗教文化出版社 2007 年版。

中国民族古文字研究会编：《中国民族古文字图录》，中国社会科学出版社 1990 年版。

中国植物学会编：《中国植物学史》，科学出版社 1994 年版。

周邦任、费旭主编：《中国近代农业高等教育史》，中国农业出版社 1994 年版。

朱谦之：《中国景教》，东方出版社 1993 年版。

[美] 费正清编：《剑桥中华民国史 1912—1949 年 上卷》（一），杨品泉等译，中国社会科学出版社 1994 年版。

[美] 费正清主编：《剑桥中华民国史》（二），章建刚等译，上海人民出版社 1992 年版。

[美] 郭查理：《齐鲁大学》，陶飞亚、鲁娜译，珠海出版社 1999 年版。

[美] 汉娜·帕库拉：《宋美龄传》，林添贵译，东方出版社 2012 年版。

[美] 何凯立：《基督教在华出版事业（1912—1949）》，陈建明、王再兴译，四川大学出版社 2004 年版。

[美] 马士：《中华帝国对外关系史》（第一卷），张汇文等合译，商务印书馆 1963 年版。

[美] 马泰士：《穆德传》，张仕章译，青年协会书局 1935 年版。

[英] 麦奎利：《20 世纪宗教思潮：1900—1980 年版的哲学与神学之边缘》，何光沪、高师宁译，台北：桂冠图书公司 1992 年版。

[美] 乔伊斯·霍夫曼：《新闻与幻想：白修德传》，胡友珍等译，新华出版社 2001 年版。

瞿曰仁主编：《清徐政协五十年》，政协清徐县委员会 2001 年版。

[美] 饶申布什：《饶申布什社会福音集》，赵真颂译，香港：基督教文艺出版社 1956 年版。

[法] 沙百里：《中国基督徒史》，耿昇、郑德弟译，中国社会科学出版社

1998 年版。

［美］威利斯顿·沃尔克：《基督教会史》，孙善玲等译，中国社会科学出版社 1991 年版。

［加］文忠志：《出自中国的叛逆者：文幼章传》，李国林等译，四川人民出版社 1983 年版。

［英］约翰·麦克曼勒斯主编：《牛津基督教史》，张景龙等译，贵州人民出版社 1995 年版。

二 中文期刊论文

陈建明：《基督教信仰与乡村教育理念的融合——〈田家半月报〉评析》，《世界宗教研究》2008 年第 4 期。

陈梦赉：《基督教对中国医学之贡献》（上），《中医药研究》1990 年第 2 期。

陈意新：《美国学者对中国近代农业经济的研究》，《中国经济史研究》2001 年第 1 期。

范岱年：《〈20 世纪中国的生物学与革命〉评介》，《科学文化评论》2006 年第 5 期。

费孝通：《略谈中国的社会学》，《社会学研究》1994 年第 1 期。

傅愫冬：《燕京大学社会学系三十年》，《咸宁师专学报》1990 年第 3 期。

韩明谟：《中国社会学调查研究方法和方法论发展的三个里程碑》，《北京大学学报》1997 年第 4 期。

韩明谟：《中国社会学一百年》，《社会科学战线》1996 年第 1 期。

黄兰兰：《唐代秦鸣鹤为景医考》，《中山大学学报》（社会科学版）2002 年第 5 期。

李章鹏：《清末中国现代社会调查肇兴刍论》，《清史研究》2006 年第 2 期。

林毅夫、胡书东：《中国经济学百年回顾》，《经济学》（季刊）2001 年第 1 期。

刘家峰：《徘徊于政治与宗教之间——基督教江西黎川实验区研究》，《浙江学刊》2005 年第 4 期。

刘维开：《作为基督徒的蒋中正》，《史林》2011 年第 1 期。

秦琰：《元代景教医学特性及景医的社会身份认同》，《科学技术哲学研究》2015 年第 1 期。

苏新有：《试论抗战前基督教会在新生活运动中的角色和作用》，《历史教学（高校版）》2008 年第 8 期。

汪思涵：《1934—1937 年间的新生活运动与基督教：以〈教务杂志〉为中心》，《中国社会经济史研究》2007 年第 4 期。

吴丽平：《公理会传教士牧恩波在华传教事业初探（1917—1939）》，《社科纵横（新理论版）》2013 年第 1 期。

杨卫华：《新生活运动与民国基督徒的新国家想象》，《四川大学学报》2020 年第 3 期。

殷小平：《元代马薛里吉思家族与回回医药文化》，《西域研究》2011 年第 3 期。

赵晓阳：《20 世纪上半叶中国妇女的启蒙与觉醒——以上海基督教女青年会女工夜校为对象》，《中华女子学院学报》2010 年第 3 期。

赵晓阳：《解决农村经济问题的路径差异与思想根源》，《经济学动态》2014 年第 1 期。

赵晓阳：《思想与实践：农业传教士与中国农业现代化》，《中国农史》2015 年第 4 期。

赵晓阳：《寻找中国社会生活史之途：以燕大社会调查为例》，《南京社会科学》2016 年第 2 期。

赵晓阳：《宗教和政治的叠合互利：基督教与新生活运动》，《史林》2021年第 2 期。

赵晓阳：《移民与宗教之间：山东移民形成的陕西基督教村庄》，《基督宗教研究》第 31 辑，宗教文化出版社 2022 年版。

张静：《太平洋国际学会与 1929—1937 年中国农村问题研究——以金陵大学中国土地利用调查为中心》，《民国档案》2007 年第 2 期。

张绪山：《景教东渐及传入中国的希腊—拜占庭文化》，《世界历史》2005 年第 6 期。

《中国近代农业科技史稿》编写组：《中国近代农业科技史事纪要（1840—1949）》，《古今农业》1995 年第 3 期。

《中国近代农业科技史稿》编写组：《中国近代农业科技史事纪要

（续）》，《古今农业》1995 年第 4 期。

周邦任：《蔡元培与芮思娄》，《高等研究与探索》1989 年第 1 期。

周勤：《本土经验的全球意义——为〈世界汉学〉创刊访杜维明教授》，《世界汉学》1998 年创刊号。

刘安荣：《本土化进程中的山西天主教、教徒及官教、民教关系》，山西大学，博士学位论文，2008 年。

李莉：《近代福建外国教会契约文书之研究》，福建师范大学，硕士学位论文，2003 年。

汪进春：《基督教与新生活运动》，华中师范大学，硕士学位论文，2007 年。

三　史料

史料集、年鉴

《蒋介石日记》，美国斯坦福大学胡佛研究所藏。

《甘肃省立医院开幕纪念特刊》，1936 年 4 月 26 日。

《蒋亦元院士八十华诞庆贺文集》，黑龙江教育出版社 2008 年版。

《齐大华籍人物简介》卷 5，齐鲁大学档案，山东省档案馆 J109—01—670。

《齐鲁大学医学院校友调查表》，齐鲁大学档案，山东省档案馆 J109—01—320。

《青年会扩充程序组委员会之建议案》，《中华基督教青年会第九次全国大会》，1923 年 10 月，上海市档案馆 U120—0—4。

《全国经济委员会卫生实验处职员表》，全国经济委员会会刊 1935 年版。

《五年简述（1923—1928）》，中华基督教女青年会 1928 年版。

《中华基督教女青年会第一次全国大会记录》，女青年会全国协会书报部发行、亚洲印书馆印 1924 年版，上海市档案馆 121—0—5。

海关总署《中外旧约章大全》编纂委员会编：《中外旧约章大全》（第一分卷），中国海关出版社 2004 年版。

陈翰笙、薛暮桥、冯和法合编：《解放前的中国农村》第 3 辑，中国展望出版社 1989 年版。

甘肃省政府编：《甘肃省之卫生事业》，1942 年 2 月 15 日。

韩同文：《山东潍坊广文校谱》，作者自费印刷。

行政院新闻局：《两年来的善后救济》，1947 年 11 月。

华景侠、夏秀兰等编纂：《中华基督教女青年会干事手册》，中华基督教
　　女青年会全国协会 1926 年版，上海市档案馆 121—0—1。

金陵大学南京校友会编：《金陵大学建校一百周年纪念册》，南京大学出
　　版社 1988 年版。

李景汉编著：《定县社会概况调查》，上海人民出版社 2005 年版。

李景汉：《实地社会调查方法》，北平星云堂书店 1933 年版。

李宗黄：《考察江宁邹平青岛定县纪实》，出版、年代不详，考察时间为
　　1934 年。

罗渔、吴雁编著：《中国大陆天主教四十年大事记》，台北：辅仁大学出
　　版社 1986 年版。

南京大学高教研究所校史编写组编：《金陵大学史料集》，南京大学出版
　　社 1989 年版。

内政部卫生署编：《全国登记医师名录》（1929—1932），1933 年 1 月。

彭泽益主编：《中国工商行会史料集》上册，中华书局 1995 年版。

全国经济委员会卫生实验处：《全国经济委员会卫生实验处工作报告》，
　　全国经济委员会卫生实验处 1935 年 10 月。

邵玉铭编：《二十世纪中国基督教问题》，台北：正中书局 1980 年版。

私立金陵大学编：《私立金陵大学六十周年校庆纪念册》，金陵大学 1948
　　年版。

私立金陵大学农学院编：《私立金陵大学农学院概况·第 1 号》，私立金
　　陵大学农学院 1931 年版。

私立金陵大学农学院院长室编：《私立金陵大学农学院概况（1932—
　　1933）》，私立金陵大学农学院 1933 年版。

孙本文：《当代中国社会学》，胜利出版公司 1948 年版。

王铁崖编：《中外旧约章汇编》（第一册），生活·读书·新知三联书店
　　1957 年版。

巫宝三主编：《中国国民所得》（1933 年），中华书局 1947 年版。

徐以骅主编：《上海圣约翰大学（1879—1952）》，上海人民出版社 2009
　　年版。

薛暮桥、冯和法编：《〈中国农村〉论文选》，人民出版社 1983 年版。

燕京研究院编:《燕京大学人物志》第 1 辑，北京大学出版社 2001 年版。

张锡昌编:《农村社会调查》，黎明书局 1935 年版。

赵紫宸:《万方朝圣录》，中华全国基督教协进会 1928 年版。

中国科学院哲学研究所中国哲学史组编:《中国哲学史资料选辑》（近代之部），中华书局 1959 年版。

中华基督教青年会全国协会编:《中华基督教青年会五十周年纪念册》，青年协会书局 1935 年版。

全绍武等编:《基督教全国大会报告书》，协和书局 1922 年版。

中华续行委办会调查特委会编:《1901—1920 年中国基督教调查资料》，蔡詠春、文庸、段琦、杨周怀译，中国社会科学出版社 2007 年版。

中央宣传部编:《蒋委员长言论类编新生活运动言论集》，台北：正中书局 1938 年版。

朱胡彬夏:《中国女青年会小史》，上海 1923 年，上海市档案馆 U120—0—1。

中国第一历史档案馆、福建师范大学历史系合编:《清末教案》第三册，中华书局 1998 年版。

兴亚宗教协会编:《华北宗教年鉴》，兴亚宗教协会发行所 1944 年版。

中华续行委办会编:《中华基督教会年鉴》（1916 年），上海 1916 年版。

中华全国基督教协进会编:《中华基督教会年鉴》（1925 年），中华全国基督教协进会 1925 年版。

中华全国基督教协进会编:《中华基督教会年鉴》（1926 年），中华全国基督教协进会 1926 年版。

中华全国基督教协进会编:《中华基督教会年鉴》（1927 年），中华全国基督教协进会 1927 年版。

中华全国基督教协进会编:《中华基督教会年鉴》（1928 年），中华全国基督教协进会 1928 年版。

中华全国基督教协进会编:《中华基督教会年鉴》（1929—1930 年），中华全国基督教协进会 1930 年版。

中华全国基督教协进会编:《中华基督教会年鉴》（1933 年），中华全国基督教协进会 1933 年版。

中华全国基督教协进会编:《中华基督教会年鉴》（1934—1936 年），中华全国基督教协进会 1936 年版。

[美] 白德斐:《改进中国农业与农业教育意见书》，北京教育部 1922
　　年版。

[美] 卜凯:《中国农家经济》，张履鸾译，商务印书馆 1936 年版。

[美] 卜凯主编:《中国土地利用》，乔启明等译，金陵大学农学院农业经
　　济系出版，1941 年。

[美] 甘博:《北京的社会调查》，陈愉秉等译，中国书店 2010 年版。

[意] 林茂才:《山西陕西天主教传教简史》，山西省天主教友爱国会译，
　　山西省天主教友爱国会 1961 年内部印刷。

[美] 骆传华:《今日中国劳工问题》，上海青年协会书局 1933 年版。

　　　　文集、回忆录

陈独秀:《陈独秀文章选编》上，生活·读书·新知三联书店 1984 年版。

陈翰笙:《陈翰笙集》，中国社会科学出版社 2002 年版。

梁漱溟:《梁漱溟全集》第 5 卷，山东人民出版社 1992 年版。

瞿秋白:《瞿秋白文集》政治理论编第二卷，人民出版社 1988 年版。

沈宗瀚:《沈宗瀚晚年文录》，台北:传记文学出版社 1979 年版。

沈宗瀚等编:《中国农业史论集》，台北:商务印书馆 1979 年版。

宋美龄:《蒋夫人言论集》，国民出版社 1939 年版。

陶孟和:《孟和文存》卷一，亚东图书馆 1925 年版。

吴文藻:《吴文藻人类学社会学研究文集》，民族出版社 1990 年版。

中华基督教女青年会全国协会编:《邓裕志先生纪念文集》，中华基督教
　　女青年会全国协会 2000 年内部印刷。

黄仁霖:《黄仁霖回忆录》，台北:传记文学出版社 1984 年版。

沈宗瀚:《沈宗瀚自述·中年自述》，台北:正中书局 1975 年版。

星云口述:《贫僧有话说》，台北:中华佛光传道协会 2015 年版。

薛暮桥:《薛暮桥回忆录》，天津人民出版社 1996 年版。

中华基督教女青年会全国协会编:《享受奉献:中华基督教女青年会全国
　　协会成立 80 周年纪念集》，中华基督教女青年会全国协会 2003 年内部
　　印刷。

[美] 费正清:《费正清集》，林海、符致兴等译，天津人民出版社 1992
　　年版。

［英］李提摩太：《亲历晚清四十五年——李提摩太在华回忆录》，李宪堂、侯林莉译，天津人民出版社 2005 年版。

［美］卫斐列：《卫三畏生平及书信：一位美国来华传教士的心路历程》，顾钧、江莉译，广西师范大学出版社 2004 年版。

报刊文章

《本报五周年纪念》，《田家半月报》第 6 卷第 15—16 期合刊，1939 年。

《本报周年纪念》，《田家半月报》第 2 卷第 15 期，1935 年。

《赣基督教农村服务团工作》，《兴华》第 32 卷第 8 期，1935 年。

《恭喜新年》，《田家半月报》第 2 卷第 1 期，1935 年。

《广告》，《基督教丛刊》第 2 期，1943 年，封三。

《基督化经济关系全国大会决议案》，《工业改造》第 14 期，1927 年。

《基督教的农村工作》，《田家半月报》第 15 卷第 23 期，1949 年，封面。

《教会消息》，《田家半月报》第 7 卷第 20 期，1940 年。

《农村运动的消息》，《田家半月报》试刊号，1934 年。

《陕西基督教浸礼会福音村崇美学校复兴记》，《真光杂志》第 31 卷第 3/4 期，1932 年。

《陕西浸礼会历史》，《神学志》第 11 卷第 4 期，1925 年。

《田家半月报的希望》，《田家半月报》试刊号，1934 年。

《校闻》，《齐鲁医刊》第 8 卷第 1 期，1928 年。

《言论》，《基督徒应当虚心学习》，《田家半月报》第 15 卷第 21 期，1949年，封面。

《愿大家齐努力介绍田家》，《田家半月报》第 6 卷第 11 期，1939 年。

鲍乃德：《全国经济大会的希望》，《工业改造》第 13 期，1927 年。

蔡毓璁：《中国社会学发展史上的四个时期》，《社会学刊》第 2 卷第 3期，1931 年。

诚静怡：《本色教会之商榷》，《中华基督教文社月刊》第 1 卷第 1 期，1925 年。

诚静怡：《福音村收成大会纪实》，《兴华》第 32 卷第 2 期，1935 年。

郁裕志：《蓝三角形下的劳工事业》，《女青年月刊》第 10 卷第 4 期，1931 年。

胡竞良：《德字棉之试验结果及推广成绩》，《农报》第 9 卷第 7—12 期，

1944 年。

蒋宋美龄：《基督教与新生活运动》，《新运导报》第 7 期，1937 年。

蒋宋美龄：《愿新生活运动与教会合作推进》，《福音光》第 13 卷第 6 期，1937 年。

宋美龄：《基督教应与新生活运动合作》，《圣公会报》第 12 期，1937 年。

宋美龄：《基督教应与新生活运动合作》，《兴华》第 34 卷第 18 期，1937 年。

金宝善：《三十年来中国公共卫生之回顾与前瞻》，《中华医学杂志》第 32 卷第 1 期，1946 年。

李景汉：《社会调查在今日中国之需要》，《清华周刊》第 38 卷第 7、8 期合刊，1932 年。

李景汉：《中国社会调查运动》，《社会学界》第 1 期，1927 年。

刘廷芳：《青年会对于中国教会的贡献》（上），《同工》第 147 期，1935 年。

刘廷芳：《为本色教会研究中华民族宗教经验的一个草案》，《真理与生命》第 1 卷第 7 期，1926 年。

洛夫：《科学对于农业之重要性》，《农林新报》，第 255 期，1931 年。

苗俊长：《中国乡村建设运动鸟瞰》，《乡村改造》第 6 卷第 1 期，1937 年。

沈宗瀚：《借用美棉兴推广改良棉种》，《农林新报》第 285 期，1931 年。

孙本文：《研究社会问题的基础》，《社会科学季刊》（国立北京大学）第 1 卷第 4 期，1923 年。

孙恩三：《和读本报的朋友们话别》，《田家半月报》第 2 卷 17 期，1935 年。

孙明经：《中国文化大革命中的一个小实验：金陵大学影音事业概述》，《影音》（月刊）第 6 卷第 7—8 期，1947 年。

王贺宸：《燕大在清河的乡建试验工作》，《社会学界》第 9 期，1936 年。

王云白：《陕西浸礼会的过去及现在》，《真光杂志》第 32 卷第 5 期，1933 年。

夏秀兰：《基督教协进会工业委员会的历史和工作》，《工业改造》第 13

期，1927 年。

小土：《农村服务团》，《布道杂志》第 7 卷第 5 期，1934 年。

谢扶雅：《基督教新思潮与中国民族根本思想》，《青年进步》第 83 期，
　　1925 年。

邢德：《上海工业状况》，《工业改造》第 14 期，1927 年。

徐宝谦：《基督教与中国农村：黎川实验区报告》，《真理与生命》第 4
　　期，1937 年。

徐宝谦：《江西黎川实验区的理论与实际》，《兴华》第 33 卷第 36 期，
　　1936 年。

徐宝谦：《黎川实验区建设农村的几个基本原则》，《农村服务通讯》第
　　22 期，1937 年。

徐宝谦：《全国基督教农村运动的现状并记华北基督教乡村事业促进会的
　　研究会》，《真理与生命》第 9 卷第 2 期，1935 年。

徐祖甲：《中国社会学史》，《励进》（北平）第 1 卷第 5 期，1937 年。

许仕廉：《对于社会学教程的研究》，《社会学杂志》第 2 卷第 4 期，
　　1925 年。

许仕廉：《建设时期中教授社会学的方针及步骤》，《社会学界》第 3 期，
　　1929 年。

许仕廉：《燕大社会学系教育方针商榷》，《燕大周刊》第 104、105 期，
　　1926 年。

许仕廉：《燕京大学社会学及社会服务学系 1933—1934 年度概况》，《社
　　会学界》第 8 期，1934 年。

许仕廉：《一个市镇调查的尝试》，《社会学界》第 5 期，1931 年。

许仕廉：《中国社会学运动的目标经过和范围》，《社会学刊》第 2 卷第 2
　　期，1931 年。

雪岩：《回国后的观感》，《田家半月报》第 7 卷第 19 期，1940 年。

裕志：《工业与经济栏》，《女青年月刊》第 10 卷第 1 期，1931 年。

张福良：《江西农村服务区概况及其改进方针》，《地方政治》（半月刊）
　　第 5 卷第 2 期，1941 年。

张福良：《战时江西农村服务区之农业推广工作》，《农业推广通讯》第 1
　　卷第 3 期，1939 年。

赵承信：《社会调查与社区研究》，《社会学界》第 9 期，1936 年。

　　文史资料、方志

毕静波：《济南惠东药房回顾》，《济南文史资料选辑》第 8 辑，山东省出
　　版总社济南分社 1988 年版。

邓述堃：《美国教会在江西黎川推行的农村实验区》，《文史资料存稿选
　　编》第 25 卷（社会），中国文史出版社 2002 年版。

邓述堃：《宋美龄—基督教—新生活运动》，《文史资料选辑》（合订本）
　　第 32 卷，中国文史出版社 2011 年版。

董天民：《燕大社会学系简史》，《燕大文史资料》第 8 辑，北京大学出版
　　社 1994 年版。

冯葆光：《三原基督教的由来》，《陕西文史资料》第 16 辑，1984 年。

傅森：《在解放区烟台救济总署工作》，《烟台文史资料》第 13 辑，
　　1990 年。

郭崇禧：《山西天主教简述》，《山西文史资料全编》第 57 辑，1998 年。

江文汉：《基督教青年会在中国》，《文史资料选辑》第 19 辑，1961 年。

孔彦理：《我所认识的江长川会督》，《上海文史资料选辑》第 81 辑，
　　1996 年。

李西园：《回忆英国基督教浸礼会在陕西传教的概况》，《陕西文史资料》
　　第 16 辑，1984 年。

刘毅民：《解放前兰州地区医药卫生状况》，《兰州文史资料选辑》第 1
　　辑，1983 年。

曲拯民：《美国长老会和山东自立会事略》，《山东文献》（台湾）第 11
　　卷第 1 期。

田仲济：《张雪岩博士与他的田家》，《张雪岩史料选编》1991 年版。

王鉴：《原齐鲁大学医学院的历史沿革》，《济南文史资料选辑》第 1 辑，
　　1983 年。

王神荫：《"七七"事变以前的齐鲁大学》，《文史资料选辑》第 1 辑，山
　　东人民出版社 1982 年版。

徐模之：《善后救济总署概述》，《潍城文史资料》第 4 辑，1989 年。

张冠儒：《三原基督教会简史》，《三原文史资料》第 7 辑，1990 年。

郑祖佑：《解放前云南西医药卫生简史》，《昆明文史资料选辑》第 8 辑，

1987 年。

大荔县志编纂委员会编：《大荔县志》，陕西人民出版社 1994 年版。

三原县志编纂委员会编：《三原县志》，陕西人民出版社 2000 年版。

甘肃省地方史志编纂委员会编纂：《甘肃省志·大事记》，甘肃人民出版社 1989 年版。

四　英文研究专著

Adelaide M. Anderson, *Humanity and Labor in China*, *A Industrial Visit and Its Sequel*, *1923 to 1926*, London: Student Christian Movement, 1928.

Andrew Y. Y. Tsu, *Friend of Fisherman*, Ambler: Trinity Press, 1955.

Arthur T. Pierson, *The Evangelization of the World in This Generation*, The Student Missionary Enterprise, Addresses and Discussions of the Second International Convention of the Student Volunteer Movement for Foreign Missions, Boston: 1894.

Benedict Anderson, *Imagined Communities*: *Reflections on the Origin and Spread of Nationalism*, New York: 1983.

Chen Han – seng edited, *Agrarian China*: *Selected Source Materials from Chinese Authors*, Shanghai: Kelly & Walsh, 1938.

Chen Han – seng, *Landlord and Peasant in China*, Shanghai: Kelly & Walsh, 1936; *Industrial Capital and Chinese Peasant*: *A Study of the Livelihood of Chinese Tobacco Cultivators*, Shanghai: Kelly & Walsh, Ltd, 1939.

Chen Han – seng, *The Present Agrarian Problem of China*, Shanghai: China Institute of Pacific Relations, 1933.

Daniel H. Bays eds. , *Christianity in China*, *from the Eighteenth Century to the Present*, Stanford University Press, 1996.

Dwight W. Edwards, *Yenching University*, New York: United Board for Christian Higher Education in Asia, 1959.

F. Rawlinson, *The Chinese Church as Revealed in the National Christian Conference Held in Shanghai*, Shanghai, 1922.

Harlan P. Beach, Burton St. John, ed. , *World Statistics of Christian Mission*, New York: FMCNA, 1916.

Henry Kingman, *The Need of Men and Women of Literary Taste in China*, *Report of the Second International Convention of the Student Volunteer Movement for Foreign Missions*, Boston, 1894.

Interchurch World Movement of North American, *World Survey*, New York: Interchurch Press, 1920.

James C. Thomson, Jr., *While China Faced West: American Reformers in Nationalist China*, *1928 - 1937*, Cambridge Mass.: Harvard University Press, 1969.

Jessie G. Lutz, ed., *Christian Missions in China*, *Evangelists of What?* D. C. Health and Company, 1965.

John Fairbank edited, *The Missionary Enterprise in China and American*, Cambridge: Harvard University Press, 1974.

John R. Mott, *History of the Student Volunteer Movement for Foreign Missions*, 1892.

Jun Xing, *Baptized in the Fire of Revolution*, *The American Social Gospel and the YMCA in China: 1919 - 1937*, Bethlehem: Lehigh University Press, 1996.

Marian G. Craighill, *The Craighills of China*, Ambler: Trinith Press, 1972.

Mary Lamberton, *St. John's University*, *Shanghai*, *1879 - 1951*, New York: United Board for Christian Colleges in China, 1955.

Nancy Boyd, *Emissaries: The Overseas Work of the American YWCA*, *1895 - 1970*, New York: The Woman's Press, 1986.

Paul A. Varg, *Missionaries*, *Chinese*, *and Diplomats*, *The American Protestant Missionary Movements in China*, *1890 - 1952*, New Haven: Princeton University Press, 1958.

Randall E. Stross, *The Stubborn Earth: American Agriculturalists on Chinese Soil 1898 - 1937*, Berkley: University of California Press, 1986.

Robert E. Speer, *The Evangelization of the World in This Generation*, The Student Missionary Enterprise, Addresses and Discussions of the Second International Convention of the Student Volunteer Movement for Foreign Missions, New York: 1898.

Robert R. Gailey, *The Students of China*, *Report of the Fifth International Convention of the Student Volunteer Movement for Foreign Missions*, 1906.

Sherwood Eddy, The Social Gospel in China, *The Chinese Recorder*, Feb. 1923.

Shirley Garrett, *Social Reformers in Urban China, the Chinese Y. M. C. A., 1895 – 1926*, Cambridge: Harvard University Press, 1970.

Valentin H. Rabe, *The Home Base of American China Missions, 1880 – 1920*, Cambridge: Harvard University Press, 1978.

Vergilius Ferm, eds., *An Encyclopedia of Religion*, New York: 1945.

Yui, *Characte, China's Hope*, New York: Foreign Division, YMCAs of the United States and Canada, 1924.

Yung – chen Chiang, *Social Engineering and the Social Sciences in China 1919 – 1949*, Cambridge University Press, 2001.

五 英文期刊论文

Arthur T. Pierson, Can This World Be Evangelized in Twenty Years? *Missionary Review*, April 1881.

Eugene E. Barnett, The Religion of Communism, *The Chinese Recorder*, June 1933.

Federica Ferlanti, The New Life Movement in Jiangxi Province, 1934 – 1938, *Modern Asian Studies*, 2010, Vol. 44.

George W. Shepherd, Co – operation withthe New Life Movement, *The Chinese Recorder*, May 1937.

Herbert Cressy, The Practical Value of Social Service as Part of a Missionary Program, *The Chinese Recorder*, March 1916.

J. Lossing Buck, The Building of a Rural Church: Organization and Program in China, *The Chinese Recorder*, July 1927.

John H. Reisner, The Church in Rural Work, *The Chinese Recorder*, December 1924.

Lewis C. Smythe, Communism Challenge Christianity, *The Chinese Recorder*, June 1934.

Miss Pao Swen Tseng, The Religious Situation among Chinese Youth, *The Chinese Recorder*, April 1936.

Y. T. Wu, Our Message, *The Chinese Recorder*, August 1923.